国家社会科学基金项目(13BFX073)研究成果

经济赔偿在死刑执行类别选择中影响量子的实证分析与理论研究

冯春萍　等◎著

中国科学技术大学出版社

内容简介

本书为2013年度国家社会科学基金项目研究成果,通过对司法案例的深入研究,运用实证分析法、规范分析法、比较分析法、历史分析法等方法分析经济赔偿影响死刑执行类别选择的影响量子的合理性和必要性;以系统化的视野从量刑体系的科学性出发,探究死刑执行类别之间的界限,以科学解析经济赔偿对死刑执行类别选择中影响量子的内部构造;提出应建立经济赔偿在死刑执行类别选择中影响量子的科学评价体系,以该具体的量化标准作为法官选择死刑执行类别的参照依据。

图书在版编目(CIP)数据

经济赔偿在死刑执行类别选择中影响量子的实证分析与理论研究/冯春萍等著. —合肥:中国科学技术大学出版社,2021.11
ISBN 978-7-312-04591-2

Ⅰ.经… Ⅱ.冯… Ⅲ.死刑—刑种—研究—中国 Ⅳ.D924.124

中国版本图书馆CIP数据核字(2019)第051443号

经济赔偿在死刑执行类别选择中影响量子的实证分析与理论研究
JINGJI PEICHANG ZAI SIXING ZHIXING LEIBIE XUANZE ZHONG YINGXIANG LIANGZI DE SHIZHENG FENXI YU LILUN YANJIU

出版	中国科学技术大学出版社 安徽省合肥市金寨路96号,230026 http://press.ustc.edu.cn https://zgkxjsdxcbs.tmall.com
印刷	合肥市宏基印刷有限公司
发行	中国科学技术大学出版社
经销	全国新华书店
开本	710 mm×1000 mm　1/16
印张	14
字数	283千
版次	2021年11月第1版
印次	2021年11月第1次印刷
定价	80.00元

前　　言

　　我国刑法规定的死刑,仅仅适用于"罪行极其严重"的犯罪分子。与其他国家的死刑不同,我国刑法规定被判处死刑的犯罪分子"如果不是必须立即执行的",可在判处死刑的同时宣告缓期二年执行。然而,关于何者属于"不是必须立即执行的"并无明确规定,如此则由法官进行解释。法官在决定死刑的执行类别时,需要综合考量各种因素以期得出科学合理的解释结论。司法实践中,受害人及其家属是否得到了经济赔偿往往成为重要的考量因素。然而,经济赔偿是否必然对死刑执行类别的选择构成影响? 若认可影响量子的存在,则其根据何在? 应以何种标准来评价影响量子? 影响量子达到何种程度时方能成为"不是必须执行的"要件?

　　围绕经济赔偿对死刑执行类别选择中影响量子的问题,有诸多研究成果。例如,高铭暄、王秀梅的《死刑替代利弊分析》,赵秉志、彭新林的《论民事赔偿与死刑的限制适用》,孙万怀的《死刑案件可以并需要和解吗?》,于天敏的《因被告人方赔偿而改判的死刑案件情况分析》,欧阳玉静的《死刑缓期执行和死刑立即执行的量刑依据——以故意杀人罪为例的实证分析》,王云海的《死刑の比较研究:中国、米国、日本》,孙春雨的《刑事和解办案机制理论与实务》,等等。

　　上述研究成果所具有的积极意义自不待言,不过仍有一些问题需要进一步研究。主要表现在:第一,虽然经济赔偿在死刑执行类别选择中的影响量子这一论题在部分研究成果中被论及,但大多从宏观层面对此展开论述,缺乏微观层面的研析和解构,研究深度需要进一步拓展。第二,多数成果侧重于论证经济赔偿在死刑执行类别选择中是否存在影响量子,而该种影响量子的构造以及评价体系等却没有受到应有的重视。第三,多有成果以形式立场分析经济赔偿在死刑执行类别选择中的影响量子,缺乏从刑罚体系出发,尤其是从死刑执行类别之间的差异这种系统化思维展开的分析与解构。第四,现有研究成果多就经济赔偿在死刑执行类别选择中的影响量子展开理论分析,其实证研究没有受到应有的重视。而这,正是我们以此作为研究课题的重要原因。

　　对死刑执行类别选择中影响量子的研究有如下意义:第一,深化刑罚理论研究,凸显刑罚理论研究的重要性。我国刑法总论的研究素来有重视犯罪论忽视刑罚论的倾向,形成了犯罪论与刑罚论一头大一头小的不平衡局面。以经济赔偿在死刑执行类别选择中的影响量子作为研究课题,无疑可以深化刑罚理论的研究,凸显刑罚理论研究的重要性。第二,拓展死刑研究的深度与宽度。现有的死刑研究多集中在死刑的正当性、死刑控制等问题上,但关于经济赔偿在死刑执行类别选择中的影响量子的分析偏少,且深度不够。以此作为研究课题,无疑可以拓展死刑研究的深度与宽度。第三,有利于科学规范经济赔偿在死刑执行类别选择中的适用。以经济赔偿在死刑执行类别选择中的影响量子作为研究课题,以建构经济赔偿对死刑执行方式影响的科学评价体系,无疑有助于规范在经济赔偿事案上死刑执行类别的适用。

本书的基本观点如下:第一,法院在量刑时,不能将经济赔偿视为完全独立的酌定情节,对其赋予过重意义,进行过高的评价。不能把本来与案件无直接关联、根本不属于案件的"定罪量刑"要素的经济赔偿漫无边际地作为量刑的酌定情节,外在地、人为地去赋予其在量刑上的意义。第二,经济赔偿只有与案件的"犯罪事实"有着内在关联性,原本属于该案件"定罪量刑"时的要素,并且只能将其置于整个量刑体系之中的前提下,在与其他众多的量刑要素的相互关系中,被认定确实具有直接影响被告人的过去罪责(刑事责任)及其将来预防(再犯可能性)的意义的情况下,才可以将经济赔偿作为量刑要素来考虑。第三,应建立经济赔偿在死刑执行类别选择中影响量子的科学评价体系,作为法官选择死刑执行类别的参照依据。

死刑在刑法中必然呈现出进一步削减的趋势。因此,未来在原本应当适用死刑的刑事案件上,死刑的适用亦会呈现进一步削减的趋势。在此背景下,即便某项犯罪属于刑法条文中应当被判处死刑的罪行,但是在被告人对受害人及其家属做出合理赔偿的情形下,法院在死刑执行类别的选择上判处死刑缓期执行的可能性有可能会有很大提高。

冯春萍

目　　录

前言 …………………………………………………………………（ⅰ）

第一章　绪论 …………………………………………………………（ 1 ）
　第一节　全球范围死刑状况 …………………………………………（ 1 ）
　第二节　中国对死刑的观点 …………………………………………（ 5 ）
　第三节　中国死刑的研究现状 ………………………………………（ 8 ）
　第四节　死刑执行类别：死刑立即执行与死刑缓期执行 …………（12）
　　一、死刑立即执行的成立条件 ……………………………………（13）
　　二、死刑缓期执行的成立条件 ……………………………………（14）
　　三、死刑立即执行与死刑缓期执行的具体区分界限 ……………（15）
　第五节　研究死刑适用中经济赔偿的意义 …………………………（16）
　第六节　研究方法、研究思路与架构 ………………………………（18）
　　一、研究方法 ………………………………………………………（18）
　　二、研究思路与架构 ………………………………………………（21）

第二章　死刑适用与经济赔偿概况 …………………………………（25）
　第一节　围绕死刑适用与经济赔偿的论争 …………………………（25）
　　一、理论界论争 ……………………………………………………（26）
　　二、司法界论争 ……………………………………………………（35）
　　三、论争产生的原因 ………………………………………………（43）
　第二节　经济赔偿在死刑执行类别选择中影响量子的观点 ………（47）
　　一、经济赔偿在死刑执行类别选择中影响量子的否定论 ………（48）
　　二、经济赔偿在死刑执行类别选择中影响量子的肯定论 ………（55）
　　三、经济赔偿在死刑执行类别选择中影响量子的限制论 ………（62）

第三章　国外立法及判例中经济赔偿与死刑的适用 ………………（68）
　第一节　美国死刑适用制度及其经济赔偿 …………………………（69）
　　一、美国死刑适用制度 ……………………………………………（69）

二、美国死刑适用中的经济赔偿 ……………………………………（76）
　第二节　日本死刑适用制度及其经济赔偿 ………………………………（82）
　　一、日本死刑适用制度 ……………………………………………（82）
　　二、日本死刑适用中的经济赔偿 …………………………………（84）
　第三节　韩国死刑适用制度及其经济赔偿 ………………………………（87）
　　一、韩国死刑适用制度 ……………………………………………（87）
　　二、韩国死刑适用中的经济赔偿制度 ……………………………（88）
　第四节　印度死刑适用制度及其经济赔偿 ………………………………（92）
　　一、印度死刑适用制度 ……………………………………………（92）
　　二、印度死刑适用中的经济赔偿制度 ……………………………（93）
　第五节　有关域外经济赔偿制度对我国死刑适用的启示 ………………（94）
　　一、建立符合国际趋势的多元化经济赔偿制度 …………………（94）
　　二、完善经济赔偿被害人诉讼制度 ………………………………（95）
　　三、建立刑事被害人国家补偿制度 ………………………………（97）

第四章　海南省死刑适用与经济赔偿影响量子的实证分析 ……………（99）
　第一节　死刑立即执行及死刑缓期执行案件的具体适用 ………………（99）
　　一、死刑立即执行的适用情况 ……………………………………（100）
　　二、死刑缓期执行的适用情况 ……………………………………（107）
　第二节　经济赔偿影响死刑适用的实证分析 ……………………………（113）
　　一、经济赔偿对故意杀人罪死刑适用的影响 ……………………（114）
　　二、经济赔偿对故意伤害罪死刑适用的影响 ……………………（118）
　　三、经济赔偿对抢劫罪死刑适用的影响 …………………………（121）
　第三节　死刑适用与经济赔偿的倾向 ……………………………………（123）
　　一、国内视野下经济赔偿对死刑执行类别的影响 ………………（123）
　　二、经济赔偿影响死刑执行类别的实然分析 ……………………（130）
　　三、经济赔偿影响死刑执行类别的应然趋势 ……………………（135）

第五章　经济赔偿在死刑执行类别选择中影响量子的构造论 …………（142）
　第一节　经济赔偿在死刑执行类别选择中影响量子的范畴归纳 ………（142）
　第二节　经济赔偿在死刑执行类别选择中影响量子的因素构造 ………（147）
　　一、经济赔偿与社会情境相关联的影响量子 ……………………（147）
　　二、经济赔偿与社会危害性相关联的影响量子 …………………（149）
　　三、经济赔偿与人身危险性相关联的影响量子 …………………（158）

第六章　经济赔偿在死刑执行类别选择中影响量子的规范论 ……… (165)
第一节　经济赔偿在死刑执行类别选择中影响量子的实体要件规范 …… (165)
一、死刑案件中经济赔偿司法适用的案件类型规范 ……………… (165)
二、死刑案件中经济赔偿司法适用的客观要件规范 ……………… (168)
三、死刑案件中经济赔偿司法适用的主观要件规范 ……………… (171)
第三节　经济赔偿在死刑执行类别选择中影响量子的程序要件规范 …… (176)
一、经济赔偿在死刑执行类别选择中的程序正义 ………………… (176)
二、经济赔偿在死刑执行类别选择中的正当程序构建 …………… (177)
第四节　经济赔偿在死刑执行类别选择中影响量子的量刑规范 ………… (185)
一、量刑规范化与死刑案件中经济赔偿的司法适用 ……………… (185)
二、经济赔偿在死刑执行类别选择中量刑规范化的具体举措 ……… (186)

第七章　经济赔偿在死刑执行类别选择中影响量子的适用论 ……… (195)
第一节　推进经济赔偿影响量子的法定化 ………………………………… (195)
第二节　经济赔偿影响量子法治化的配套机制 …………………………… (197)
一、完善刑事被害人国家救助机制 ………………………………… (197)
二、深化裁判文书说理机制 ………………………………………… (200)
三、完善判决书对经济赔偿影响量子说明解释的机制 …………… (202)
四、规范经济赔偿影响量子的分析评判和风险评估机制 ………… (202)
五、建立经济赔偿影响量子对量刑影响判决书综合评述的公开
　　机制 ……………………………………………………………… (203)

第八章　经济赔偿在死刑执行类别选择中影响量子适用的展望 ……… (205)

参考文献 ……………………………………………………………………… (212)

后记 …………………………………………………………………………… (215)

第一章　绪　论

第一节　全球范围死刑状况

死刑是世界上最古老的刑罚之一。死刑的适用,通常是因为有关犯罪分子犯有严重的罪行,从而被法律判决剥夺生命的刑罚。在人类几千年的历史长河中,死刑一直在整个刑罚体系中占据着重要的地位。历史上的绝大多数国家,无不重视以死刑作为惩治犯罪、维护阶级统治的有效策略。死刑随着国家、刑法的产生而出现,与刑法的产生具有同步性。① 因此可以说,刑法的发展历史反映出了死刑的发展方向。死刑的适用,曾经一度出现泛滥的情况,很多罪名都可能涉及死刑,而且死刑执行的方式十分多样、残酷。

现代社会中已经废除死刑的国家,曾经大多也都有着非常严厉的死刑规定。例如,英国是现代社会已经废除所有犯罪死刑的国家之一,但在历史上,英国的死刑规定曾表现得十分严厉和残酷。在资产阶级革命前期,英国的死刑罪名就已经有 270 多种,具体刑罚手段包括分尸、车裂、火焚等。伊丽莎白统治时期,英国每年有近 400 人被判处死刑;亨利八世统治时期,约有 7.2 万人被处以绞首刑。在 18 世纪的英国,死刑被视为最有效的防止犯罪发生的手段和刑罚武器。死刑的适用犯罪也表现得极其广泛,盗窃、与吉普赛人交往、伪造印章,甚至儿童盗窃都可被判处死刑。② 也正因如此,恩格斯曾称英国的刑法典在欧洲是最森严的,其野蛮性早在 1810 年就不亚于《加洛林纳刑法典》,焚烧、轮碾、砍四块、挖内脏等都是惯用的几种刑罚。③ 在作为已经废除死刑的国家——南非,自 17 世纪开始死刑也曾存在较长时间,在被荷兰统治的时期,基于荷兰罗马法的规定,死刑被适用于谋杀、抢劫、强奸、严重的入室盗窃、盗窃小孩等犯罪行为。在死刑的执行上,通常都是公开进行,其方式包括绞刑、斩刑、烧死、刺死等,并伴有车裂和挖内脏的额外折磨。

---

① 赵秉志.死刑改革探索[M].北京:法律出版社,2006:3.
② 杨颖.英国死刑废止进程研究[D].上海:华东政法大学,2012.
③ 马克思,恩格斯.马克思恩格斯全集.[M]:北京:人民出版社,1995:701.

1795年英国占领南非后,死刑的执行方式被限制为绞刑和斩刑。1910年,南非联邦建立初期,虽然死刑的罪名数目有所减少,但死刑的适用范围比其他国家大,其执行死刑的次数占当时世界总数的47%。① 20世纪80年代,澳大利亚废除了死刑制度,但在这之前,澳大利亚的死刑适用也曾十分普遍。18世纪末至19世纪初期,澳大利亚作为英国的殖民地,死刑在立法规定和执行数量上都相对较多,19世纪,澳大利亚基本每年都有80人被执行死刑,其罪行通常包括谋杀、盗窃、伪造、性侵、甚至一般违法行为。②

死刑作为最严厉的刑罚手段,曾受到各国的高度重视。死刑的限制与废除,是随着人类社会文明的不断进步,而逐渐被主张并实现的。在历史上,很多思想家、法学家、哲学家等著名人物都曾对死刑的适用提出过限制和废止的主张。17世纪,荷兰资产阶级政治思想家、资产阶级自然法学派创始人之一雨果·格劳秀斯曾主张限制适用死刑,其认为死刑只适用于那些罪行极其严重者。对于不可救药的人,处死比让他活着可以更多地减少罪恶,但是只有在罪行极其严重的情况下法律才有处死罪犯的权力。③ 法国启蒙思想家、古典自然法学派的代表人物孟德斯鸠虽然不主张废除死刑,并指出:"当一个公民侵犯他人安全导致他人丧失生命或企图剥夺他人生命时,他应该被处死。死刑是病态人际交往的药剂。"④但他主张在刑罚中实行宽和精神,体现人道主义,死刑必须是不得已而用之。⑤ 狄德罗主张废除死刑,认为执行死刑只需很短暂的一瞬间,这往往妨碍了那些要求悔改的罪犯行使自己的权利。死刑使得罪犯的悔过自新不能实现,应当将死刑废除,代之以监禁。伏尔泰也持相同观点,认为对罪犯的惩罚要注重实效,一个绞死的人是毫无价值的,而一个判处苦役的人则仍能为国家效劳,并成为一个活教材。⑥ 法国启蒙思想家、哲学家、古典自然法学派代表卢梭反对轻易动用死刑,认为任何人都没有权力把人处死,哪怕仅仅是以儆效尤,除非是对那些如果存活下来便会带来危险的人才应适用死刑。⑦ 意大利刑法学家贝卡利亚是极力主张废除死刑的典型代表人物,他认为"用死刑来向人们证明法律的严峻是没有益处的。如果说,欲望和战争的要求纵容人类流血的话,那么,法律作为人们行为的约束者,不应该去增多这种残暴的事例。体现公共意志的法律憎恶并惩罚谋杀行为,而自己却在做这种事情;

---

① 王奎.南非的死刑废除:历史、根据与特征[J].西亚非洲,2006(9):56-60,80.
② 孟凡壮.澳大利亚死刑废除的历史及启示[J].苏州大学学报(哲学社会科学),2014,35(5):87-93.
③ 马克昌.近代西方刑法学说史[M].北京:中国人民公安大学出版社,2008:10.
④ 孟德斯鸠.论法的精神[M].孙立坚,等译.西安:陕西人民出版社,2001:223.
⑤ 马克昌.近代西方刑法学说史[M].北京:中国人民公安大学出版社,2008:28.
⑥ 马克昌.近代西方刑法学说史[M].北京:中国人民公安大学出版社,2008:38.
⑦ 卢梭.社会契约论[M].何兆武,译.北京:商务印书馆,2003:44.

它阻止公民去做杀人犯,却安排一个公共的杀人者。我认为这是一种荒谬的现象。"[1]英国功利主义思想家、法学家边沁对死刑也持完全否定态度:"伴随死刑适用而产生的过分激怒究竟源于何处?这是初始阶段趋于严厉的仇恨效果,也是一种灵魂的愚鲁,它在罪犯的迅速毁灭之中找到了没有进一步关注机会的最大好处。"[2]除此之外,菲利、李斯特等著名学者对死刑也持否定和批判的态度。但是,费尔巴哈、康德、黑格尔等著名学者则主张保留死刑,从而与死刑废止者形成对立的观点。

在死刑废除思想的影响下,很多国家都相继在立法上废除了死刑。在当今世界的197个国家中,已有96个国家对所有犯罪废除了死刑;对普通犯罪废除死刑的国家有9个;在事实上废除死刑的国家有34个;仍然保留死刑的国家只有58个。[3] 对于已经废除死刑的国家,也都是通过各种手段逐步限制死刑的适用,从而最终实现废除死刑。例如,英国于1957年通过的《杀人罪法》将死刑限制在6种特定的谋杀罪犯罪,并大大扩大过失杀人罪的认定范围。1965年通过的《谋杀罪法》中规定:"不得因谋杀罪对任何人判处死刑,被宣判为谋杀罪的,处终身监禁。"从而在立法上彻底废除了死刑。[4]澳大利亚则是通过立法、司法、行政相结合的手段,在立法上逐渐减少要判处死刑的罪名,并以代之以终身刑罚;司法上重视对死刑犯程序权利的保障,严格控制适用死刑;行政上重视对死刑犯适用减刑,强化对行政自由裁量权的限制,由此最终完全废除了死刑。[5] 南非的死刑存废争论始于20世纪初,1917年通过的南非《刑事诉讼和证据法》将死刑限制于谋杀、叛逆和抢劫3种罪名。1990年,南非总统德克勒克宣布延期执行死刑,指出死刑应当适用于最极端的案件,并提高死刑司法的特殊要求,建立上诉程序。南非议会通过的刑法修正案,将死刑限制于谋杀、战时叛逆、具有从重情节的抢劫或抢劫、绑架、偷盗小孩和强奸6种罪行。2005年,南非宪法法院裁定,改判原被判处死刑但未执行的62名罪犯为无期徒刑,这标志着南非完全废除了死刑。[6]

当前在立法上仍然保留着死刑的国家,也都纷纷通过不同的方式在事实上废除了死刑,或是严格限制了死刑的适用。在韩国,其《刑法(现行)》中有89个条文以法定刑的形式规定了死刑的适用,但事实上,韩国最后一次执行死刑是在1997年12月,此后虽然每年仍有人被判处死刑,但实际上没有人被执行死刑。韩

---

[1] 切萨雷·贝卡里亚.论犯罪与刑罚[M].黄风,译.北京:北京大学出版社,2008:69.
[2] 边沁.立法理论:刑法典原理[M].李贵方,等译.北京:中国人民公安大学出版社,1993:90.
[3] 彭新林.酌定量刑情节限制死刑适用研究[M].北京:法律出版社,2011:542.
[4] 杨颖.英国死刑废止进程研究[D].上海:华东政法大学,2012.
[5] 孟凡壮.澳大利亚死刑废除的历史及启示[J].苏州大学学报(哲学社会科学),2014,35(5):87-93.
[6] 王奎.南非的死刑废除:历史、根据与特征[J].西亚非洲,2006(9):56-60,80.

国国会法事会也有超过半数的人主张以绝对终身刑替代死刑的废除提案。① 据统计，美国的死刑执行数量位居世界前五。② 美国在难以从立法上废止死刑的情况下，主要采取司法型死刑控制模式严格限制死刑的适用。具体而言，《模范刑法典》倡导死刑特殊程序，死刑审判遵循定罪和量刑双阶程序为立法范本，在实体上表现为严格死刑标准与适用原则、减少适用主体和范围、限制适用罪名、适格量化标准等，并通过引入法定加重情节限制死刑的适用。③ 而且，在美国被执行死刑的人数只是死刑判决中的一小部分，1998年至2015年，美国死刑判决总数为2518例，最终被执行死刑的为922人，占总数的37%。从20世纪90年代末开始，美国的死刑执行数量基本呈现逐年递减趋势，2015年，美国被执行死刑的人数仅为28人。④ 日本在立法上严格限制死刑的适用，并在死刑的执行上采取非常谨慎的态度。日本《刑法（现行）》中，仅有12个法律条文规定了可判处死刑，主要涉及内乱罪、爆炸罪、威胁交通罪、杀人罪、强盗致死罪等罪名。特别法中有5个条文规定的罪名涉及死刑，包括使用爆炸物罪、决斗致死罪、杀害人质罪等。司法实践中，被判处死刑者主要是犯了杀人罪和强盗致死罪，而且被害人如果只有一人，一般也不会对被告人判处死刑。对于犯罪时未满18周岁的未成年人，也不得判处死刑。⑤ 我国台湾地区仍然保留了死刑，但对死刑的控制也比较明显。1990年至今，我国台湾地区规定死刑的附属刑法由13个减少到1个，死刑罪名也由原来的160个减少到33个，1990年我国台湾地区绝对死刑的罪名为65个，2005年最终废除了所有绝对死刑。⑥

由此我们可以发现，无论是已经完全废除死刑的国家，还是仍然保留着死刑的国家，都在一定程度上对死刑持有否定态度。即便是保留死刑的国家，也并不是完全赞同死刑的适用，而是基于国家文化、制度影响、实践需要等因素的考虑，尚且保留着部分罪名死刑的规定。而且，在一些国际性公约或条约中，对于限制和废除死刑的规定也比较明显。《美洲人权公约》《欧洲人权公约》《亚洲人权宪章》等均对废除或严格限制死刑的适用作出了规定。"死刑不引渡"已经成为当前大多数国家之间引渡条约的一项基本原则。在总体上，世界各国都呈现出限制或废除死刑的趋势。应该说，限制和废除死刑，已经成为当今世界的主要潮流和发展方向。

---

① 许一泰,郭健.韩国死刑制度的回顾与展望[J].政法论丛,2007(6):89-94.
② 徐岱.美国死刑适用的最新现状及走向[J].当代法学,2014,28(2):28-37.
③ 魏昌东.美国司法型死刑控制模式与中国借鉴[J].法学,2013(1):31-43.
④ 王禄生.美国死刑数据下的真相[EB/OL].(2016-05-27).http://opinion.caixin.com/2016-05-27/100948499.html.
⑤ 李贵鑫,于文沛.论日本的死刑制度[J].学术交流,2010(6):63-65.
⑥ 王秀梅,曾赛刚.我国台湾地区死刑控制及其对大陆死刑改革的启示[J].法学杂志,2012,33(2):93-98.

第二节 中国对死刑的观点

我国是世界上仍然保留着死刑的国家之一。在我国《刑法(1979年)》中,共规定了28个死刑罪名,相对而言死刑数量比较少。有学者认为,《刑法(1979年)》体现了我国"绝不废除死刑,但要少杀"的死刑政策,反映了我国死刑的立法思想,死刑的数量及罪名的分布是无可厚非的。[①] 与之相对应,我国《刑法(1997年)》对于死刑的规定比较多,总共有68个。究其原因,是基于当时社会形势政策的变化而提出的要求,是为了满足"严打"的需要。正如时任全国人大常委会副委员长的王汉斌在全国人民代表大会上所作的《关于〈中华人民共和国刑法(修订草案)〉的说明》中所指出的:"考虑到目前社会治安的形势严峻,经济犯罪的情况严重,还不具备减少死刑的条件。"[②] 在这种态势下,死刑的适用受到追捧,甚至一度成为衡量"严打"效果的标准及司法机关的考核内容之一。虽然《刑法(1979年)》规定,死刑的核准权由最高人民法院行使,但是为了整治当时的治安形势,最高人民法院一度将一些案件的死刑核准权下放到各省高级人民法院,直接由各省高级人民法院掌管死刑的二审和死刑核准权,"自判自决"对于保证死刑的正确适用、严格控制死刑等方面都造成了不利影响。

死刑的滥用不仅使得冤假错案无法得以纠正,而且给司法公信力造成了严重的损害。严格限制死刑的呼声也从未停止过。基于各方面原因的考虑,最高人民法院于2007年年初收回了死刑核准权。不仅如此,近些年来我国限制死刑的表现在其他方面也非常明显。尤其是2011年出台的《刑法修正案(八)》,一次性取消了走私类犯罪、金融类犯罪、盗窃罪等13个非暴力犯罪的死刑,而且第一次规定审判的时候年满75周岁的人原则上不适用死刑。2015年颁布的《刑法修正案(九)》取消了走私武器、弹药罪,集资诈骗罪,组织卖淫罪,强迫卖淫罪,阻碍执行军事职务罪等9个罪名的死刑。至此,我国的死刑罪名已经减少至46个。在这些保有死刑的罪名中,非暴力犯罪罪名仍有24种,占总数的52%。在司法上,坚持着"少杀、慎杀,可杀可不杀的坚决不杀"等刑事政策,严格控制死刑的适用。虽然我国在立法上废除死刑仍然任重道远,但可以肯定的是,控制死刑在我国已成为一种趋势,死刑的适用范围将会越来越小。

《刑法(现行)》除了在死刑罪名上逐步消减了死刑的设置,在其他方面的表现也比较明显。《刑法(1997年)》与《刑法(1979年)》相比,通过将死刑适用于"罪大

---

① 赵秉志.死刑改革探索[M].北京:法律出版社,2006:16.
② 刘仁文.中国死刑改革的回顾与展望[J].河南财经政法大学学报,2012,27(2):1-8.

恶极"的犯罪修改为适用于"罪行极其严重"的犯罪，进一步限制了死刑的适用范围。笔者认为，"罪大恶极"虽然也注重犯罪的客观危害，但从字面意思可以看出，其更为注重犯罪的主观罪恶。而"罪行极其严重"，则不仅反映出犯罪在客观上具有最为严重的社会危害性，而且也包括犯罪分子特别巨大的主观恶性。相对而言，"罪行极其严重"对死刑的限制更为严格。《刑法（1979年）》第四十六条规定："判处死刑缓期执行的，在死刑缓期执行期间，如果确有悔改，二年期满以后，减为无期徒刑；如果确有悔改并有立功表现，二年期满以后，减为十五年以上二十年以下有期徒刑；如果抗拒改造情节恶劣，查证属实的，由最高人民法院裁定或者核准，执行死刑。"依据该规定，如果在死刑缓期执行期间，犯罪分子没有悔改表现的，就没有减为无期徒刑的法律依据。而《刑法（1997年）》第五十条规定："判处死刑缓期执行的，在死刑缓期执行期间，如果没有故意犯罪，二年期满以后，减为无期徒刑；如果确有重大立功表现，二年期满以后，减为二十五年有期徒刑；如果属故意犯罪，查证属实的，由最高人民法院核准执行死刑。"即新版刑法将死缓减为无期徒刑的条件修改为"没有故意犯罪"，与《刑法（1979年）》相比，门槛更低，使得无期徒刑的适用范围更广。

在我国刑法学界，反对死刑适用的声音由来已久，且有日渐高涨之势。学者邱兴隆认为，在通常情况下，刑罚的威慑效果与刑罚的严厉性之间呈正比对应关系，刑罚愈严厉，其威慑效果愈大，人们不可能不三思而后行，除了那些亡命之辈。大多数人会在意欲犯罪的同时，对死刑产生强烈的恐惧心理，采取积极的回避措施，即为避死求生而放弃作为处死之动因的犯罪行为。因此，死刑遏制犯罪的作用居诸刑之首。正因为如此，不少死刑存置论者都断言"镇压罪大恶极之极为严重犯罪，最足以收到威吓之效果者，莫如生命刑"。但是，死刑的威吓所产生的副作用也居诸刑之首。面对刑罚的威吓，犯罪分子既可能采取积极的回避措施，也有可能采取消极的回避措施。如果犯罪分子选择了后者，刑罚的威吓便会带来消极后果。一般来说，刑罚愈严厉，犯罪分子试图逃避惩罚的欲望便愈强烈，其消极效果也势必随之增大。死刑是最严厉的刑罚，自然可能产生大于其他刑种的消极效果。[①] 学者贾宇认为，死刑对于犯罪并不具备有效的一般预防作用，如果加强甚至增加死刑适用的理由是要"治乱世"，预防其他人犯罪，则结果必然是不尽如人意的，我们对于死刑威慑力的迷信应该破除了。[②] 学者周光权认为，通过对犯罪分子进行肉体折磨使之不敢犯罪，通过残忍的方法剥夺犯罪能力（最极端的方法就是死刑适用）使之不再犯罪，在人类社会相当长的历史时期内大行其道。随着人道主义思潮的复兴，以矫正为基础的近代个别预防论产生了，这种理论注重消除犯罪分子的人

---

① 邱兴隆,许章润. 刑罚学[M]. 北京:中国政法大学出版社,1999:153-154.
② 贾宇. 死刑研究[M]. 北京:法律出版社,2006:22.

身危险性,通过对犯罪分子身心的治疗,使之返归社会。①

对于从立法上限制死刑,学者们也都纷纷提出了各自的见解。学者赵秉志教授认为,中国应当分三步逐步废止死刑:一是到2020年,现行逐步废止非暴力犯罪死刑;二是在此基础上,经过10年至20年的努力,进一步废止非致命性暴力犯罪死刑;三是最迟到2050年,全面废除我国的死刑规定。②有学者认为,死刑只适用于被侵害的权益价值不低于人的生命价值的犯罪,应积极适用死刑缓期执行制度,严格控制死刑立即执行的数量。严格执行死刑复核制度,为控制死刑适用提供程序上的保证。由现在"保留死刑,但严格适用死刑"的总体思路,转化为"总体原则废除死刑,故意命案保留死刑"的基本思想。将死刑从主刑中剥离出来,主刑与附加刑均不规定死刑,而使其成为具有独特地位的刑种。只有在具体犯罪中具有故意杀人或故意致人死亡的犯罪情节,才可以适用死刑。③针对我国"死刑过度,生刑过轻"的现象,我国刑法应当适当延长生刑的期限,将有期徒刑的最高期限延长至30年,与无期徒刑相连接。在刑罚结构中取消绝对死刑的规定,以故意杀人罪为死刑规定的基本标准,将死刑作为最后的非常规的方法。在死刑罪名的限制上,全面废止经济、财产类非暴力犯罪的死刑,全面废止贪污罪、受贿罪的死刑。在适用对象上,扩大对怀孕妇女的解释范围,逐步取消对初生儿母亲适用死刑,增设禁止对70岁以上的老人适用死刑的条款,排除对智力障碍人士、残疾人士适用死刑。④

在司法上限制死刑的适用则是另一种路径。死刑司法控制的优势在于:通过动态的刑法适用可以灵活、全面地反映宽严相济的刑事司法政策;可以在实际上不适用死刑的同时保留死刑的威慑作用;可以回避立法以及民众在废止死刑问题上的无止境争论,从而以最快的速度和效率达成死刑实际上的废止;可以使民众逐渐培养起死刑不人道的观念,逐步适应没有死刑的司法,进而完全接纳死刑的废止,从而最终为立法上彻底废止死刑创造条件,铺平道路。⑤我国刑法学家储槐植教授认为,我国死刑制度的改革,可以通过司法渐进地控制乃至大幅度减少死刑,从而促进立法机关批量地消减死刑。"罪行极其严重"量定客观危害,同等情况,同等对待,不因人而异;对罪行极其严重的犯罪分子测查主观恶性,是判定死刑立即执行或者死刑缓期执行的个别化依据,不同情况,不同对待,需因人而异。对"罪行极其严重"这一标准应予"严加"把控,对不是必须立即执行的犯罪分子判刑尺度适当

---

① 周光权.刑法学的角度[M].北京:中国政法大学出版社,2004:304-305.
② 赵秉志.中国逐步废止死刑论纲[J].法学,2005(1):55-62.
③ 张小虎.废除死刑的理论预期与保留死刑的现实必然:论我国死刑制度的完善[J].社会科学研究,2007(1):81-86.
④ 王水明.死刑限制之立法对策[J].江西社会科学,2013,33(8):170-174.
⑤ 徐岱,陈劲阳.死刑司法控制的地方性实践与方向[J].吉林大学社会科学学报,2012,52(5):112-120,160.

"放宽",将通过公正司法达致"罪行极其严重"可判死刑的犯罪分子被限制到极少数。① 陈兴良教授认为,死刑的司法控制是个案控制,而个案死刑控制可以达到积沙成塔的累积效果。在目前中国的具体情况下,限制死刑主要还是采取司法控制的途径。最高人民法院在司法控制中发挥着独特作用,其对于死刑的直接控制是通过履行死刑案件的复核职责,严格控制死刑适用条件来减少死刑适用实现的。间接控制是通过制订控制死刑司法政策、提供死刑裁判规则、颁布死刑指导案例进行控制。② 我国可以借鉴美国的司法型死刑控制模式,提升并强化死刑缓期执行制度的死刑限制适用功能,通过细化"情节严重的"考察因素,将财产数额因素排除在死刑评价标准之外,严格排除过失行为适用死刑立即执行的可能性,建立死刑缓期执行适用的一般标准,从而建立侵害生命法益的死刑量刑指导规范。③ 司法实践应重视酌定量刑情节对于限制死刑的作用,具体而言,需要高度重视典型酌定量刑情节对死刑的限制适用,妥当处理酌定量刑情节竞合时死刑的限制适用,尽快出台典型死罪的死刑适用指导意见并积极推行死刑案例指导制度。

第三节 中国死刑的研究现状

在我国,对于死刑的研究主要开始于21世纪初期。在这之前虽然也有学者对死刑进行过研究,但数量较少。据学者赵秉志统计,自1979年我国第一部刑法颁布到20世纪末,我国对于死刑的研究论文共计有200篇左右,其中,著作4部、博士论文3篇、硕士论文不到10篇、报刊论文近200篇。在这些研究论文中,大部分是对死刑的理论和法律理解及适用问题进行研究。而进入21世纪之后,在短短的6年时间里,关于死刑的研究论文数量就突飞猛增,其中著作20余部、博士论文及博士后报告10余篇、硕士论文50余篇、报刊论文600余篇,对于死刑的研究视角也变得非常广泛,其中有很多涉及死刑制度的改革与完善。④ 而在这之后的时间里,学者们对于我国死刑制度的研究更加深入,研究的视角更为开阔,研究论文数量增长迅速。总体而言,学者们大多关注限制死刑的适用,有些从比较法的角度出发,通过比较研究国外死刑制度,从而为我国死刑控制提出解决办法;有的从立法的角度出发,主张通过改革死刑立法规定,限制死刑的适用;有的从司法的角度出发,包括考量被害人过错、重视被告人从轻处罚情节等方面,限制死刑的适用;有的

---

① 储槐植.死刑司法控制:完整解读刑法第四十八条[J].中外法学,2012,24(5):1014-1020.
② 陈兴良.死刑适用的司法控制:以首批刑事指导案例为视角[J].法学,2013(2):43-57.
③ 魏昌东.美国司法型死刑控制模式与中国借鉴[J].法学,2013(1):31-43.
④ 赵秉志.死刑改革探索[M].北京:法律出版社,2006:762.

从人权保障的角度出发,主张限制死刑。

赵秉志等主编的《中美死刑制度现状与改革比较研究》(中国人民公安大学出版社出版,2007年)介绍了我国与美国死刑制度的现状与改革的具体情况,进一步对中美死刑制度的立法与司法进行比较研究,这有利于对中美两国的死刑制度进行较为全面的了解。郑延谱著作的《中美死刑制度比较研究》(中国人民公安大学出版社出版,2010年)立足中美死刑制度的历史与现状,讨论了支撑中美两国死刑制度的政治、经济、文化以及种族背景等深层次原因,并在制度层面上对两国死刑从罪名、配置模式、适用对象、替代措施、审判程序、救济措施、执行方式与方法等角度对两国的死刑制度进行了系统的比较分析,指出两国死刑制度值得相互借鉴之处,为我国推进死刑制度改革提出了建设性意见。杨诚的《死刑司法控制的美国模式之研究与借鉴》(载于《政治与法律》,2008年第11期)研究了美国死刑司法控制的特点,其主要法律依据是宪法,逐步将宪法原则细化为具体的法律标准和规则,通过渐进的方式限制和减少死刑适用,并充分考虑社会民意对死刑制度的态度,由此提出我国应依据自身国情,有选择地借鉴美国死刑司法控制模式。魏昌东的《美国司法型死刑控制模式与中国借鉴》(载于《法学》,2013年第1期)介绍了美国司法型死刑控制模式的形成与发展,司法控制死刑适用的程序措施和实体措施,以及法定加重情节对于死刑司法控制的作用,进而提出该制度对我国死刑控制的借鉴意义,并提出了具体的思路和策略。郭健的《从司法上控制死刑:韩国经验的启示》(载于《当代韩国》,2007年第3期)通过分析韩国立法对死刑罪名的规定,得出韩国涉及死刑的立法规定虽多,但通过司法控制死刑实现了事实上废止死刑的结果,指出司法控制是一种务实的、直接的限制死刑的路径,我国应当借鉴韩国经验从司法上严格控制判处死刑与实际执行死刑。莫洪宪的《死刑制度改革与暴力犯罪死刑控制:从中韩死刑制度比较研究的角度》(载于《河南省政法管理干部学院学报》,2008年第1期)通过分析韩国的死刑规定虽然较多,但在实践中真正执行死刑的个案极少的原因,指出韩国在实践中严格限制死刑适用条件,将死刑判决限制在具有剥夺他人生命等具有严重后果的谋杀罪等情形下,尽量减小死刑适用范围,并结合我国法律规定,提出我国死刑司法控制的观点。李洁的《中日死刑比较研究概说》(载于《吉林公安高等专科学校学报》,2008年第1期)从死刑的限制性规定、死刑罪的规定状况、死刑的执行程序与制度、对死刑的评价等方面,对中日涉及死刑的法律内容做了比较分析,总结日本死刑的发展趋势及对我国的影响。除此之外,赵秉志主编的《中韩死刑制度比较研究:"第五届中韩刑法学术研讨会"学术文集》(中国人民公安大学出版社出版,2008年),许一泰的《韩国死刑制度的过去、现在和未来》(载于《刑法论丛》,2008年第1期),赵丙贵的《中日死刑问题比较研究》(载于《理论界》,2005年第8期),喻贵英的《欧洲死刑废除的启示》(载于《法学评论》,2006年第3期),王秀梅等的《我国台湾地区死刑控制及其对大陆死刑改革的启示》(载于《法学杂志》,2012年第2期),王喆等的《美国死刑有效辩护制度及其启示》(载于《东北师大学报(哲学社会科学版)》,2012年第6期)等研究论文,分别从不同的角度研究了其他国家、地区的死刑控制和废止经验,为我国的死刑控制等方面提供了有利的借鉴和参考。

也有一些学者积极主张从完善我国死刑立法制度的角度出发,尝试限制死刑的适用。著名刑法学家高铭暄教授的《我国的死刑立法及其发展趋势》(载于《法学杂志》,2004年第1期)通过具体列举我国刑法中的死刑罪指出,我国死刑的适用范围比较广泛,从国际社会发展和有关国际公约的规定看,我国有必要消减乃至废除经济犯罪的死刑规定。赵秉志教授早在20世纪末就在《论死刑的立法控制》(载于《中国法学》,1998年第1期)对我国新刑法的死刑规定与旧刑法进行了比较分析,指出新刑法限制与减少死刑的措施主要有:进一步限制了死刑适用条件,放宽了死刑缓期执行减为无期徒刑或有期徒刑的条件,较大幅度消减了死刑罪名,并指出减少、限制乃至废除死刑已成为不可逆转的潮流,我国刑事立法对死刑的限制亦必将随着现代社会的进步日益加强。其著作《死刑立法改革专题研究》(中国法制出版社出版,2009年)研究了死刑制度改革的域外经验,深入分析了共同犯罪、非暴力犯罪、经济犯罪、贪污贿赂犯罪、毒品犯罪、暴力犯罪等死刑的限制与废止问题。马松建的《国际人权公约与我国死刑立法完善》(载于《郑州大学学报(哲学社会科学版)》,2005年第5期)一文,通过分析《公民权利和政治权利国际公约》的规定,指出应当废除单纯经济犯罪和财产犯罪以及伤害风化犯罪的死刑,并卓有见地地主张应当将死刑核准权收归最高人民法院,提出在刑法中增设死刑赦免制度。潘星丞的《限制死刑,还是扩张死刑?我国死刑立法技术实证研究》(载于《西部法学评论》,2010年第3期)分析了我国的死刑立法技术,本质上是扩大了死刑的适用范围。应当正确认识死刑的功能发挥机制,遵循刑罚效益原则,防止通过立法技术抵消"限制死刑"的努力。韩大元的《死刑立法的宪法界限》(载于《国家检察官学院学报》,2014年第5期)指出,应当积极发挥刑法解释的功能,通过解释从严把关死刑的适用,并在死刑的刑法解释中体现宪法精神,从有利于实现人权保障的角度减少死刑,防止死刑案中出现冤案和错案,以实现死刑立法的宪法化。赵秉志的《中国死刑立法改革新思考:以〈刑法修正案(九)(草案)〉为主要视角》一文,立足眼下的刑法变革,指出我国死刑立法改革应以废除非暴力犯罪死刑为重点,并逐步废止非致命性暴力犯罪死刑。同时严格致命性暴力犯罪死刑的立法,进一步提高死刑缓期执行罪犯执行死刑的门槛,明确死刑缓期执行的地位和适用条件,完善死刑适用标准,改进老年人免死制度,创建哺育期母亲、精神障碍人、聋哑人等其他特殊主体免死制度。

也有很多学者主张从司法的角度出发控制死刑。赵秉志等主编的《死刑司法控制论及其替代措施》收集了很多关于死刑司法控制方面的论文,主要涉及死刑司法控制的必要性,死刑司法控制的政策、观念与原则,死刑司法控制的实体和程序路径、死刑的替代措施等内容。马松建著作的《死刑司法控制研究》(法律出版社出版,2006年)从死刑的司法控制原则、死刑司法实体控制和程序控制等方面,研究了死刑司法控制的具体问题。死刑实体控制是在我国严格限制死刑政策和死刑司法控制原则的指导下,通过对犯罪分子正确适用刑事实体法有关死刑的规定,以最大限度地减少死刑的实际适用;死刑程序控制是在我国严格限制死刑政策和死刑司法控制原则的指导下,通过严格执行刑事程序法有关死刑案件的程序规定,对死刑的司法适用进行程序上的过滤,在客观上进一步减少死刑的实际适用。赵秉志主编的《死刑个案实证研究》(中国法制出版社出版,2009年)主要是以具体的个案为视角,以实际案例解读犯罪社会危害性、人身危险性、主观激情因素、间接犯罪故意、犯罪性质、共同犯罪、民意、被害人谅解等因素,在司法上对死刑制度的影响。彭新林的《酌定量刑情节限制死刑适用研究》(法律出版社出版,2011年)则以酌定量刑情节对死刑的控制为核心,分析了罪前、罪中、罪后酌定量刑情节对死刑的限制适用,以及酌定量刑情节的竞合对死刑的控制等内容。李萍的《宽严相济刑事政策下死刑司法控制的困惑与对策》(载于《法学论坛》,2008年第4期)主张坚持严格的死刑司法控制,分析死刑司法控制面临的困惑,指出推进死刑司法控制的具体对策主要包括强化和谐司法理念、充分发挥司法者在死刑控制中的能动作用、原则上冻结非暴力犯罪的死刑、突出对犯罪分子主观恶性和人身危险性的考察、严守死刑适用的正当程序。王水明的《死刑限制之司法对策》(载于《法治研究》,2013年第3期)认为死刑司法限制是限制死刑适用最直接、最便宜,且最具活力的方法。死刑司法限制具体包括,确立死刑缓期执行制度作为死刑替代的过渡性措施,严格解释死刑的适用标准,在程序上保障死刑被告人的基本权利以及死刑执行过程中的限制。

  人权保障对于死刑适用的影响也是限制死刑适用的重要理论依据。学者王世洲教授在《关于中国死刑制度的反思》(载于《北京大学学报(哲学社会科学版)》,2004年第3期)一文中认为,死刑这种剥夺行为人生命的刑罚,如果规定和适用不当,的确容易造成侵犯行为人人权的结果。根据国际通行的原则和标准规定死刑和保障被判处死刑的行为人的诉讼权利,不仅符合中国保留死刑和严格限制死刑的政策,而且符合国际一般的人权保护标准。邱兴隆教授在《死刑断想:从死刑问题国际研讨会谈起》(载于《法学评论》,2004年第5期)一文中指出,人权的实现离不开刑法的保障,只有通过刑法禁止与制裁侵犯人权的行为,防止侵犯人权的行为发生,人权才能得到保护。只要我们承认犯罪分子是人,他便拥有不可剥夺的作为一种普遍人权的生命权。而无论是作为一种功利的选择还是作为一种合乎逻辑的选择,立足于人权保护而废止死刑,都是一种理性的选择。赵雪纲的《从生命权角度看死刑存废之争》(载于《环球法律评论》,2004年秋季号)从生命权的角度阐释了死刑对人权的侵犯。死刑直接涉及人的生命权问题,尽管各国宪法并不一定都有关于人享有不可剥夺的生命权的规定,但在当今的国际人权约法中,这是一个基本的规定,而且一般都认为生命权是人的最重要的权利。死刑作为国家的一种惩罚权力,虽然因经过事前宣告而避免了专横之讥,但它仍是对公民生命权的侵犯。周道鸾教授的《人权保障与死刑限制》(载于《国家检察官学院学报》,2013年第4期)一文指出,"人权入宪"对在刑事立法和刑事司法领域正确理解和适用法律具有特别重要的意义。生命权是公民的基本人权,更应当受到法律和司法的严格保护。《公民权利和政治权利国际公约》强调:"人人有固有的生命权,这个权利应受到法律保护,不得任意剥夺任何人的生命。"因此,我国应当从立法上进一步限制和减少死刑的适用,完善死刑替代措施,并从司法上严格控制死刑的适用。

  死刑作为最严厉的刑罚措施,受到世界上绝大多数国家的限制或禁止。近20年以来,我国对于死刑的研究可谓如火如荼。由于篇幅所限,笔者在此只是有选择性地列举了一些具有代表性的研究成果,实际上,已有的研究成果远不止这些。截至2015年6月2日,在知网上以"死刑"为主题词进行搜索,就可以检索到期刊论文7300余篇、博士论文144篇、硕士论文1800余篇。当然这其中并非完全是死刑或者是研究我国现阶段死刑问题的研究成果,但至少可以在很大程度上反映出学者们对死刑问题的关注程度。

第四节　死刑执行类别:死刑立即执行与死刑缓期执行

  死刑作为我国刑罚的主刑种之一,在我国刑法以及刑法发展史中均发挥了重要的作用,但在现今社会,限制死刑的适用已成为一种司法趋势。1999年10月27日,我国最高人民法院颁布的《全国法院维护农村稳定刑事审判工作座谈会纪要》规定,对故意杀人罪是否判处死刑,不仅要看犯罪行为是否造成了被害人死亡的结果,还要综合考虑案件的全部情况。对于因婚姻家庭、邻里纠纷等民间矛盾激化引发的故意杀人犯罪,适用死刑一定要十分慎重,应当与发生在社会上的严重危害社会治安的其他故意杀人犯罪案件有所区别。对于被害人一方有明显过错或对矛盾激化负有直接责任,或者被告人有法定从轻处罚情节的,一般不应当判处死刑立即执行。2010年4月,最高人民法院刑三庭《在审理故意杀人、伤害即黑社会性质组织犯罪案件中切实贯彻宽严相济刑事政策》第4条规定,要"严格控制和慎重适用死刑"。其具体内容为:审判中要按照《意见》第29条的规定,准确理解和严格执行"保留死刑、严格控制和慎重适用死刑"的死刑政策,坚持统一的死刑适用标准,确保死刑只适用于极少数罪行极其严重的犯罪分子;对于罪行极其严重,但只要有法定、酌定从轻情节,依法可不立即执行的,就不应当判处死刑立即执行。由此可见,限制死刑的适用,最关键就在于严格限制死刑立即执行的适用。根据我国刑法的规定,死刑立即执行是指对被告人判处死刑后,经过一定的法定程序之后交付人民法院执行。而与此相对,如果罪行没有达到死刑立即执行的程度的犯罪但又需要被判处死刑时,就会被处以死刑缓期执行。

考察我国刑法的具体规定,探讨经济赔偿如何影响死刑的执行问题时,首先需要明确死刑立即执行以及死刑缓期执行的具体成立条件。

一、死刑立即执行的成立条件

死刑只适用于罪行极其严重的犯罪分子,即所犯罪行对国家和人民的利益危害特别严重和情节特别恶劣的。虽然刑法总论对此问题的规定简单至极,但所包含的内容极其丰富。

根据《刑法》第六十一条的规定:对于犯罪分子决定刑罚的时候,应当根据犯罪的事实、性质、情节和对于社会的危害程度,依照本法的有关规定判处。同时根据《刑法》第五条的规定:刑罚的轻重,应当与犯罪分子所犯罪行和承担的刑事责任相适应。根据上述规定,学界对"罪行极其严重"的理解主要从两个层面展开,即犯罪行为的社会危害性和犯罪分子的人身危险性。前者主要是指犯罪行为及其后果极其严重,给社会造成的损失特别巨大,它体现了犯罪的客观事实,是社会对犯罪危害行为和危害后果的一种物质的、客观的评价;后者主要是指犯罪分子的主观恶性和人身危险性特别大,通常表现为犯罪分子蓄意实施严重罪行、犯罪态度坚决、不思悔改、极端蔑视法制秩序和社会基本准则等,是从社会评价的角度对犯罪分子做出的一种主观心理评价。现代刑法理论通说亦强调从犯罪行为的社会危害性以及犯罪分子主观恶性和人身危险性两个方面来说明死刑适用的对象范围。现代刑法理论通说的这一观点,接近于联合国经济与社会理事会在关于《死刑与贯彻〈关于保证面对死刑的人的权利保障措施〉》中对"最严重的罪刑"的理解,其在总体上亦包括对主观方面、客观方面以及人身危险性三个方面的评价。

刑法分则对于可以适用死刑的条文做了严格的限制,如对可以判处死刑的,都做出了"对国家和人民危害特别严重、情节特别恶劣的""致人重伤、死亡或者使公私财产遭受重大损失的""造成严重后果的""情节特别严重""数额特别巨大并且给国家和人民利益造成特别重大损失的"等规定。上述列举的情况都是按照刑法分则中,死刑所在法定刑部分对应的罪状所规定的加重罪状要件的具体内容,除此之外还有"集团首要分子""致使战斗、战役遭受重大损失""使航空器遭受严重破坏""驾驶航空器、舰船叛逃"等。我国刑法分则中具体死刑罪名的罪状设置的标准或根据是"罪行极其严重"在具体罪名中的应用。然而从世界范围来看,根据刑法分则设置的具体罪名的不同,可获得对"罪行极其严重"有更为具体的理解,如有的理解为不包括非暴力性犯罪,如《美洲人权公约》;有的理解为仅指战时或者战争中最严重的暴力犯罪,如《欧洲人权公约》;有的理解为致命的或者导致生命的丧失或者危及生命的意思,如联合国经济与社会理事会在关于死刑的第六个五年报告中所指明的。纵然我国刑法规定立足于国际公约规定的标准,对死刑的适用做出一定的限制,如我国《刑法修正案(八)》以及《刑法修正案(九)》的出台,取消了一些明显不属于侵犯生命法益及其他社会危害性相对较轻的犯罪的死刑规定,尤其是《刑法修正案(九)》的出台进一步取消了《刑法》第一百七十条关于死刑的规定。然而,我国刑法分则规定的死刑适用条件则与上述国际性公约的规定有一定的差距,如有些罪名没有规定定量要件的类型,如《刑法》第四百三十一条第二款和第四百三十二条第二款;还有些罪状规定弹性过大,如《刑法》第一百一十五条第一款,第四百二十一条以及第四百二十四条。那么刑法条文对罪状的描述本身具有一定的弹性和模糊性,同时具体影响量刑的因素又纷繁复杂,在这种状况下考量经济赔偿对死刑的影响可以说是在抽丝剥茧,同时还要在各种影响量刑因素构成的网络中进行权衡。

二、死刑缓期执行的成立条件

在探讨死刑缓期执行的成立条件时,其前提是要明确死刑立即执行的条件,但是通过上文的分析可知,死刑立即执行的标准是不明确的,那么在此前提下,对死刑缓期执行成立条件的探讨在实践中不可避免地会出现随机性。面对这种情形,对如何理解"不是必须立即执行"的成立条件,学术界存在诸多观点。有学者认为应当从以下四点把握:第一,客观危害虽十分严重,但犯罪分子主观恶性不是很大;第二,犯罪分子主观恶性极大,但客观危害不是很大;第三,犯罪情节极其严重,主观恶性大,但民愤不是很大;第四,具有较多从轻情节,或者从轻情节多于从重情节。有学者认为满足以下条件的死刑案件无须适用立即执行死刑:第一,犯罪后自首、立功或者有其他法定从轻情节;第二,在共同犯罪中,罪行不是最严重的,或者与其他同类或同样案件相比,罪行不是最严重的;第三,因被害人的过错而导致犯罪分子激愤犯罪或者有其他表明易于改造的犯罪情节的;第四,有令人怜悯的情节的;第五,具有其他留有余地情节的。还有学者认为死刑缓期执行应当适用于犯罪分子的罪行极其严重并且应当判处死刑的前提下,还具有一定从宽处罚情节的情形。这些从宽处罚的情节主要包括:第一,罪行尚未达到最严重的程度;第二,在共同犯罪中其不是起最主要作用的犯罪分子;第三,犯罪后有投案自首情节、立功表现,或者有其他悔过表现;第四,被害人有一定过错;第五,个别情节不够清楚、个别证据无法查清,留有余地的;第六,犯罪起因是由同村近邻等人民内部矛盾所引发;第七,犯罪后,参与过有益于国家或者人民的重点事情;第八,鉴于国际影响,考虑到政治斗争形势,或者出于保存证据和另案线索的需要;第九,综合考虑犯罪分子年龄、智力以及自身技能等情况的影响;第十,根据我国少数民族、宗教、华侨政策等。

通过对上述学者观点进行归纳可知,学术界对死刑缓期执行的成立条件地把握主要是从一些原则性的限定进行把握,或者罗列一些具体的、认为不应当判处死刑立即执行的情节进行,但这些均不是标准的问题或成立条件的问题。一方面,原则性的限定并非标准,因为其可以有具体的解释;另一方面,具体情节的罗列亦并非标准,因为其并不能穷尽所有情形。那么对于死刑缓期执行成立条件的把握是否能够有一个标准呢？笔者认为答案是否定的,因为死刑立即执行和死刑缓期执行之间不可能有一个明确、具体甚至是放之四海而皆准的界限。量刑的依据除了法律的明文规定、案件事实本身的情况之外,还包括法官的经验,这种经验是在对千差万别的案件进行定罪量刑的过程中不断积累总结出来的,这是无法用标准进行衡量的,同时量刑本身离不开法官的主观意志活动,因此在这种主观与客观无法分立的法律适用过程中,我们无法用一个明确的标准进行"是与非"的划分。然而没有标准并不意味着在具体的量刑过程中,无法正确区分出死刑立即执行和死刑缓期执行的情况。让我们做出这种正确判断的基础就是影响量刑的各种影响量子。虽然每一个案件的影响量子不同,但是这些影响量子均可被划分到某一类影响量刑的情节当中,在通过对这些情节做出评估,从而进一步确定或者规范各个影响量子在死刑案件量刑过程中的作用。所以归根结底,对死刑立即执行成立条件和死刑缓期执行成立条件把握的关键是对影响量刑的各个影响量子在具体量刑中的作用和分量进行规范和评估。

三、死刑立即执行与死刑缓期执行的具体区分界限

尽管我国刑法理论界通常认为,死刑立即执行与死刑缓期执行的具体区分界限应当是"社会危害性程度",即"罪行尚未达到最严重的程度""犯罪行为不是最严重地侵害国家或人民利益"或者"犯罪危害后果不是特别严重"等,但是这些条件实质上是死刑缓期执行的条件,同时这些概念的内涵也是极其模糊的。

通过本书对死刑立即执行成立条件的论述和死刑缓期执行成立条件的论述可知,具体区分两者的界限在于影响死刑案件量刑的各个影响量子在具体量刑中的作用和分量。在把握这些影响量子时,首先必须明确三个原则:第一,凡是某一情节能优先被视为"罪行不是极其严重",即不能适用死刑(包括死缓)的因素,就不能先适用死刑再将其作为适用死缓的因素来考虑,因为"不是必须立即执行"毕竟是"罪行极其严重"之后的又一限制性条件,否则就是曲解了立法的原意。例如,不能将"罪行尚未达到最严重的程度"等视为"不是必须立即执行"的情形,这样是不妥当的。第二,"不是必须立即执行"所包括的情形具有广泛性,既要考虑犯罪行为本身,又要考虑犯罪分子,还要考虑被害人;既要考虑社会危害性,又要考虑人身危险性,还要考虑一般预防的因素;既要考虑犯罪分子,又要考虑社会民众,还要考虑国家;既要考虑实体法律,又要考虑程序法律。第三,在司法实践中影响死刑量刑的因素不可忽视,如犯罪分子是否系独生子女、犯罪分子及其亲属是否积极给予民事赔偿的考虑(经济赔偿因素)、外交政策、宗教政策、民族政策、侨务政策、破案线索、犯罪证据、被害人过错、犯罪分子周围群众的呼声等。

上述区分死刑立即执行成立条件和死刑缓期执行成立条件的论述，让我们能够清楚地看到，立法的明确程度与司法裁量权大小的关系之间的博弈，是影响量刑或者影响各个影响量子作用的根本。因此，如何规范这些影响量刑的量子才是解决正确适用死刑立即执行与死刑缓期执行问题的关键。本书的重点就是要立足于经济赔偿这一酌定量刑情节，通过对司法实践中大量出现的经济赔偿影响死刑执行类别的案例进行分析，进而对经济赔偿在死刑案件量刑中的作用进行规范。

第五节　研究死刑适用中经济赔偿的意义

废除死刑是当代国际潮流和必然趋势，我国最终也必将完全废除死刑。但是，就现阶段而言，我国仍然需要对某些罪名保留死刑。究其原因，一是因为我国仍处于并将长期处于社会主义初级阶段，物质文明程度较低，犯罪对社会造成的危害比较突出，刑罚的报应目的仍处于惩治犯罪的首位；二是"杀人偿命""杀一儆百"等传统死刑观念在我国民众的思想中根深蒂固，在一定程度上民意对死刑仍有要求；三是我国当前治安形势不容乐观，一些地方的暴力犯罪仍比较猖獗，立即废除死刑与现实需要不相符；四是死刑的废除在很大程度上需依赖于民主与法治的高度发展，而我国当前尚不具备这样的政治文明环境。①

在不能完全废止死刑的前提下，如何有效减少并控制死刑的适用，则成为当务之急。毋庸置疑，从立法上和司法上减少和限制死刑，是控制死刑适用的两个重点发展方向。从前文介绍的已有的研究论文可以发现，学者们主要是从这两个方面展开研究的。就死刑的司法控制而言，酌定量刑情节的考虑是其重要内容之一。司法实践中，二审法院改判死刑缓期执行或无期徒刑的案件考虑的酌定量刑情节往往包括：被告人犯罪动机不是特别恶劣、犯罪手段不是特别残忍、犯罪后果不是特别严重、被告人有明显悔罪表现；被告人或者其亲属已经彻底退赃或者赔偿损失；犯罪后有积极抢救被害人或者其他积极避免扩大损失的行为表现；警察设置圈套等。② 被告人或其亲属积极给予被害人经济赔偿，是被告人犯罪后积极悔罪的重要表现形式之一，一些死刑立即执行改判死刑缓期执行的二审判决表明，经济赔偿往往也是二审法院改判的重要依据之一。死刑立即执行与死刑缓期执行虽然同属于死刑的类别，但两者通常是生与死的区别，因为被判处死刑缓期执行的罪犯，如果在缓刑期间无故意犯罪，依法可减为无期徒刑或有期徒刑；而被判处死刑立即执行的罪犯，通常就是死路一条。从这个层面上讲，在判处死刑立即执行与死刑缓

---

① 赵秉志，王鹏祥.中国死刑改革之路径探索[J].中州学刊，2013(6)：46-52.
② 曾粤兴.死刑的司法与立法限制：量刑情节的制约[J].时代法学，2005(5)：45-49.

期执行之间,后者体现出了对死刑的有效控制。因此,研究经济赔偿在死刑执行类别选择中的影响量子,实际上可以较为直接地反映出经济赔偿对于死刑司法控制的积极作用。研究经济赔偿在死刑执行类别选择中的影响量子,具有十分重要的实践价值和理论意义。

一方面,研究经济赔偿在死刑执行类别选择中的影响量子,有利于推进司法实践中死刑的正确适用。刑法学家赵秉志教授曾指出,正确处理好民事赔偿与死刑适用的关系,直接关系到死刑的限制适用以及适用刑法人人平等原则,关系到死刑政策的贯彻、正义的维护乃至社会的和谐稳定。深入研究民事赔偿对限制死刑适用的作用是有重要意义的。① 本书列举的诸多案例表明,在当前司法实践中,经济赔偿已经在很大程度上影响到了死刑执行类别的选择,应当说这是严格遵循"少杀、慎杀"的刑事司法政策的积极体现,是严格限制死刑立即执行适用的合理路径。但是,如何正确把握经济赔偿对于酌定量刑情节的影响,从而正确处理经济赔偿对死刑执行类别适用的影响,则是司法机关必须处理好的关键问题。这是因为,结合经济赔偿情况来确定对于犯罪分子死刑执行类别的选择,无异于司法中的一把双刃剑。用之得当,能够充分体现出犯罪分子酌定量刑情节对于量刑的影响,是对犯罪分子的悔罪表现的肯定,表明其人身危险性的降低,同时也表明了犯罪社会危害性有所减轻,对于推进司法有效控制死刑的适用具有积极意义。但是,一旦用之不当,就有可能造成司法自由裁量权的滥用,一些学者和媒体所担忧的"'赔钱买命''赔钱减刑',从而引发'同案不同判''同命不同价',把经济上的贫富差别直接带入了刑事司法,尤其是死刑适用中,导致社会不平等"②的情况就有可能成为现实。而本书的研究,在肯定经济赔偿在死刑执行类别选择中的积极作用时,更关注弄清楚经济赔偿应当如何正确影响死刑执行类别的选择。也就是说,并不是所有的经济赔偿都可以影响死刑执行类别的选择,只有那些与案件的犯罪事实具有内在关联,本来就属于案件定罪量刑的要素,并在众多的量刑要素中确实具有影响犯罪分子过去罪责和将来预防的意义时,才可以作为死刑量刑的酌定情节予以考虑。相反,如果与案件没有直接关联,根本不属于案件定罪量刑要素的经济赔偿,即使是赔偿的数额再大,也不应成为死刑量刑的酌定情节。

另一方面,研究经济赔偿在死刑执行类别选择中的影响量子,对于限制和减少死刑的理论研究具有重要意义。纵观近些年我国理论界关于死刑的研究,可谓成果显著,意义重大。但是,关于酌定量刑情节对于限制死刑适用的研究并没有引起足够的重视,而经济赔偿对于死刑执行类别的选择问题更是未得到应有的关注。而司法实践中已经出现的大量的相关案例却表明,经济赔偿对于死刑执行类别的选择具有十分重大的影响效果。但是,通过司法控制死刑的适用毕竟只是死刑控

---

① 赵秉志,彭新林. 论民事赔偿与死刑的限制适用[J]. 中国法学,2010(5):52-62.
② 孙万怀. 死刑案件可以并需要和解吗?[J]. 中国法学,2010(1):180-191.

制的阶段性成果,立法上的变革才能从根本上实现死刑控制的最终目标。而在立法还无法实现这一目标,但司法已经做出一定努力的情况下,理论研究的拓展则是必不可少的重要环节。这是因为,理论研究必须以司法实践为基础,而理论研究的目的是为立法变革创造条件,最终实现立法变革。就目前而言,刑法学界对于死刑司法控制的研究,主要集中在死刑的司法解释、死刑的程序控制、死刑的证据标准、死刑的替代措施等方面,对于经济赔偿限制死刑适用的研究只是凤毛麟角,而经济赔偿对于限制死刑的重要作用要求,其应当受到刑法学理论界重视。因此,本书的研究,在实然层面是为了解决经济赔偿在死刑执行类别选择中的具体影响问题,而在应然层面则是进一步推动对这方面的理论研究步伐,让经济赔偿对于限制死刑适用的意义得到认可,为限制和减少死刑适用提供一个全新的研究视角,其最终目的,也是为死刑限制和改革问题的理论研究提供更多的支撑要素,为有效实现司法控制死刑提供解决路径。

第六节 研究方法、研究思路与架构

一、研究方法

方法是连接法律认识过程中主体与客体的桥梁,法学方法论已经成为法学研究尤其是理论法学的重要部分。[①] 研究方法的合理使用可以深化人文社会科学的研究,可以不断发掘新的研究领域。[②] 如何正确选择研究方法,对于进行具体研究工作十分重要。本书是以司法实践中的具体死刑案例为基础,分析经济赔偿对死刑执行类别的影响和作用,以实证研究为背景,最终回归刑法理论研究,无论是对刑法理论的完善或是对司法实践的指导来说,都具有重要意义。因此,确定恰当、合适的研究方法,是本书进行写作的前提。总体而言,本书最主要、最核心的研究方法是实证分析法,此外,规范分析法、比较分析法、历史分析法、哲学方法、学科交叉整合方法也是本书中经常使用到的研究方法。

(一)实证分析法

实证分析法的主要特点就是通过对经验事实的观察、分析来建立和检验各种理论命题。科学的研究方法应既认识到价值判断对研究问题的影响,又不断地检验这些价值判断,使理论与实践紧密结合在一起,这样才能科学地揭示法律现象的

---

① 李其瑞.法学研究与方法论[M].济南:山东人民出版社,2005:1.
② 李承贵.20世纪中国人文社会科学方法问题[M].长沙:湖南教育出版社,2001:32.

本质和规律。① 实证分析法包括逻辑实证、经验实证和科学实证。经验实证包括刑法个案研究，其逻辑起点是现象事实。个案研究是通过对某一个具体案件事实的把握，来说明刑法规范以及刑法理论的研究方法。通过对具体案件事实的分析，可以发现规范与案件事实之间的距离，甚至是规范存在的问题。② 实证分析法是本书最核心的研究方法，贯穿本书的始终。本书的研究，主要通过对大量司法案例进行研究，从具体的个案来分析经济赔偿对死刑执行类别的影响，从而分析经济赔偿的作用。继而从刑法理论的层面论述经济赔偿对死刑执行类别的影响应当有所限制，不能过分夸大其影响力，避免"以钱买刑"的情况出现，同时又要重视其作用，推进恢复性司法的实现。

(二) 规范分析法

法学研究离不开法律的具体规定，这里的法律规定应当从广义上进行理解，既包括法律、法规、规章，也应当包括司法解释和其他规范性文件。规范分析法，就是以这些法律规定为研究对象，展开具体研究。研究经济赔偿在死刑执行类别选择中的影响量子，首先应当搞清楚的是死刑执行类别的具体法律规定。我国刑法规定的死刑执行类别包括死刑立即执行和死刑缓期二年执行，相关司法解释对司法实践中，如何选择适用死刑执行类别做出了指导性规定。在具体选择死刑执行类别时，所需要考虑的量刑情节一般可以分为法定量刑情节和酌定量刑情节。而规范分析法就是对这些具体的死刑执行类别进行研究，就本书研究内容而言，就是分析酌定量刑情节中的经济赔偿问题。

(三) 比较分析法

法学学科中的比较分析法，是通过比较不同国家相关法学研究或法律规范，站在更高的角度，更加全面地分析所研究的问题。研究者可以通过比较的方法，进一步将有关知识组织起来，总结出不同法律制度的总体发展趋势以及隐藏的各种在立法、判例、学说等领域中的可以作为基准的东西。③ 当前，世界上仍然存在死刑的国家对死刑的控制都相对比较严格，有些已经在事实上废除了死刑的适用。各国在司法实践中，都很重视司法控制死刑适用的作用，而所需考虑的因素中就包括经济赔偿。基于此，本书在研究过程中分析了一些在国外代表性国家的案例，论述经济赔偿对死刑案件的具体影响，并运用比较的方法使本书的研究视野更加开阔。深入了解经济赔偿对死刑控制影响的国外经验，这对我国的相关研究具有很大的借鉴意义。

---

① 李其瑞. 法学研究与方法论[M]. 济南：山东人民出版社，2005：175.
② 曾粤兴. 刑法学方法的一般理论[M]. 北京：人民出版社，2005：237.
③ 大木雅夫. 比较法[M]. 范愉，译. 北京：法律出版社，1999：73.

(四) 历史分析法

历史分析法,是从历史变迁的角度来研究法律及其理论的一种方法。其目的是试图发现法律及其理论产生并发展成现在的样子的原因、依据。它要说明的是,法律及其理论不是源于人类普遍的理性和事务的本性,而是源于其当时得以产生的国家或者民族的特殊条件。[①] 死刑在我国司法的适用中由来已久,因此,研究死刑的司法控制离不开对于死刑制度历史的分析。本书介绍了我国传统的无讼、和谐观念与杀人偿命观念的具体表现,及其对当代立法及社会民众的观念所产生的深刻影响。总体而言,我国的死刑控制呈现出越来越严格的趋势,尤其是在当代,无论是立法上还是司法上,对死刑的控制愈显突出。经济赔偿是重要的酌定量刑情节,在死刑控制中的作用不容忽视。通过分析历史,能够探寻本书所研究内容的产生背景。

(五) 哲学方法

哲学方法(价值判断),实际上就是从辩证的角度去评判所研究对象的价值问题,进行价值判断。法学研究中的价值方法,是一种从应当如何的角度分析、判断和评价法律问题的研究方法。对法律做出价值判断,就是人们对法律与人自身关系的一种衡量,研究方法是找出既有法律规范和法律实践的不足,并开出解决问题的"处方"。[②] 经济赔偿在死刑执行类别选择中的影响,是司法案例所真实反映的情况。在当前司法实践中,经济赔偿对于死刑执行类别选择的影响客观存在,但关于这一现象的存在是否合理很有争议,尤其是对"以钱买命"的质疑未能得到很好的解决。而基于恢复性司法等因素的考虑,经济赔偿在死刑执行类别选择中的作用又不可以被完全忽视。因此,如何准确界定经济赔偿在死刑执行类别选择中的定位,是当前死刑司法控制中必须解决的问题,而这就涉及价值判断。

(六) 学科交叉整合方法

从刑事法治的整体运行状况出发,根据某些问题的关联性质,注意结合刑事法学的有关学科进行研究,提出学科的交叉整合,并根据课题研究的需要,注意借鉴、引进其他社会科学和现代自然科学的某些研究方法。[③] 刑事法学的研究,不能从单一的刑法学角度展开论述,往往还涉及犯罪学、刑事政策、社会学甚至其他自然学科的知识,因此就需要多种学科的交叉整合。本书所研究的对象,关乎死刑的司法控制问题,由于死刑问题涉及刑事政策问题和犯罪学问题,而且直接关乎社会各

---

① 曾粤兴. 刑法学方法的一般理论[M]. 北京:人民出版社,2005:266.
② 李其瑞. 法学研究与方法论[M]. 济南:山东人民出版社,2005:134-135.
③ 赵秉志. 面向21世纪的中国刑事法学[J]. 中国人民大学学报,2000(6):51-55.

个阶层的利害问题，其社会性属性很强，因此，本书不仅需要以刑法学的视角进行研究，还涉及刑法学、刑事政策、犯罪学、社会学等领域问题，需要从各个学科的角度进行多元化分析。

二、研究思路与架构

（一）本书的研究思路

研究思路是写作的灵魂所在，是贯穿整个写作过程的一根主线，充分反映出写作的主要内容和中心思想。本书主要研究经济赔偿在死刑执行类别选择中的影响量子问题，死刑是最严厉的刑罚措施，从司法上控制死刑的适用，是我国当前限制死刑适用的重要路径之一。经济赔偿是死刑酌定量刑情节的重要考量因素之一，是刑事和解理论的重要根据。关于经济赔偿对死刑执行类别选择的影响，在我国存在不同的观点，有观点认为经济赔偿是"赔钱买命"，不应当成为死刑执行类别选择的影响量子；有观点认为经济赔偿反映了犯罪分子人身危险性的减小，而且能够尽量减少被害人的损失，有利于恢复性司法的建立，因此应当成为死刑执行类别选择的影响量子；也有观点认为应当限制经济赔偿对死刑执行类别选择的影响程度。

经济赔偿对死刑执行类别选择的影响，在司法案例中普遍存在，是司法人员判处被告人死刑立即执行还是缓期执行的重要考虑因素。不仅如此，即便是国际上仍然在立法上保留着死刑设置的国家，经济赔偿通常也是这些国家司法限制死刑适用过程中需要考虑的重要影响量子。因此，通过对司法案例的深入研究，分析经济赔偿影响死刑执行类别选择的影响量子的合理性和必要性，对于司法限制死刑的适用具有重要的价值和意义。本书在研究过程中，分析了经济赔偿影响死刑执行类别选择的具体因素。具体而言，并不是所有的经济赔偿都可以影响死刑执行类别的选择，只有与案件的"犯罪事实"有着内在关联性，属于案件"定罪量刑"的要素时，并且，只有将其置于整个量刑体系下，在与其他众多的量刑要素的相互关系中被认定确实具有直接影响被告人的过去罪责（刑事责任）及其将来预防（再犯可能性）的意义时，才可以作为死刑量刑的酌定情节予以考虑，才可以成为慎用死刑立即执行，而选择死刑缓期执行的理由。

（二）本书的基本结构

本书在具体内容上除了绪论部分外，正文共分为六个章节，其基本结构和章节主要内容分布如下：

绪论。该部分主要是对本书的写作进行扼要的介绍和说明。首先，介绍全球范围内死刑的状况，包括已经废除死刑的国家及地区曾经的死刑规定，世界范围内的死刑限制论或废除论代表性人物关于死刑的观点，代表性国家及地区在限制和废除死刑方面的具体做法。其次,介绍我国对于死刑的观点。我国的死刑规定曾一度泛滥,但限制死刑的理念在之后的刑法修改中表现得很明显。学者们也都纷纷从立法和司法的角度,提出限制适用死刑的观点。再次,介绍了我国的死刑研究现状,并提出研究死刑中经济赔偿的意义,阐明本书写作的最终目的。最后,该部分介绍了本书的研究方法、研究思路和文章的基本结构等内容。

第一章介绍死刑适用与经济赔偿概况。首先,本书从国际视角和国内视角介绍了有关死刑适用与经济赔偿的论争,提出恢复性司法作为一种替代性制度,是死刑适用于经济赔偿的论争的国际背景;在我国,主要表现在刑事和解理论与"以钱买命"之间的矛盾。其次,归纳出经济赔偿在死刑执行类别选择中影响量子的肯定论、否定轮和限制论的三类观点,并从学界、司法界、民众等视角对各种观点进行了分析,阐述其反映出来的刑事诉讼理念冲突、刑事司法观念冲突、刑法适用原则冲突、"杀人偿命"与"和谐"观念的冲突等问题,为后续研究提供理论基础。

第二章介绍国外立法及判例中死刑的适用与经济赔偿。以美国、日本、韩国、印度为例,分析了各国死刑适用制度、被害人的诉讼参与制度、被害人经济补偿制度、被害人经济补偿的理论依据,阐释这些国家立法及判例中经济赔偿对死刑案件的影响,提出我国应借鉴国外经验,通过建立符合国际趋势的多元化经济赔偿制度,完善经济赔偿被害人诉讼制度,建立刑事被害人国家补偿制度,构建经济赔偿在死刑执行类别选择中影响量子的相关制度。

第三章介绍海南省死刑适用与经济赔偿影响量子的实证分析。通过实证调研方法,获取海南省、北京市、湖北省、黑龙江省、湖南省、浙江省、云南省等地经济赔偿对故意杀人案件、故意伤害案件、抢劫致人死亡案件判决产生实质性影响的案例,分析提出被告人从轻处罚理由包含了被告人及其亲属积极赔偿被害人方损失的情节,而且经济赔偿在被告人的从轻量刑中发挥了重要作用,甚至是原判为死刑立即执行得以改判死刑缓期执行的关键所在。对于经济赔偿应否成为死刑执行类别的影响量子,研究人员也专门对法官、检察官、被告人亲属、被害人亲属,以及被害人亲属的亲友展开了调查问卷,分析提出经济赔偿作为酌定量刑情节,在对被告人从宽处罚的影响乃至死刑执行类别的选择适用上应当予以充分肯定。而且,在现实意义上经济赔偿影响死刑执行类别的选择具有充足的司法判例可以证实,在法律依据和刑法理论上也具有充分的理由可以予以说明。因此,应当更加重视并发挥好经济赔偿在死刑执行类别选择中的作用。

第四章介绍经济赔偿在死刑执行类别选择中影响量子的构造论。本研究通过实证研究和归纳,提出经济赔偿的影响量子发生作用时,往往与反映社会情境变化的刑事政策、公众舆论等影响量子,与反映犯罪社会危害性的案件类型、犯罪情节、被害人过错及过错程度、被害方态度等影响量子,与反映人身危险性的积极赔偿被害人、被告人的一贯表现、被告人的认罪和悔罪态度等影响量子相互作用,最后导致死刑执行类别的重新选择,这些量子共同组成了经济赔偿影响死刑量刑的基本构造。本研究提出,在死刑案件中,经济赔偿若要成为死刑类别选择的量刑要素,需具有以下几种特定条件:其一,经济赔偿与案件的"犯罪事实"有着内在关联性,本来就属于该案件"定罪量刑"的要素;其二,在与其他众多的量刑要素的相互关系中,被认定确实具有直接影响被告人过去罪责(刑事责任)及其将来预防(再犯可能性)意义的情况,并同时存在可以表明社会危害性与人身危险性降低的酌定量刑情节时,才可以作为死刑量刑的酌定情节予以考虑,才可以成为慎用死刑立即执行而选择死刑缓期执行的理由。

第五章介绍经济赔偿在死刑执行类别选择中影响量子的规范论。本研究提出针对死刑案件中经济赔偿影响量子适用存在法定化程度低、量刑标准缺乏科学性、操作程序缺位等乱象,应从多方面进行规范。在实体要件方面,应明确死刑案件类型,规范客观行为要件,界定何为"积极赔偿被害人",细化赔偿原则、赔偿数额的认定规则等。在主观要件方面,应明确要求经济赔偿中被告人存在认罪悔罪态度,且双方对案件事实无争议;双方经济赔偿属自愿并合意,且被害方基于赔偿与被告人达成谅解。程序要件规范方面,要明确适用阶段、启动方式、参与主体、审查和确认、检察机关法律监督、公众参与监督机制等问题。量刑规范方面,应细化经济赔偿量刑认定步骤,通过完善经济赔偿死刑案例指导制度,建立经济赔偿量刑指南制度、经济赔偿死刑量刑答辩机制、经济赔偿死刑案件中的量刑调查报告制度,进一步推进经济赔偿死刑案件适用的量刑规范化。

第六章介绍经济赔偿在死刑执行类别选择中影响量子之适用论。主要以司法实践为基础,讨论经济赔偿在死刑执行类别选择中影响量子的适用前景和趋势。提出应逐步推进经济赔偿死刑量刑影响因子的法定化,完善刑事被害方国家救助机制,深化裁判文书说理,完善判决书对经济赔偿因素说明解释机制,规范经济赔偿因素的分析评判和风险评估机制,建立经济赔偿因素对量刑影响判决书综合评述公开机制,推进适用的科学化、合理化、法治化。

(三) 关于案例的遴选

在本书的写作过程中,实证分析对于本书的研究和写作十分重要,因此属于实用主义选题。正因为如此,如何有效地选取合理、恰当的案例,则是本书写作需要考虑的重要因素之一。选取的案例,不仅要与本书的选题具有密切的联系,而且应在全国具有典型的代表意义,所选案例能够在一定程度上反映出全国的实际情况。

基于上述考虑,在本书的写作过程中,对于案例的选取需要注重对遴选范围和遴选罪名的把握,方可使本研究更有针对性。

1. 遴选范围

关于案例的遴选范围,应覆盖全国,并且具有一定的代表意义。最高人民法院、最高人民检察院的公报上涉及的死刑案件,一般都是在全国具有典型代表性的死刑案件,往往具有很大的研究价值,因此成为本书所选案例的来源之一。另外,国内一些省份的死刑案件判决书,能够直接反映出地方死刑案件的特点。同时,由于我国省份较多,而研究人员调研能力有限,无法搜集到全国所有省份的死刑案件判决书,为此,我们专门选取了海南省、北京市、云南省、湖北省、浙江省等几个省市的高级人民法院关于一审被判死刑、二审改判死刑缓期执行或无期徒刑的案件判决书,这几个省份基本广泛分布在我国南部、北部、西部、中部、东部地区,能够在一定程度上代表我国各个地区的死刑案件的特点,具有一定的说服力。

2. 遴选罪名

在具体遴选哪些案例时,必须遵循一定的规则。首先,应主要考虑案件需要具有典型性和代表性,由于本书主要研究经济赔偿对于死刑执行类别选择的影响,因此,所选死刑案例中二审改判的理由中必须涉及被告人的经济赔偿问题。其次,在案件的具体罪名上,由于经济赔偿主要发生在有关暴力犯罪的审判当中,因此,在针对经济赔偿影响死刑适用的研究中,所涉及罪名则是针对现有的暴力犯罪。我国现行刑法规定的46个死刑罪名中,其中暴力犯罪罪名为22个,分别是:武装叛乱、暴乱罪;放火罪;决水罪;爆炸罪;以危险方法危害公共安全罪;破坏交通工具罪;破坏交通设施罪;破坏电力设备罪;破坏易燃易爆设备罪;劫持航空器罪;抢劫枪支、弹药、爆炸物、危险物质罪;故意杀人罪;故意伤害罪;强奸罪;绑架罪;拐卖妇女、儿童罪;抢劫罪;暴动越狱罪;聚众持械劫狱罪;破坏武器装备、军事设施、军事通信罪;盗窃、抢夺武器装备、军用物资罪;战时残害居民、掠夺居民财物罪。而在司法实践中,上述暴力犯罪罪名中比较常见的涉及经济赔偿的主要有:以危险方法危害公共安全罪、故意杀人罪、故意伤害罪、强奸罪、绑架罪、抢劫罪。就海南省而言,近五年的暴力犯罪案件中,以危险方法危害公共安全罪、强奸罪和绑架罪案件尚且没有因经济赔偿被判决死刑缓期执行的,其原因在于这些犯罪案件没有造成被害人死亡等严重犯罪后果。因此,本书在具体进行实证分析时,所涉及的案件主要是故意杀人案件、故意伤害案件、抢劫致人死亡案件。再者,所选案例应当对死刑立法改革、司法改革及死刑观念的变革具有重要价值。案例应当能够代表改革的未来方向和总体趋势,能够反映影响死刑适用的具体因素,能够反映出死刑适用的实际情况,等等。

第二章　死刑适用与经济赔偿概况

据《Death Sentences and Executions 2014》的数据记载,全球已有140个国家废除或不再使用死刑,仍在使用死刑的国家与地区共58个[①]。中国目前以46个死刑罪名,成为适用死刑罪名最多的国家。在当前越来越多的国家和地区废除死刑的趋势下,我国在"逐步减少适用死刑罪名"的道路上不断探索前进,如2011年实施的《刑法修正案(八)》取消了13个犯罪的死刑,2015年8月《刑法修正案(九)》在十二届全国人大常委会会议中审议通过,又取消了9个死刑罪名[②]。关于近年来逐步取消的死刑罪名,在审议和征求意见过程中,理论界和司法界都存在着大量的论争,论争的结果就是中国目前不具有废除死刑的条件,但需要对死刑进行限制,方法之一就是逐步取消死刑罪名。为了更好地达到限制死刑的目标,围绕死刑的具体适用制度展开的论争才是理论和实践亟须解决的问题。其中,理论界和司法界的相关学者针对经济赔偿影响死刑适用的案例进行了实证分析和理论探讨,围绕死刑适用与经济赔偿的关系开展了激烈的论争。

第一节　围绕死刑适用与经济赔偿的论争

刑事案件中的经济赔偿是否能够成为"减刑"的参考因素一直是备受关注的话题。西方著名法学家们一直就赔偿与刑罚的关系进行着研究,一些国际学术会议

[①] 仍在使用死刑的58个国家与地区为:阿富汗、孟加拉国、中国、中国台湾、日本、朝鲜、印度、印度尼西亚、新加坡、泰国、越南、伊朗、伊拉克、马来西亚、阿联酋、叙利亚、卡塔尔、沙特阿拉伯、也门、科威特、黎巴嫩、巴基斯坦、巴勒斯坦、约旦、巴林、阿曼、白俄罗斯、埃及、乍得、科摩罗、刚果(金)、津巴布韦、索马里、乌干达、南苏丹、苏丹、埃塞俄比亚、赤道几内亚、尼日利亚、利比亚、莱索托、博茨瓦纳、冈比亚、几内亚、古巴、安提瓜和巴布达、巴哈马、多米尼克、危地马拉、圣基茨和尼维斯、圭亚那、巴巴多斯、伯利兹、牙买加、圣卢西亚、圣文森特和格林纳丁斯、特立尼达和多巴哥。

[②] 《刑法修正案(九)》取消的9个死刑罪名是:走私武器、弹药罪,走私核材料罪,走私假币罪,伪造货币罪,集资诈骗罪,组织卖淫罪,强迫卖淫罪,阻碍执行军事职务罪,战时造谣惑众罪。

也对这方面的研究给予了高度的关注。19世纪末,近代学派的代表人物加罗法洛在《犯罪学》一书中主张将强制赔偿作为短期监禁刑的一种替代措施,认为经济赔偿能够成为遏制犯罪的方法之一。近代学派的另一代表人物菲利在《犯罪社会学》《实证派犯罪学》中提出经济赔偿是刑事责任的一部分,赔偿损失应作为一种社会防卫措施被司法实践应用。首次国际刑事人类学会议提出要确保损害的私法赔偿,10年后该会议又将现代刑法是否有必要使刑事被害人获得足够的手段,以帮助他们从犯罪分子那里得到有效的赔偿列入议题(1885年在罗马召开,1895年的巴黎会议)。1950年,国际刑法及监狱海牙会议同样涉及了帮助刑事被害人从犯罪分子那里得到有效赔偿的话题。之后,德国的施奈德和耶塞克、法国的戴尔玛斯、美国的罗宾逊和乌姆布雷特、日本的高桥则夫等均就刑事案件中经济赔偿因素的影响及刑罚适用条件等内容进行了研究。20世纪70年代以来,西方社会基于对现代刑事追究模式的反思,出现了从"报应性司法"向"恢复性司法"的转向,积极赔偿成为恢复被害人与犯罪分子、社区之间关系的影响因素之一。①

但是,由于不同研究主体具有不同的地位和情感因素,关于赔偿到底可否推动"减刑"这一问题,西方学者及实践中的裁判者均还未得出确切的结论,而且不仅理论分歧一直延续到现在,刑事司法实践中也争论不断。从赔偿可否推动"减刑"的讨论引申而来的就是死刑案件中经济赔偿与量刑的关系问题。

近年来,我国刑法理论界和司法实践都在着手研究和探索死刑案件是否适用刑事和解制度,死刑案件中刑事和解的适用不仅在理论层面存在着"公平正义"之争,而且在实践层面也因为缺乏操作规范和裁量标准而引发了诸如"花钱买刑""花钱买命"和"同罪异罚"之类的质疑。

一、理论界论争

2007年年初,东莞市中级人民法院在司法实践中尝试"赔钱减刑"的做法。一起共同抢劫致人死亡的案件中一名被告人因赔偿被害人5万元而被判为死刑缓期执行的案件②,经各大媒体乃至中央电视台报道后,引起社会强烈反响。大学生安然故意杀人案、孙伟铭以危险方法危害公共安全案、药家鑫故意杀人案也相继引发

---

① 王瑞君.赔偿与刑罚关系研究[J].山东大学学报(哲学社会科学版),2011(3):45-50.
② 郑思琪,段体操.广东东莞尝试"赔钱减刑",抢劫犯赔5万元获轻判死缓[N].羊城晚报,2007-01-31.

民众热议。《人民法院报》①《检察日报》②甚至还特意开辟学者讨论专栏,以供法学界就重刑案件是否适用经济赔偿问题进行探讨。2008年10月9日,上海市法学会和上海市第一中级人民法院共同主办了"重罪案件中的刑事和解的正当性与可行性"学术研讨会;2008年4月12日,北京师范大学主办了"促进死刑改革系列论坛";2009年6月17日—18日,"死刑改革的趋势与适用标准:国际社会的经验与中国的实践"学术研讨会等均就死刑适用中的经济赔偿问题进行了探讨。关于死刑适用与经济赔偿关系问题,我国理论界侧重于关注死刑适用和死刑判决之前是否进行赔偿的思考,并探讨被害方在案件发生后面临的经济困境如何解决的问题。具体而言,理论界主要在以下几个方面存在争议。

(一) 死刑案件能否和解

关于死刑适用和死刑判决之前是否进行赔偿的思考,一般被认为是源于理论界对死刑和解问题的探讨。死刑和解,是指在死刑案件中,被告人以认罪、赔偿、道歉等方式与被害人及其亲属达成和解协议以后,国家专门机关对被告人从轻处罚的一种案件处理方式。经济赔偿是影响死刑和解的重要因素之一。学者赵秉志就曾指出,"死刑案件能否适用刑事和解是近年来中国死刑司法中的一个热点争议问题"。③ 通常认为,探讨死刑适用与经济赔偿关系的理论前提,就是解决死刑案件能否适用刑事和解制度的问题。

就研究现状而言,相当数量的刑法学者对刑事和解制度进行了深入研究。高铭暄、张天虹在《刑事和解与刑事价值实现:一种相对合理主义的解析》一文中指出刑事和解在尊重被害人,促使被告人认罪悔罪、改过自新、推动刑罚目的和刑法价值的实现等方面具有重要意义。④ 学者陈瑞华在《刑事诉讼的私力合作模式:刑事和解在中国的兴起》一文中介绍了我国出现的刑事和解制度的三种模式,并指出刑事和解终将成为我国的一种独立于正式刑事程序之外的特别程序。⑤ 陈瑞华还在

---

① 2007年6月19日,《人民法院报》"法治纵横"版以《赔钱减刑:怎样理性看待?》为名刊载了法学理论界相关人士对这一问题的不同看法。

② 2008年7月15日,《北京青年报》报道了宋某因多次要债未果将被害人马某扎了十多刀,致使马某当场死亡的案例。由于被害人母亲的谅解,最后被告人宋某仅被法庭判处有期徒刑十二年。2008年8月5日,《检察日报》"观点"栏目登载了针对此案所提出的《被害方谅解能否成为量刑情节?》一文,刊登理论界和实务界在该案中对于被害方谅解能否成为量刑情节的争论。

③ 赵秉志. 当代中国死刑改革争议问题论要[J]. 法律科学(西北政法大学学报),2014,32(1):146-154.

④ 高铭暄,张天虹. 刑事和解与刑法价值实现:一种相对合理主义的解析[J]. 公安学刊,2007(1):11-16.

⑤ 陈瑞华. 刑事诉讼的私力合作模式:刑事和解在中国的兴起[J]. 中国法学,2006(5):15-30.

《司法过程中的对抗与合作:一种新的刑事诉讼模式理论》一文中具体阐释了刑事和解的属性是"私力合作模式",是独立于实体正义和程序正义的第三种法律价值观。① 陈光中、葛琳在《刑事和解初探》一文指出刑事和解是关于我国刑事司法改革和整个刑事法领域一体化进程的新的诉讼理念,应贯穿刑事诉讼的整个阶段。② 2006年7月21日,中国人民大学刑事法律科学研究中心与北京市检察官协会联合举办了"和谐社会语境下的刑事和解"研讨会,探讨了中国构建刑事和解制度的理论基础和可行性。

由此可知,学术界对刑事和解制度的概念界定、理论依据、价值内涵、适用模式及发展趋势等多方面均进行了深入阐述,为我国刑事和解制度的构建和完善提供了较为全面的理论依据。在刑事和解制度深入研究的基础上,一部分学者同时还指出:"近年来,我国审判机关在司法实践中贯彻刑事和解的意图和思路越发宽广,一些严重犯罪案件,甚至个别死刑案件的处理也开始揉入了和解因素,但在具体适用中不乏争议。"③ 在死刑案件能否适用刑事和解制度的问题上,法学理论界的学者们从不同角度对自己的观点进行了阐述。

1. 法律正当性角度

在死刑案件适用刑事和解制度是否具有法律正当性问题上,进行讨论的学者们主要可以分为支持派、反对派和限制派。

支持死刑和解的学者认为,死刑案件和解具有理论和实践上的正当性。从理论上来说,死刑案件和解制度以和谐社会的构建为理论依据,以刑事案件的宽严相济原则为政策基础,以《中华人民共和国刑法》第五条规定的罪责刑相适应原则和第61条规定的量刑依据为法律基础。④ 我国著名刑法学家高铭暄教授认为,新时期宽严相济的刑事政策、建设和谐社会的目标设定和司法实践中存在和解的事实,有利于刑事和解制度的发展。⑤ 陈光中教授则认为中西和谐文化传统的交汇、被告人与被害人主体地位的回归、罪刑法定和罪刑相当原则从绝对到相对的理论转变,为刑事和解在中国的适用提供了理论依据。⑥ 学者赵秉志从我国尚未废止死刑的背景和严格控制、慎重适用死刑的政策要求角度出发,认为死刑和解对中国死

---

① 陈瑞华.司法过程中的对抗与合作:一种新的刑事诉讼模式理论[J].法学研究,2007(3):113-132.

② 陈光中,葛琳.刑事和解初探[J].中国法学,2006(5):3-14.

③ 陈光中,葛琳.刑事和解初探[J].中国法学,2006(5):3-14.

④ 马松建.试论刑事和解在死刑案件中适用的正当性[J].郑州大学学报(哲学社会科学),2011,44(1):58-61.

⑤ 高铭暄,张天虹.刑事和解与刑法价值实现:一种相对合理主义的解析[J].公安学刊,2007(1):11-16.

⑥ 陈光中,葛琳.刑事和解初探[J].中国法学,2006(5):3-14.

刑制度改革具有积极意义,应当倡导①。

反对死刑和解的学者认为,虽然我国以构建和谐社会为目标,但国家权力与个人权利之间的和谐化才是本质,被害人与被告人的和谐化只是一种延伸,公权力的边界则需要维护,不能将重罪归纳为私人之间的关系,重罪和解不符合和解的实质,被害人死亡的案件中更不存在和解的可能。② 死刑和解在当下主流刑事司法模式下缺乏运作的法理逻辑根据,庸俗化地理解了构建和谐社会的治国方略,违背了罪刑法定原则,超越了能动司法允许的合理限度,转移了国家对犯罪的发生本应承担的社会集体罪责。③

还有一部分学者认为将经济赔偿作为死刑的量刑情节进行考虑虽然具有一定的积极作用,但不应对这种作用做出过度评价,经济赔偿因素对死刑案件的影响应符合一定的限制条件。民事赔偿作为司法实践中重要的酌定量刑情节,对于死刑的限制适用具有重要意义,民事赔偿影响被告人刑事责任的轻重有充分的法律依据和理论根据。但应当理性而节制地考量这种影响,首先,民事赔偿适当从宽处罚的案件范围,应当排除严重侵害国家法益的犯罪;其次,要重点从赔偿数额、赔偿态度和赔偿时间等方面准确衡量民事赔偿情节的分量;再次,对案发后真诚悔罪并积极赔偿被害人损失的被告人,应慎用死刑立即执行;最后,要正视被害方不予谅解或拒绝接受赔偿时的死刑适用问题。④

学者冯春萍在《浅析我国死刑量刑体系中经济赔偿的合理性与局限性》一文中指出,人民法院在对包括死刑案件在内的刑事案件进行量刑时,将被告人及其家属等积极进行经济赔偿的行为作为酌定情节予以充分考虑,赋予经济赔偿一定的量刑意义的做法,是我国刑法所规定的量刑体系的内在要求之一,具有刑法上的理论依据。但是,我国刑法所规定的量刑体系同时又要求人民法院在量刑时,不能将经济赔偿视为完全独立的酌定情节,不能把本来与案件无直接关联且不属于案件定罪量刑要素的经济赔偿漫无边际地作为量刑的酌定情节。经济赔偿只有在与案件的犯罪事实有着内在关联性,本来就属于该案件的定罪量刑要素时,并且考察整个量刑体系,经济赔偿能够与其他众多的量刑要素相互印证为直接影响被告人的罪责及其再犯可能性的情况下,才能将其作为量刑要素予以考虑。⑤

2. 从刑事和解范围角度

死刑案件被告人的行为势必给被害人及其家庭造成了一定的损害,由被害人承受犯罪行为带来的损害显然不可取,如果被告人能够通过经济赔偿的方式来减

---

① 赵秉志. 当代中国死刑改革争议问题论要[J]. 法律科学,2014,32(1):146-154.
② 孙万怀. 死刑案件可以并需要和解吗?[J]. 中国法学,2010(1):180-191.
③ 梁根林. 死刑案件被刑事和解的十大证伪[J]. 法学,2010(4):3-21.
④ 赵秉志,彭新林. 论民事赔偿与死刑的限制适用[J]. 中国法学,2010(5):52-62.
⑤ 冯春萍. 浅析我国死刑量刑体系中经济赔偿的合理性与局限性[J]. 法学杂志,2012,33(5):98-103.

少被害人及其家庭承受的损害,那么,被告人进行赔偿后能否一定得以减刑成为激烈探讨的问题。一部分学者认为,对可以适用刑事和解的案件,被告人赔偿减刑的范围仅限于轻微刑事案件,死刑案件不适用刑事和解;另一部分学者认为,不应对可以和解的公诉案件范围做出限制,死刑案件也可以适用刑事和解。

具体而言,反对死刑案件适用刑事和解的以卞建林、封利强等学者为代表。他们从刑事和解与刑事谅解两个概念的比较出发,认为被害人并非刑事和解的主体,刑事和解只适用于轻罪或者轻微犯罪,并指出刑事谅解适用于有明确被害人的所有案件,既包括轻罪,也包括严重犯罪。通过刑事谅解程序,被害人与被告人之间能够就物质赔偿、精神抚慰等民事赔偿责任协商制订解决方案,但是刑事谅解达成的协议并不直接产生刑事司法效果,只能作为追诉机关、法庭或者执行机关在刑事裁量过程中酌情予以考虑的因素之一。[①] 学者宋英辉、许身健也认为,如果要在我国构建恢复性司法程序,则其适用的案件范围只能包括自诉案件、公诉案件中的轻微刑事案件及未成年人犯罪案件。[②] 学者王丽英、杨翠芬认为,"赔钱减刑"契合恢复性司法理念,有助于保护被害人权益,但对于犯罪手段恶劣的暴力犯罪、累犯适用"赔钱减刑"可能会破坏民众对法律公正价值的信仰,也不利于社会安全。因此,对于犯罪手段恶劣的暴力犯罪、累犯原则上不应适用"赔钱减刑"。[③]

另一部分学者则赞成在死刑案件中适用刑事和解制度。他们认为,我国死刑适用总量较高,需要通过可行的制度大幅度地限制死刑,而刑事和解制度则为死刑限制打开了新的出路。学者陈京春提出,刑事和解属于罪后情节,能够从客观上对罪行所造成的损害进行弥补,从主观上表明被告人人身危险性的降低,所以刑事和解可以在我国成为裁量死刑和死刑缓期执行的重要参考因素,应当允许死刑缓期执行过程中的刑事和解,具体方式可以通过借鉴西方国家严重刑事案件中适用刑事和解的成功实践,创设适合我国死刑案件刑事和解的程序性规定。[④] 胡铭在《刑事司法引入 ADR 机制:"理念"困境与模式》一文中指出,从刑事和解在少数轻微案件中适用的局部小调整方式的作用来看,其仅仅是实验性和宣示性的,并不足以解决我国刑事司法现有的问题,只有通过合理、深入地运用各种替代性纠纷解决机制,才能构建起我国刑事司法的多元纠纷解决机制。[⑤] 所以,不应对可以和解的公诉案件范围做出限制,死刑案件也可以适用刑事和解。

[①] 卞建林,封利强.构建刑事和解的中国模式:以刑事谅解为基础[J].政法论坛,2008(6):3-21.

[②] 宋英辉,许身健.恢复性司法程序之思考[J].现代法学,2004(3):32-37.

[③] 王丽英,杨翠芬.恢复性司法与"赔钱减刑"的制度化思考[J].河北学刊,2011,31(1):147-149.

[④] 陈京春.刑事和解在死刑案件中的适用[J].甘肃政法学院学报,2008(6):110-115. 陈京春.刑事和解与死刑适用[J].人民司法,2008(5):9-11.

[⑤] 胡铭.刑事司法引入 ADR 机制:理念、困境与模式[J].政法论坛,2013,31(3):110-120.

学者王鹏则认为，死刑案件的民事赔偿问题可以通过刑事和解的途径解决。民事赔偿是反映被告人人身危险性的因素之一，其对被告人刑事责任的影响是"复归社会思想"的体现，是宽严相济刑事政策的结果，可以由司法机关作为主导，通过刑事和解解决死刑案件民事赔偿问题。因此，对于并不是"非杀不可"的死刑案件可以适用刑事和解。①

3. 从被害人谅解的正当性角度

被害人谅解影响量刑进入死刑案件领域在司法实践中已不是新鲜事，因为被害人影响死刑适用仅为司法机关自发进行的一项司法试验和改革，我国刑事法律尚未对此有制度化、体系性的规定，因此，理论界对被害人谅解适用于死刑案件的正当性存在诸多忧虑及疑义。以2007年6月19日人民法院报《赔钱减刑：怎样理性看待？》一文，和2008年8月5日检察日报《被害方谅解能否成为量刑情节？》一文为代表，学界对于被害人谅解影响死刑适用制度的改革颇有争议。争论的焦点主要在于被害人谅解影响死刑适用是否与刑法理论相契合，是否违背了刑法基本原则，是否与我国当前的法治语境相吻合，以及是否准确理解和把握了相关的刑事政策。

此外，有学者提出"刑事和解"还存在损害公共利益、削弱一般预防、漠视正当程序、违反平等原则、无法节约资源、剥离自愿性、法网扩大化、社区虚幻化等八个方面的问题的批判观点。学者杜宇针对以上八个问题分别做出了初步回应，并认为这些观点难以成立。②

（二）被告人或其亲属进行赔偿后能否推动减刑

关于死刑适用和死刑判决之前赔偿的做法，实践中常出现"偿命不赔钱"与"赔钱不偿命"的单选题，这种选择是否违反法律面前人人平等的原则，是否就是"花钱买刑"？针对是否可由国家在惩罚权或惩罚度上做出让步以满足被害人获得赔偿要求的问题，学界也存在两派观点：一方认为"赔钱不偿命"有损公平正义；另一方则认为"赔钱不偿命"无碍于司法公正。

认为死刑和解有损公平正义的学者指出：首先，当事人经济能力存在的差异，将直接影响协议的达成，而协议是否达成，又将直接决定案件的最终处理结果。从这个意义上讲，和解很容易被认为是倾向于富人的制度安排，在客观上保护、促进甚至激励基于财富地位的不平等的法律适用。在实践中，能够通过刑事和解达成协议的往往是那些家庭经济条件比较优越的被告人，被告人或其亲属在履行了经济赔偿责任后，容易得到被害人及其亲属的谅解，从而获得从轻、减轻甚至不受刑

---

① 王鹏.论死刑案件民事赔偿问题之解决模式：以刑事和解为视角[J].福建江夏学院学报，2011，1(3)：76-82.

② 杜宇."刑事和解"：批评意见与初步回应[J].中国刑事法杂志，2009(8)：3-15.

事追究的结果;而那些家庭条件差的被告人,因为没有能力赔偿,无法达成和解协议,则不能获得从宽处理,这样的和解必然造成不一样的结果,导致富裕的被告人能"花钱买刑",但贫穷的被告人却因为缺乏赔偿能力而得不到从宽处理,明显违反了公平原则,助长了社会的不正之风。其次,即使是同样类型的案件,最后得到的赔偿也可能不尽相同。在被告人经济能力较强,同时又急于和解的情况下,被害人及其亲属可能抓住此点,抬高价码,由此形成一个较高数额的赔偿。而在被告人及其亲属经济能力较弱、和解意愿并非强烈的情况下,或者被害人对物质赔偿没有过高要求的情形下,最后达成的赔偿金额就可能较低。如此,和解将难以满足"同类案件、同样处理"的要求。再次,和解在适用比例和处理方式上,可能出现不均衡。在同一个城市的不同区域,刑事和解的适用率可能存在较大的出入。

  刑法学者何显兵就此在文章中论述道,"被告人赔偿能力的不同,易造成公众对司法公正的质疑。无论人民法院和学者对'赔偿从轻原则'做出何种解释,不可回避的是,由于'赔偿从轻原则'仅仅关注物质上的赔偿数额,忽略被害人的精神感受,导致社会公众会从一般的感情出发,产生强烈的质疑。被告人赔偿能力存在巨大差异,赔偿从轻在本质上就是'花钱买刑',由此对司法公正产生极大的不信任感。"[①]学者陈洪杰从另一方面指出,偿命和赔钱应该是多选题,而不是单选题,但既偿命又赔钱的案例在司法实践中易陷入"空判"的危机,虽然刑事和解是法院应对附带民事赔偿"空判"危机发展出来的实用主义策略,但我国目前抬高赔偿在刑罚裁量及之前阶段的地位的做法只能是向现实妥协的次优方案,通过合理培育宽恕文化,以消解当事人合意匮乏才是标本兼治的更优重方案,才能解决重构惩罚与救济间均衡的难题。[②]

  相反,以陈光中教授为代表的学者们则认为,贫富差距是存在于市场经济时代社会中的客观现象,诉讼中出现一定程度的不平等现象不可避免,只要严格划分刑事和解与"花钱买刑"的根本界限,死刑和解行为是无碍于公平正义的。刑事和解与"花钱买刑"的根本界限在于被告人认罪并真诚悔罪。在此前提下,具有赔偿能力的被告人或其亲属通过认真履行经济赔偿责任,取得被害人及其亲属的谅解,并在专门机关的主持下达成和解协议,从而获得从轻处罚的方式,既能满足被害人及其亲属解决经济困难、维护自身利益的需求,也能妥善解决社会纠纷,对双方当事人和国家和谐稳定均有益处。而如果被告人拒不承认犯罪事实,毫无悔意,仅仅是想通过金钱来换取从轻处罚,此时的经济赔偿只是被告人降低刑罚标准的条件,当赔偿之意不在于悔罪,而在于买刑,则违背了刑事和解的前提条件,即使达成了和

---

  ① 何显兵.恢复性司法视野下赔偿与量刑关系的重构[J].西南政法大学学报,2012,14(2):50-56.
  ② 陈洪杰.次优方案:命案赔偿"空判"危机之对策分析[J].清华法律评论,2012,6(1):154-170.

解协议,也将不被允许。所以,需要禁止的不是死刑案件的和解,而是防止被告人在罪行极为严重或不悔罪的情况下"花钱买刑",或被害人及其亲属漫天开价的现象。而对于被告人确实没有经济赔偿能力的,被告人可以努力通过社区服务、照顾被害人及其亲属等其他方式取得被害人及其亲属的谅解,达成刑事和解协议,避免贫穷的被告人因为缺乏赔偿能力而得不到从宽处理的不平等现象发生。① 学者宋英辉认为,经济赔偿和是否从轻、减轻处刑是两个问题,彼此并不矛盾。经济赔偿问题仅仅是民事部分的问题,在严重犯罪案件中,双方当事人就民事赔偿达成协议,被告人认罪悔过,在判刑时是否从轻处罚,应主要考虑其悔过情况、主观恶性和人身危险性情况。②

学者杜宇在文章中表示,以赔偿是否实现来考量刑事责任,虽然也与被告人的财产状况密切相关,但却并不是以被告人的财产多少为量刑标准,而是根据被告人是否对被害人的损失进行了赔偿来决定量刑的轻重和是否免除。如果犯罪分子被从轻或者免除刑罚,也是出于其赔偿损失的考虑,而不是其拥有财产的直接结果。③ 因此,经济赔偿影响量刑是符合分配正义的含义。

(三) 如何维护被害人权益

在当事人中心主义的刑事诉讼中,人权的保护既体现在对被告人利益的保障方面,也体现在对被害人权益的保障方面。而长期以来,我国处于以国家为主导的刑事司法模式下,传统犯罪概念被视为对国家利益的侵犯。我国的传统刑罚理念是报复性司法,强调通过刑罚的方式对已经发生的犯罪行为给予相应的定罪量刑和惩处,从而体现报复的意思。我国一部分学者深受传统刑罚理念的影响,认同刑事法律关系的主体应当是被告人与国家(或国家机关)之间的"二元结构模式"。因此,我国量刑权是由法院独享,死刑求刑权也理所当然的是"公权",由代表国家进行公诉的检察机关享有。但是,随着恢复性司法的兴起,刑事和解体现在我们现在的刑事司法模式当中,被害人学逐渐引入我国,则使传统刑事法学中的犯罪概念产生了动摇。刑事和解和被害人学与传统国家主义中心刑罚理念的价值取向不一样,其认为"犯罪不再只是孤立的个人反对整个统治关系的斗争或曰对国家公权的侵害,而且是对被害人个体的侵害或对私权的侵犯,应当凸显法律对个人尊严和人权的保护"④。

因此,在两种刑罚理念的影响下,如何在我国现代刑事司法模式之下维护重罪

---

① 陈光中.刑事和解再探[J].中国刑事法杂志,2010(2):3-9.
② 宋英辉,史立梅,郭云忠,等.检察机关适用刑事和解调研报告[J].当代法学,2009,23(3):3-11.
③ 杜宇."刑事和解":批评意见与初步回应[J].中国刑事法杂志,2009(8):3-15.
④ 侯安琪,王瑞君.国内被害人学研究及启示[J].同济大学学报(社会科学版),2010,21(2):83-88,106.

案件的被害人权益,特别是在被害人的经济困难是否能够成为我们进行死刑案件刑事和解的一个前提的问题上,学者们的意见不同表现得特别突出。

遵循传统刑罚理念的学者对刑事和解案件中的被害人权益保障提出了一些质疑。比如,在"赔钱买命"和死刑案件中的私权力代替公权力等方面,死刑和解制度面临着激烈的批评。首先,被告人可能对被害人施加压力,逼迫被害人进行和解。被告人和被害人在个人情况上可能并不平衡,在经济能力、教育状况、社会地位,以及资源调动等方面存在差距。如果被告人急于和解,而被害人又握有某种决定性权利时,被告人便倾向于发挥自己所有的能量,从各个方面向被害人施加压力。此时,威胁、恐吓、收买、利诱等现象的出现在所难免。① 而且死刑案件中被告人的罪行往往严重损害社会秩序,如果任由被告人与被害人自行接触、谈判达成谅解并影响量刑,虽然在一定程度上有利于保障当事人的利益,但对个人权益的过度关注可能会有损社会总体正义,进而危及国家的安定和秩序。

学者王彬辉认为,在司法实践中,越来越多的死刑案件被告人并不是出于悔罪补偿的心理去积极赔偿被害人的经济损失,而是以减少刑期为目的进行有条件的赔偿,被害人为了获得赔偿款,往往会选择"谅解",有时还会向法院施加压力,强烈要求从轻处罚被告人。这种谅解并非出于真心,只是被害人及其亲属为了避免人财两空而选择的交易行为,与"花钱买刑"无异。这种被害人谅解影响死刑适用的程序,既牺牲了国家利益和司法公正,也未能体现自愿合法精神内核的被害人谅解。②

针对上述观点,有学者就被害人权益维护问题提出质疑。在我国被害人国家救助制度缺位的情况下,如果不认可被害人谅解对量刑产生影响,那么被害人在死刑案件中的权益又将如何被保护?如果对被害人的权益一直缺乏有效的保护途径,是否会带来更大的不安定因素?因此,与深受传统刑罚观念影响的学者相反,另一部分学者基于恢复性司法理念和被害人学,认为犯罪既是对国家公权的侵害,也是对被害人个体的侵害或曰对私权的侵犯。他们提出,由于我国还没有建立被害人的诉讼地位制度,那么通过"赔钱减刑"、刑事和解或许可以满足一些被害人的利益需求。有学者认为,"将被害人纳入刑事法律关系的思考,既是对传统刑事法律关系认识的挑战,同时也是从刑法、刑事诉讼法角度加强对被害人权益保护的一个重要理论切入点。"③

针对经济赔偿一定程度上保障了被害人的经济权利,却损害了被害人应该获得的公平正义这一观点。一部分学者提出应该把经济赔偿和量刑区分开来。学者

---

① 杜宇."刑事和解":批评意见与初步回应[J].中国刑事法杂志,2009(8):3-15.
② 王彬辉.论我国被害人谅解影响死刑适用泛化及其程序规制[J].法学杂志,2013,34(9):9-18.
③ 侯安琪,王瑞君.国内被害人学研究及启示[J].同济大学学报(社会科学版),2010,21(2):83-88;106.

何家弘认为,人们对重大刑事案件的被告人就该被报复、让他偿命的观念存在误区。我国刑事法律的指导思想是少杀、慎杀,能不杀的就不杀,刑法惩罚的是犯罪行为,而不是犯罪分子。被告人从经济上赔偿被害人,对被告人来说,也是一种经济处罚。如果能通过对被告人的经济赔偿,达到对被害人及其亲属进行救助的目的,应该说,对被害人是有好处的。何家弘认为,赔钱和减刑应该分开来看,不应该联系起来。赔钱不是法定的减轻处罚的情节,钱也不可以成为减刑的交换条件。把赔钱和减刑联系起来,就大错特错了。"如果把两种行为分开来看,这种办案思路值得提倡。"①

学者徐美君认为,在被害人已经死亡、被害人的亲属生活困苦的情况下,金钱对被害人的家庭来说非常重要,在现行的刑事诉讼法中规定了被害人所能寻求的赔偿,能针对的只是直接的物质损失的赔偿,而赔偿的量可以说是微乎其微的。如果在命案当中仅仅考虑对被告人从严处罚,则无法维持社会的稳定及体现对活着的人的尊重。因此,在现实的生活中,重罪案件,包括死刑案件中的刑事和解是可以适用的。刑事和解正是从保护被害人的角度而出现的新生事物,它无论是从重构被破坏的社会关系,还是从弥补法律对被害人权益保护的不足等方面来看,都具有普通的诉讼和普通的刑事裁判所无法比拟的优势。②

二、司法界论争

我国关于死刑适用与经济赔偿的论争,从理论上看,是从赔偿与刑罚关系的争论中衍生出来的,而从我国的司法实践上看,则与死刑的存废趋势具有紧密的联系。

近代自由主义启蒙思想出现之后,一些学者主张废除世界历史上最古老且广泛适用的刑罚之一——死刑。从18世纪末到现在,世界上已有142个国家实质上废除了死刑。同时,"2007年12月18日,联合国大会第62届会议以104票赞同、54票反对、29票弃权的表决结果,通过了负责社会和人道主义事务的第三委员会提出的呼吁成员国'暂停使用死刑'的决议。"③此后至2014年,联合国大会又先后4次通过相同的决议,"2008年12月18日第63/168号决议、2010年12月21日第65/206号决议、2012年12月20日第67/176号决议。至2012年12月21日第4

---

① 王创辉,段体操."赔钱减刑"该用怎样的眼光审视[N].法制日报,2007-02-01(8).
② 2008年10月9日,上海市法学会和上海市第一中级人民法院共同主办的,主题是"重罪案件中的刑事和解的正当性和可行性"。
③ 毛立新.联合国关于死刑的政策和立场:联合国人权高专办考察报告[J].河北法学,2014,32(4):109-117.

次通过时,有110个国家赞成,39个国家反对,36个国家弃权。"①"2014年12月18日,联合国大会以117票赞成、37票反对和34票弃权通过'暂停使用死刑'决议,对死刑的继续实行表示深为关切,决议呼吁各国逐步限制死刑的使用,减少可判处死刑的罪名,继而暂停执行处决,目标是废除死刑。中国、朝鲜、伊朗、日本等37个国家对决议投了反对票。美国则缺席投票。"②在这种废除和限制死刑的全球大环境之下,我国也不得不更加谨慎地对待死刑。

不可否认,顺应目前全球大环境及中国和谐社会的建设潮流,死刑适用的减少是势在必行。在2011年2月通过的《刑法修正案(八)》中,我国就将13类涉及非暴力、非职务的经济类型犯罪的死刑取消,从罪名上缩小了死刑适用的范围。2014年10月27日,第十二届全国人大常委会第十一次会议初次审议了全国人大常委会委员长会议提交的《刑法修正案(九)(草案)》,其在《刑法修正案(八)》的基础上,进一步减少死刑适用的罪名,取消走私武器、弹药罪和走私核材料罪等9种犯罪的死刑适用。但目前来看,在我国废除死刑并不具有现实可能性,这不仅是处于社会发展、转型时期的我国社会秩序的要求,而且是数千年来中国传统文化理念中的报应观念所埋下的无法轻易剔除的深根所致。因此,除了减少适用死刑的罪名,要想更进一步地达到限制死刑适用的目的,还得另辟他径。学者赵秉志针对《刑法修正案(九)(草案)》进一步提高对死刑缓期执行罪犯执行死刑的门槛,并将死刑缓期执行罪犯执行死刑的门槛由"故意犯罪"提高至"故意犯罪,情节恶劣的"的内容,评价道:"这将是中国死刑立法改革的又一重大进步。"③也就是说,完善死刑的量刑程序是死刑立法改革的有效方式之一。

与西方社会从"报应性司法"向"恢复性司法"的转向趋势相对应,我国在建设社会主义和谐社会的大背景下,积极推行刑事和解制度。2013年1月1日正式实施的新刑事诉讼法对刑事和解的公诉案件诉讼程序进行了专门规定。根据新刑事诉讼法,我国刑事和解制度的适用范围是:① 因民间纠纷引起的,涉嫌侵犯公民人身权利、民主权利罪和侵犯财产罪的案件,可判处三年有期徒刑以下刑罚的;除渎职犯罪外可判处七年有期徒刑以下刑罚的过失犯罪案件。② 刑事和解制度的适用范围的限制:犯罪嫌疑人、被告人在五年以内曾经故意犯罪的,不适用刑事和解程序。我国刑事和解制度当事人和解的条件是:① 犯罪嫌疑人、被告人真诚悔罪;② 通过向被害方赔偿损失、赔礼道歉等方式获得被害方谅解;③ 被害方自愿

---

① 毛立新.联合国关于死刑的政策和立场:联合国人权高专办考察报告[J].河北法学,2014,32(4):109-117.

② 联合国.联大决议:暂停执行死刑[EB/OL].(2014-12-22)[2015-10-6]. http://chuansong.me/n/1008504.

③ 赵秉志.中国死刑立法改革新思考:以《刑法修正案(九)(草案)》为主要视角[J].吉林大学社会科学学报,2015,55(1):5-20;171.

和解。①

理论界和司法界均表示新刑事诉讼法中刑事和解的内容，对于化解社会矛盾、修复双方当事人的社会关系，以及构建和谐社会具有重要的促进作用，但同时指出现有的刑事和解制度尚不完善。特别是在死刑适用刑事和解是否合法，刑事和解在适用范围与尺度，赔偿方式，执行和保障机制，配套设施以及监督机制等程序和执行方面均存在制度规定的缺陷，使刑事和解制度在司法实践中遇到一些难题，导致了司法界的争论。

(一) 适用死刑和解的立法与实践分歧

司法实践中，刑事和解已经在轻伤害案件②、过失犯罪案件及青少年犯罪案件中得到了相当广泛的适用。近年来，司法部门积极践行重罪案件尤其是死刑案件的刑事和解，但我国的死刑和解制度尚不完善，因此，死刑和解的适用在司法界的制度与实践上引起了较大分歧。

2000年，最高人民法院制订的《关于刑事附带民事诉讼范围问题的规定》第4条明确规定："被告人已经赔偿被害人物质损失的，人民法院可以作为量刑情节予以考虑。"2006年11月，最高人民法院在第5次刑事案件工作会上明确提出："对于因婚姻家庭、邻里纠纷等民间矛盾激化引发的案件，因被害人的过错引起的案件，案发后真诚忏悔并积极赔偿被害人损失的案件，应慎用死刑立即执行。"③2007年起，一些地方法院尝试在死刑案件司法裁量中引入被害人谅解，如东莞王某等三人

---

① 《中华人民共和国刑事诉讼法》第五编第二章第二百七十七至二百七十九条。
② 2006年11月，湖南省人民检察院出台了《关于检察机关适用刑事和解办理刑事案件的规定（试行）》，允许在轻微刑事案件发生后，经由人民调解委员会等组织的调处或其他调停人的帮助，使被害人与犯罪分子直接展开商谈，达成和解协议，由检察机关审查认可后，作为对犯罪分子从轻处理的依据。意见中还对刑事和解的涵义、原则以及检察机关运用刑事和解办理刑事案件的条件、审查内容、处理方式、审批程序等内容做出了明确规定，是全国第一个省级检察院关于刑事和解的规范性文件。
周世雄.也论刑事和解制度：以湖南省检察机关的刑事和解探索为分析样本[J].法学评论，2008(3)：13-23.
③ 王斗斗.民间矛盾激化案要慎用死刑[N].法制日报，2006-11-9(5).

抢劫并致被害人蔡某死亡案①、浙江方某威等人故意杀人案②等。在地方判例不断涌现后,2009年6月3日,最高人民法院向地方各级法院印发了对依法可不判处死刑案件全力做好附带民事调解工作的17个典型案例③,其中包括对依法可不判处死刑案件全力做好民事调解工作的14个典型案例。这14个典型案例的共性就是被告人均因酌定量刑因素而没有被核准死刑立即执行,而14个典型案例中均有被告人家属代为赔偿的情节,体现出酌定量刑(包括经济赔偿)在影响死刑改判时起到了相当重要的作用。④ 这些典型案例中有15个案例将被害人谅解作为从轻量刑的依据之一。2009年7月至8月,《法制日报》连续公布了5起最高人民法院依法不核准死刑的故意杀人的典型案例⑤,这5起案例都因法官积极进行附带民事调解,促成被害人对被告人谅解,从而不核准死刑。2010年10月1日,最高人民法院在全国范围内颁布《人民法院量刑指导意见(试行)》和《关于规范量刑程序若干问题的意见(试行)》,并授权各高级人民法院在此基础上制订实施细则。

  同时,近年来,最高法院的指导案例中,还出现被害人亲属不予谅解、没有达成民事赔偿协议,但综合案情法院也可认定积极赔偿被害人经济损失,也对被告人从轻处罚的情况。以李某故意杀人案为例,最高法院的裁判要点为:"对于因民间矛盾引发的故意杀人案件,被告人犯罪手段残忍,且系累犯,论罪应当判处死刑,但被告人亲属积极协助公安机关将其抓获归案,并积极赔偿的,人民法院根据案件具体

---

  ① 被告人王某、赖某军、周某强共同抢劫致被害人蔡某死亡一案,是地方法院最先见诸报端并引发关注的"赔钱减刑"案。被害人蔡某一家生活因被害人蔡某的死亡而陷入困境,被告人亲属赔偿了5万元人民币,且被告人明确表示要痛改前非后,被害人亲属出具谅解书,东莞中院因此对被告人王某判处死刑缓期执行。

  ② 2006年11月28日,金华市中级人民法院基于被告人方某威故意杀人犯罪情节严重,社会危害性极大,又系累犯,判处被告人方某威死刑立即执行,剥夺政治权利终身,判令方某威等人共同赔偿附带民事诉讼原告30万元经济损失。被告人方某威提出上诉。2007年4月11日,浙江省高级人民法院鉴于被告人方某威真诚悔罪,其亲属积极代为赔偿被害人亲属经济损失,安抚被害人亲属的悲伤情绪,获得了被害人亲属的谅解并达成和解协议,遂作出(2007)浙刑三终字第6号刑事判决:撤销金华市中级人民法院(2006)金中刑一初字第75号刑事判决中对被告人方某威的量刑部分,维持其他部分;被告人方某威犯故意杀人罪,判处死刑,缓期二年执行,剥夺政治权利终身。

  ③ 2009年6月3日,最高人民法院印发了《最高人民法院关于印发对依法可不判处死刑案件全力做好民事调解工作的典型案例的通知》。

最高人民法院最高人民法院关于印发对依法可不判处死刑案件全力做好民事调解工作的典型案例的通知[N].人民法院报,2009-06-03.

  ④ 陈明.死刑适用中的酌定因素研究:兼议《关于办理死刑案件审查判断证据若干问题的决定》第36条[J].中国刑事法杂志,2010(10):16-22.

  ⑤ 具体案例分别为"法官跨三省调解马涛案起死回生""死刑案如女人绣花般精细""死刑复核考验法官群众工作能力""冯福生死伴着死刑复核环节跌宕""如何保住一条命又不影响稳定""死刑复核考验法官群众工作能力"。

情节,从尽量化解社会矛盾角度考虑,可以依法判处被告人死刑,缓期二年执行,同时决定限制减刑。"①李某故意杀人案的量刑条件是"因民间矛盾引发的故意杀人案件""被告人亲属积极协助公安机关将其抓获归案,并积极赔偿",量刑从轻的目的是"尽量化解社会矛盾角度考虑"。在另一指导性案例——王某才故意杀人案②中,尽管被告人王某才"罪行极其严重,应当判处死刑立即执行,被害人亲属反应强烈",且"被害人亲属要求严惩""被告人未与被害人亲属达成赔偿协议",但因为此案是"因恋爱、婚姻矛盾激化引发"的,且法院认定"被告人具有坦白悔罪、积极赔偿"的情节,量刑从轻的目的也是为了"化解社会矛盾"。在以上两个最高法院指导案例中,"积极赔偿被害人经济损失"均成为被告人被判死刑缓期执行时法院考虑的重要因素之一。可以说,最高法院和地方法院通过司法实践表明,死刑的适用在一定程度上与经济赔偿有关联。

与法院的司法实践不同,虽然近年来我国各地许多检察机关基于深入贯彻和落实"宽严相济刑事司法政策",着眼于充分发挥检察职能,在总结司法实践经验和借鉴恢复性司法理念的基础上,也积极开展刑事案件适用和解的探索。但是,由于我国法律没有明确规定公诉案件可以和解,而且最高人民检察院在2006年12月28日发布的《最高人民检察院关于在检察工作中贯彻宽严相济刑事司法政策的若干意见意见》中明确指出:"检察机关贯彻宽严相济的刑事司法政策,就是要根据社会治安形势和犯罪分子的不同情况,在依法履行法律监督职能中实行区别对待,注重宽与严的有机统一,该严则严,当宽则宽,宽严互补,宽严有度,对严重犯罪依法从严打击,对轻微犯罪依法从宽处理,对严重犯罪中的从宽情节和轻微犯罪中的从严情节也要依法分别予以宽严体现,对犯罪的实体处理和适用诉讼程序都要体现宽严相济的精神。"也就是说,对于一些轻微的刑事案件要积极运用刑事和解的措施,但对于在重罪案件(死刑案件)中适用赔偿和解的方式,检察机关的具体实践中,大部分是被否定的。有学者③对检察机关适用刑事和解的情况进行调研,发现调研地区的刑事和解基本上适用于比较轻微的刑事案件,且从案件的具体类型来看,主要集中于轻伤害案件和交通肇事案件。

法院与检察院在死刑案件量刑司法实践上的差异主要是立法与政策不完全一致所导致的。虽然我国从2006年开始加大了死刑政策调整力度,司法实践中刑事和解成为裁量死刑的重要参考因素,但我国并没有具体的刑事和解适用死刑案件

---

① 吴光侠,林玉环.指导案例12号《李飞故意杀人案》的理解与参照[J].人民司法,2013(3):37-38.

② 最高人民法院审判委员会于2011年12月20日发布。

③ 北京师范大学刑事法律科学研究院宋英辉教授等人,于2007年年底2008年年初,对S省Y地区的P市检察院、Z区检察院、Z市检察院,J省S地区的Z市检察院和H区检察院,B省S市的Y区检察院,H省N县检察院适用刑事和解情况进行了实地调研。

宋英辉.检察机关适用刑事和解调研报告[J].中国检察官,2009,23(7):78-79.

的法律规定。2012年3月14日,十一届全国人民代表大会第五次会议审议通过的《中华人民共和国刑事诉讼法修正案》第二百七十七条明确规定,"公诉案件刑事和解的范围限于轻微刑事案件、过失犯罪案件,重罪案件尤其死刑案件不适用刑事和解",以致法律规定与司法实践相冲突。

(一)司法实践中死刑和解的范围与尺度问题

中国各地司法机关主要将解决被害人的民事赔偿问题,减少申诉、上访现象,作为推行刑事和解的直接动因,基本都是从轻伤害案开始。在针对司法工作人员的问卷调查中,28.8%的人认为应当以可能判处的刑罚为标准,可能判处一定期限以下刑罚的案件可以刑事和解。被调查者列出的刑罚标准高低不一,最低为判处拘役、管制、缓刑、单处罚金,最高为十年有期徒刑。23.8%的人认为,应当以案件类型为标准,确定一定类型的案件可以适用刑事和解,其他类型的案件不可以适用;38.0%的人认为应当以可能判处的刑罚和案件类型为双重标准,符合双重标准的公诉案件可以适用刑事和解;8.4%的人认为不应当规定具体标准,应由办案人员根据案件的实际情况决定。[①]

重罪案件通常会对当事人的权利义务产生重大影响,且刑事和解也已在重罪案件中得到了一定程度的适用,实践中对于死刑案件中引入刑事和解的范围与尺度,往往争论颇为激烈,如何理性地看待当前刑事和解从轻罪案件向重罪案件扩大适用的现象?具体操作时只能因案而异,目前仍然很难形成一个明确的标准。应从哪些方面建立重罪案件刑事和解的操作规范?这些问题在司法实践中一直难以达成共识。

《最高人民法院关于构建社会主义和谐社会提供司法保障的若干意见》中要求,坚持宽严相济,确保社会稳定。同时,在"保留死刑,但严格控制死刑"的思想指导下,一些法院对于具有法定从轻、减轻情节的,依法从轻或减轻处罚,一般不判处死刑立即执行;对于因婚姻家庭、邻里纠纷等民间矛盾激化的案件,因被害人过错引发的案件,案发后真诚悔罪并积极赔偿被害人损失的案件,慎用死刑立即执行。最高人民法院副院长熊选国曾在《人民法院报》发表文章指出,对于那些特定的侵害不特定公众、严重危害社会治安、严重影响人民群众安全感的暴力犯罪,如抢劫、强奸、绑架、故意杀人等,就不能仅仅因为做出了赔偿或者得到了被害人的谅解,而不判处被告人死刑,从而给社会带来不安。对这种案件,既要坚持刑事部分依法从严处罚,也要判决民事部分依法赔偿,从而实现良好的社会效果和法律效果的有机统一。

最高人民检察院理论所副研究员李勇和甘肃省人民检察院研究室主任金石、科长王春慧也认为,将民事赔偿情节引入量刑环节,既有促进社会和谐稳定、提高

---

① 宋英辉,郭云忠,李哲,等.公诉案件刑事和解实证研究[J].法学研究,2009(3),3-22.

司法效率等积极作用，也可能带来"以钱买刑"、同罪异罚等损害社会公平正义的消极影响。但只能适用于社会影响不是特别恶劣，被告人主观恶性较小，人身危险性不大的刑事案件。而社会影响特别恶劣的案件中，则不宜将民事赔偿作为量刑的酌定情节，否则可能使刑罚的威慑力大打折扣，造成民众恐慌和社会无序。主观恶性较大的被告人和惯犯、首犯等，因其主观上具有极其严重的反规范意识、心理和犯罪的惯常习惯，需要严厉的刑罚来限制其自由，降低其人身危险性，也不宜将民事赔偿作为量刑的重要情节来考量。强化检察机关对此类案件的监督，以期准确把握民事赔偿影响刑事责任的尺度，防止滥用量刑裁量权，提高法律适用的权威性。①

最高法院新闻发言人曾在接受新华网记者采访时表示，"赔钱减刑"、依法从轻不是"花钱买刑"。最高法院坚持严格控制和慎重适用死刑，确保死刑只适用于极少数罪行极其严重、性质极其恶劣、社会危害性极大的刑事案件被告人。对于司法实践中，法院对做出经济赔偿的被告人给予从轻处罚判决所引起的争议问题，最高法院新闻发言人指出，法院对附带民事诉讼案件进行调解，促成被告人对被害人或其亲属做出合理赔偿，有利于切实维护被害人的合法利益。对于被告人认罪态度较好，积极主动赔偿被害人损失并取得被害人谅解的，人民法院可以认定被告人有悔罪表现，作为量刑情节酌情从轻处罚。在法律规定范围内适当从轻既有法律依据，也符合宽严相济的刑事政策。但发言人还表示，"并不是所有对被害人做出赔偿的被告人，人民法院都一律给予从轻处罚。"需要特别强调的是，对于那些犯罪手段极其恶劣、犯罪后果极其严重、社会危害性大的恶性案件，即使被告人愿意或已经对被害人做出实际赔偿，人民法院仍应依法予以严惩。②

而实际判案的过程中，经济赔偿这个因素对死刑量刑和改判都具有相当重要的作用。最初引起争议的，就是广东东莞人民法院对抢劫犯赔5万元轻判死刑缓期执行的案件。2005年11月1日晚9时左右，被告人王某、赖某军、周某强抢劫并致被害人蔡某死亡。在公诉机关提起刑事诉讼的同时，被害人亲属也依法提起了附带民事诉讼。因为该案的发生，被害人一家的生活已陷入了极端困顿的境地，蔡某的女儿也因此面临失学。得悉此情况后，法官多次组织案件的双方当事人进行细致的调解。被告人王某的亲属同意先行赔偿原告5万元人民币，原告对此结果表示满意。被告人也表示要痛改前非。最后，法官根据双方真实意思表达，并依照法律，对被告人王某做出一定程度的从轻处罚，一审判处死刑缓期执行。以著名的孙某铭案为例，孙某铭案二审由死刑改判无期徒刑，终审判决认定："孙某铭归案

---

① 李勇，金石，王春慧."花钱买刑"恣意的防范：以强化该类案件的检察监督为视角[J].中国司法，2011(11)：100-102.
② 最高法院发言人：恶性案件赔钱也不能减刑[EB/OL].（2008-3-11）[2015-10-06]. http://www.dzwww.com/xinwen/xinwenzhuanti/2008/2008qglh/zxbd/200803/t20080311_3242532.htm.

后,其真诚悔罪,并通过亲属尽其所能积极赔偿被害人的经济损失,被害人及其亲属因此出具了谅解书,依法可从轻处罚。"判决书中的内容说明孙某铭案二审量刑时综合了案件的各种情节,但不容置疑的是,被告人对被害人进行赔偿这个因素对这个死刑案件改判为无期徒刑起到了重要的影响。

(二)司法实践中死刑和解的程序和执行问题

上海市第一中级人民法院的李长坤提到,法院在审理死刑案件的过程当中,常常以被告人积极赔偿被害人的损失、请求被害人的原谅,作为量刑的一个考量因素,这在一定程度上体现了刑事和解的精神与实质。但是在具体的个案中是否适用刑事和解,不管是应该由合议庭的合议来决定,还是涉及其他的制度设计,往往都会存在严重的分歧。审理存在经济赔偿因素的死刑个案,其主要的争议点还在于刑事和解的结果会不会影响案件的最后处理结果,以及刑事和解的结果应不应该影响案件的处理结果。

一般认为,在死刑个案中酌情考虑经济赔偿而减轻量刑,不仅有利于修复社会关系,快速有效地恢复遭破坏的司法和社会秩序,而且更是对长期以来片面强调司法权的一种反思,体现了以人为本的思想,有利于助推和谐司法。同时,通过民事赔偿工作的有效施行有助于实现控制死刑的目的,维护被害人利益,缓解社会矛盾,减少对抗。现实中,法官在判案时会考虑得更为实际,如最高人民法院副院长张军明确要求"调解不成必须做出判决时,应当充分考虑被告人实际赔偿能力、可供执行的财产状况,尽量避免空判"①。通过"赔钱减刑",法院降低了案件的上诉、抗诉、再审、执行、上访等问题出现的频率,最大限度地加快了案件进程,提高了诉讼效益,节约了司法资源。更重要的是,解决了空判问题,树立了法院司法为民的良好形象。

具有丰富司法实践经验的贵州省铜仁市中级人民法院副院长田淼认为,死刑适用刑事和解的做法在具体执行上存在一些薄弱环节,一定程度上影响了民事赔偿的效果。② 2006年7月21日,"北京市检察机刑事和解实证研究"研究人员③向"和谐社会语境下的刑事和解"研讨会提交的研究报告中指出,实践中可能会出现公安司法机关的权力滥用和被害人权力滥用问题;在复杂案件中出现多个被告人或多个被害人,如果被害人只同意与其中部分被告人和解,或只有部分被害人同意

---

① 薛勇秀.最高法院:做好刑事附带民事案件赔偿工作[EB/OL](2007-07-04)[2015-10-06]. http://old.chinacourt.org/html/article/200707/04/255060.shtml.

② 田淼.民事赔偿与死刑适用的实证分析:以湖北省高级法院关于民事赔偿与死刑适用的调查报告为视角[J].旅游纵览(下半月),2013(3).

③ 该研究人员对北京市东城、西城、朝阳、海淀、丰台、大兴、昌平七个区的检察院公诉部门就轻伤害案件的和解情况进行了数据调查、访谈等。笔者认为该研究人员对轻伤害案件和解情况提出的注意事项可以为死刑和解提供借鉴。

和解,该如何处理的问题;当事人达成和解时是否自愿等问题。① 这些问题也同样会存在于死刑适用刑事和解的具体执行环节上。

在 2010 年年底发生的药某鑫案件中,由于被害人亲属强烈要求判处被告人死刑,而不愿接受被告人亲属提出的支付经济赔偿以取得谅解的要求。于是,法院判决被告人死刑立即执行,并赔偿被害人 5.49485 万元。值得注意的是,法院在核算赔偿依据时,将死亡赔偿金排除在外,其理由是死亡赔偿金不属于刑事附带民事诉讼的赔偿范围,因此不予支持。②

因刑事犯罪引起的民事赔偿案件的执行相较于普通民事案件的执行更加困难。以青海省西宁市四区三县 2000 年至 2002 年的统计数据为例,刑事附带民事赔偿案件共 507 件,被中止执行的案件有 216 件,其中市法院因判无期徒刑或死刑缓期执行的案件涉及刑事附带民事赔偿的中止率达 88.24%,2002 年至 2008 年,市法院 168 件刑事附带民事诉讼赔偿案件中,执结 4 件、和解 12 件、自动履行 2 件,另外 150 件均处在中止状态。2007 年 1 月至 5 月,河南省洛阳市中级法院对于申请执行的 24 件附带民事判决的执行成功率为零。③

针对刑事附带民事赔偿的案件执行难的问题,东莞市两级法院在多起案件中提倡对民事部分进行调解,并对做出经济赔偿的被告人给予从轻处罚。用东莞市中级人民法院副院长陈斯的话说,东莞市两级法院希望通过对这种赔偿机制的探索,再辅以国家补偿,使被害人的利益得到最大维护。截至 2007 年,在东莞市,两级法院已有超过 30 宗刑事案件的被告人通过"赔钱"获得了"减刑"。

三、论争产生的原因

理论界和司法界对于死刑适用与经济赔偿的关系从法理到实践的各个层面都有讨论,但无论是支持死刑和解的一方还是反对死刑和解的一方,均难从根本上驳倒对方。因为,这些观念的冲突实际上都是基于不同角度得出的一体两面的理解,争论体现的是这一司法实践固有的内在价值冲突。

(一) 刑事诉讼理念的冲突

我国传统刑事诉讼理念奉行的是,追诉犯罪是国家专享的职权的"国家本位主义"。在这种刑事诉讼理念影响下,被害人的利益被认为是由国家机关所代表,被

---

① 中国人民大学法学院."和谐社会语境下的刑事和解"研讨会:刑事和解的实践经验[EB/OL].(2006-8-31)[2015-10-06]. http://www.chinalawedu.com/news/20800/21690/2006/8/zh12657826113860023143-0.htm.

② 参见《药家鑫故意杀人案一审判决书》,[2011]西刑一初字第 68 号。

③ 杨会新."被害人保护"与"刑罚轻缓化":刑事和解不能承受之重[J].法律科学,2011,29(6):89-95.

害人一般不能对被告人的定罪量刑发表意见,其相应的权利也易被忽视。但伴随着我国进入"人权入宪""人权入诉讼法"等人权发展的国际环境下,以及公民权利意识觉醒的社会现实需求,提升被害人诉讼地位,在刑罚裁量时考虑被害人利益因素,追求被告人利益、被害人利益,以及公共利益的三方价值平衡,成为刑事诉讼发展模式的新趋势。

基于市民社会基础而新兴的"当事人中心主义"诉讼理念认为,犯罪分子虽然破坏了国家规范,但实际承担损失的则是单个的被害人,刑事被害人是刑事冲突的直接参加者。这种理念打破了传统刑事诉讼意义上国家代表被害人与犯罪斗争的方式,而是将刑事诉讼视为犯罪分子和被害人之间的一种互动过程,确认并肯定了被害人在刑事司法过程中的作用和地位。被害人作为刑事案件,特别是死刑案件的重要当事人之一,保障其应有的权利则是"当事人中心主义"诉讼理念的内容之一。"当事人中心主义"诉讼理念突出被害人谅解影响死刑适用的作用,是对"国家本位主义"缺陷的弥补。但在死刑案件中引入被害人谅解,也引发了对个人权利主义过分强调的担忧。死刑裁量时引入被害人谅解,强调保护被害人的利益,淡化了对国家整体秩序的绝对保障,可能导致产生以个人利益换社会总体正义的质疑。

由此可见,关于经济赔偿因素在死刑适用中影响力的争论,其体现的是传统刑事诉讼理念与当代刑事诉讼理念的交锋。

(二) 刑事司法观念的冲突

与"国家本位主义"刑事诉讼理念相伴而生的是"报应性"刑事司法观念,它渊源于"以牙还牙,以眼还眼"的同态复仇观念及"善恶有报"的报应型理念。它严格依照"刑法"的一系列基本原则,核心是强调对犯罪行为的对应性惩罚。其内容主要包括:第一,刑事司法的目的是使"有罪必有罚,罚必当其罪";第二,"报应性"司法观关注犯罪分子已经实施的行为,定罪或是量刑严格以犯罪行为比照既定的法律条款和要件进行选择;第三,"报应性"司法观认为国家对犯罪具有唯一的追诉权,国家才是犯罪的主要被害人。

被害人谅解影响死刑适用是"当事人中心主义"理念的内容之一,也是"恢复性司法"的一种表现形式。与"报应性司法"观念不同,"恢复性司法"强调的重点不在"报应",而在其"恢复"功能,即更强调因犯罪而受损的社会关系的修复,其在调解当事双方之间的矛盾及充分实现各自利益诉求上起到积极作用。学者何显兵指出,目前理论界对赔偿与量刑关系问题争议的焦点在通过赔偿化解刑事附带民事诉讼的执行困局上,这种关注点是脱离了刑事和解的大框架的,没有真正关切到刑事和解部分。因此,我国实践中的刑事和解制度只有"在恢复性司法的视野下进行重构,才能化解实践困境,消除社会舆论的误解,推进刑事和解向纵深发展"①。

但对于我国司法现状来说,在死刑裁量的实际运作中引入被害人谅解将面临诸多难题。首先,"恢复性司法"要求被告人与被害人进行沟通交流,而我国在死刑无法废除的现状下,死刑案件中被告人与被害人处于严重对立的状态,司法机关如果依职权积极促成提供经济赔偿的被告人与被害人谅解,进而影响死刑适用的方式,很容易被强烈支持死刑的人认为是"花钱买刑"或"司法腐败"。其次,"报应性司法"要求罪刑严格相适应,对于可能被判处死刑的犯罪分子,社会大众往往希望其被判处重刑,以震慑和预防犯罪,从而满足他们维护社会安全的心理需求,而"恢复性司法"并不主张完全对应的刑罚,可能被判处死刑案件中有被害人谅解的情形,被告人很可能因此不被判处死刑立即执行,某种程度上它也会削弱刑罚的一般预防功能,甚至诱发严重犯罪,这样就非常有可能损害普通民众的社会安全感及感情。

(三) 刑法适用原则的冲突

有学者指出,在死刑案件中适用和解减刑的方式,严重违背了刑法适用面前人人平等原则。刑法适用面前人人平等,首先意味着"对同等犯罪应科同等处罚",对不同等犯罪应根据刑法做出不同处罚。其次,平等还意味着公正。结局平等的完整要求是"相同的人和相同的情形必须得到相同的,至少是相似的对待,只要这些人和这些情形按照普遍的正义标准在实质上是相同的或相似的。"②因为被害人谅解影响死刑适用可能使犯有同等罪行的人因家庭出身、经济实力、财产状况、社会地位、被害人诉求等各种案外因素的不同,而承担不同等的法律责任。相对于那些因为经济能力的较差而无力履行经济赔偿的社会弱势阶层,被害人谅解影响死刑适用为那些经济实力较为雄厚的犯罪分子提供了逃避严重刑事处罚的可能性。死刑案件中,对这种负面影响的担心则更为强烈。

也有学者指出,判断是否判处死刑,不仅要审查犯罪行为是否符合"罪行极其严重"的具体标准,同时要看犯罪分子的主观恶性、人身危险性是否符合"极其严重"的要求。被告人积极赔偿能够成为其主观恶性减小、社会危害性不大的判断依据,应当成为是否适用死刑的重要考量因素。

由此可见,上述两种观点的差异实际上反映出刑罚一体化还是刑罚个别化的刑罚适用原则的冲突。西方大陆法系刑事人类学派和刑事社会学派基于主观主义、目的刑论和功利价值观念在刑法上提出刑罚个别化原则。通过对不同犯罪分子的区别对待的刑罚方式,并同教育改造犯罪分子所需的限度适应,使刑罚的适用

---

① 何显兵.恢复性司法视野下赔偿与量刑关系的重构[J].西南政法大学学报,2012,14(2):50-56.

② 张明楷.当议刑法面前人人平等[J].中国刑事法杂志,1999(1):7-14.

更加有效合理,有利于限制刑罚的滥用,并能限制具有某种犯罪倾向的人实施犯罪行为。经济赔偿影响死刑适用,是基于具体案件犯罪事实和被告人具体情况而做出的综合考量。

(四)"杀人偿命"与"和谐"观念的冲突

在中国民间社会,"杀人偿命"的思想根深蒂固,即使学界废除死刑的呼声高涨,民众保留死刑的观念也还是毫无争议地居于绝对主导地位。据新浪网的民意调查显示,在我国大陆地区,约75.8%的人坚决主张保留死刑,只有约13.6%的人支持废除死刑。[①]

中国传统文化提倡"和谐",强调人与人之间保持和睦融洽的社会关系,尽量避免无谓的争斗和纠纷,调解和诉讼和解在民间具有相当重要的地位。正如陈光中教授所说的:"刑事和解的兴起主要不是西方经验,而是东方经验。"[②]我国悠久的调解历史、"厌讼"的文化传统、新时期宽严相济的刑事政策,以及建设和谐社会的目标设定和司法实践中存在和解的事实,均有利于刑事和解制度的完善。[③]

"杀人偿命"观念与"和谐"文化均是影响我国传统刑事司法实践的重要观念。两者初看对立,实际上两者在传统社会中相互结合,从而产生了"重其所重,轻其所轻"的刑罚理念,这种刑罚理念在现代发展成为"宽严相济"的刑事司法政策。但是,刑事案件的错综复杂决定了同一个案件中可能既有从宽因素又有从严因素,被告人积极赔偿的死刑案件就是典型代表。这就突出体现了"杀人偿命"与"和谐"文化的激烈冲突。一方面,可能出现民众认为杀人应偿命,但被害人基于赔偿和和解的心态谅解了被告人,并请求司法机关从轻处罚;另一方面,也可能是被害人坚决主张杀人偿命,而受"和谐"文化影响的民众又认为被告人情有可原。所以如何去平衡这一冲突,是司法实践中亟待解决的又一困惑。

综上所述,因为经济赔偿影响死刑适用尚在探索适用阶段,从理论界到司法界,在不同的侧面均存在争议,而论争的根本原因在于我国正处于社会转型阶段,此阶段的死刑适用改革举措呈现出多方面的价值冲突。学者从"赔偿免死(减刑)制度""死刑案件附带民事调解制度""死刑案件被害人谅解(宽恕)制度""死刑案件刑事和解"等多角度研究关注经济赔偿影响死刑适用在理论层面是否具备正当性。死刑适用改革的具体实践者——检察、法院系统的司法人员,相对于学者的从单纯恪守刑法理论的角度论证正当性基础,他们更加倾向于从司法探索的角度来探讨改革运行的正当性基础。

---

① 新浪新闻中心.中国死刑存废之辩:人道主义还是杀人偿命?[EB/OL].(2003-11-24)[2015-10-06].http://news.sina.com.cn/c/2003-11-24/14562198749.shtml.

② 陈光中.刑事和解再探[J].中国刑事法杂志,2010(2):3-9.

③ 高铭暄,张天虹.刑事和解与刑事价值实现:一种相对合理主义的解析[J].公安学刊,2007(1):11-16.

第二节　经济赔偿在死刑执行类别选择中影响量子的观点

受我国具体国情、文化传统等因素的制约而不能在近期彻底废除死刑，不过完善死刑实体和程序制度，限制死刑的适用势在必行。通过司法路径限制死刑，无疑是近年来理论界和司法界研究的重点，和过往的死刑研究不同，越来越多的学者认识到在我国目前处于社会转型期，激烈的社会变革引起了重大的社会利益调整与重新分配，社会的凝聚力和向心力有不同程度的减弱，社会治安形势严峻，所以从立法上全面废除死刑的时机尚未成熟，因而，学者们将精力集中到死刑适用范围的控制上，在司法适用上控制和慎用死刑，以减少死刑的实际执行数量。

在当今刑事司法实践中，经济赔偿对被告人刑罚裁量的影响越来越大，"赔钱减刑"、赔钱未获得减刑、不减则不赔的案例均有存在，特别是死刑案件中经济赔偿对量刑的影响越发凸显。

理论界与实务界对死刑和解的争议使经济赔偿对死刑执行类别选择的影响变得扑朔迷离。经济赔偿与死刑量刑两者之间究竟应该是怎样的关系？经济赔偿能否成为影响死刑执行类别选择方式规范化的因素？经济赔偿怎样影响死刑执行类别的选择？根据前文对理论界与司法界各种论争的分析，我们将经济赔偿在死刑执行类别选择中影响量子观点分为否定论、肯定论和限制论三种。清华大学教授周光权还指出，国内学者关于寻找（适用性）量刑基准的方法有六七种建议，但任何一种建议都有缺陷，而借鉴外国学者的经验，如也讲（适用性）量刑基准问题的日本通过三种途径确定："一是检察官的求刑活动，这是（适用性）量刑基准控方和审判方相互作用、相互讨论才形成的；二是二审判决的改判对（适用性）量刑基准的形成有决定性影响；三是学者的影响，学者们通过对大量案例进行甄别、分类、分析，会形成自己独特的看法，包括基准点是什么。"①因此，为了更好地分析经济赔偿在死刑执行类别选择中的影响作用，本书从学者、法官和检察官不同角度出发，分别介绍三组不同观点和理由。另外，除了理论界和司法界在通过对个案表达观点来推动死刑量刑制度的完善，文化传统、道德习惯、社情舆论等非刑法规范因素也实实在在地介入了案件的裁判过程，并对案件的最终裁判结果产生了一定程度的影响，所以，本书还增加了民众的观点和理由。通过学者、法官和检察官、民众三个角度，全方位探讨经济赔偿在死刑执行类别选择中的影响量子。

---

① 何显兵.恢复性司法视野下赔偿与量刑关系的重构[J].西南政法大学学报，2012，14(2):50-56.

一、经济赔偿在死刑执行类别选择中影响量子的否定论

对于经济赔偿应否成为死刑执行类别选择中的影响量子,在学者、法官和检察官、民众当中均存在一定人数的否定论者,他们分别从不同的角度给出了自己的见解。

(一) 学者的观点及理由

对经济赔偿在死刑执行类别选择中影响量子理论持否定论的学者认为,死刑案件因经济赔偿因素而改变死刑执行类别是弊大于利的,主要表现在:① 违背了法律平等原则,突破了罪刑法定原则;② 没有法律依据,且与中华民族传统的刑法观念相冲突;③ 损害公共利益,对刑法的功能形成巨大的冲击;④ 减少刑事制裁的威吓性,削弱刑罚的一般预防机能;⑤ 漠视正当程序,易滋生司法腐败;⑥ 无法节约资源;⑦ 违反平等原则,易放纵犯罪、引发民愤、影响社会安定等。①

2008年,学者张建伟在《人民法院报》撰文表达异议:"'赔钱减刑'最易招致质疑的问题就在于同罪不同罚,有违法律的平等适用原则和罪刑相适应原则。"②其认为诉讼和解制度中经济赔偿减刑的方式可以有限制地适用于轻罪案件、过失案件、青少年犯罪案件,但如果盲目照搬,甚至不加节制地扩大适用范围,就是不正义的举动。

学者孙万怀在《死刑案件可以并需要和解吗?》中论证指出,死刑适用控制只能在法律框架内进行,刑事和解运用于死刑案件超越了其边界,这是被害人救助制度建立之前国家转嫁责任的表现。③

学者陈兴良认为,"按照传统刑事诉讼程序,行为人事前即可知悉犯罪后果,而在权衡之后决定是否采取行动。如果行为人预计可以通过赔偿来逃避刑罚,则可能更积极主动地实施犯罪"④。也就是说,刑事和解适用于重罪案件会削弱刑罚的一般预防功能,从而诱发更多的严重犯罪。

学者梁根林从经济赔偿影响死刑执行适用角度的驳斥出发,认为经济赔偿导致的死刑和解与能否限制死刑没有必然联系,并进一步列出十大证伪:在当下主流刑事司法模式下,死刑案件刑事和解缺乏运作的法理逻辑经验,是对和谐社会构建理念的曲解,片面理解了宽严相济刑事政策,超越能动司法允许的合理限度,是对罪刑法定原则的违背,刑法私法化走向极端,也是国家对救助被害人责任的推卸,

---

① 陈罗兰.死刑案件刑事和解弊端及限制适用[J].东方法学,2009(3):68-73.
    杜宇."刑事和解":批评意见与初步回应[J].中国刑事法杂志,2009(8):3-15.
② 赔钱减刑:怎样理性对待?[N].人民法院报,2007-06-19.
③ 孙万怀.死刑案件可以并需要和解吗?[J].中国法学,2010(1):180-191.
④ 陈兴良.宽严相济刑事政策研究[M].北京:中国人民大学出版社,2007:280.

而且极易导致司法腐败。①

学者叶良芳认为,"犯罪分子进行赔偿并不是对其适用死缓的必要条件,被害人接受赔偿并做出宽恕的决定才是对犯罪分子适用死刑缓期执行的必要条件。"②他还指出,被害人宽恕与犯罪分子人身危险性减弱之间并无必然的联系,被害人宽恕只是可能(而非必然)阻却死刑立即执行的适用,不应作为法定量刑情节来影响死刑执行类别的选择。③

学者杨会新首先对刑事和解支持者的理由进行了分析,并逐一予以驳斥。针对一些学者认为的经济赔偿表明犯罪分子的认罪态度好,且认罪态度是刑法规定的酌定量刑情节,因此经济赔偿能够在死刑案件中影响死刑执行类别的观点。杨会新指出,基于人类趋利避害的本能,犯罪分子选择进行经济赔偿很大程度上是出于惧怕刑罚的威慑力,其所做出的悔罪表现的真实性难以被司法机关判断。同时,没有能力赔偿也不等于不悔罪,但却在客观上形成有钱人"花钱买刑"的情况,违反平等原则。针对一些学者提出的经济赔偿影响量刑是建立在机会平等的基础上的,是现代刑罚中根据案件具体情况实现案件处理结果上的刑罚个别化,符合罪责刑相适应原则的要求的观点。他反驳到,这种观点是试图以机会平等来合理化结果上的不平等,犯了简单化的错误。针对一些学者提出的严格限制刑事和解适用的范围,可以通过建立相配套的制度进一步完善刑事和解的内容。杨会新指出,持这种观点的学者从另一个角度承认了刑事和解的不平等,将人的贫富状况作为量刑情节,是不可能摘掉"花钱买刑"的帽子的。④

另外,他还指出了刑事和解的几个负面效应:第一,如果以"赔钱减刑"为前提,犯罪分子无论是赔偿还是没有赔偿都会变得心安理得,将不利于犯罪分子的悔悟和改造;第二,会削减刑法的预防功能;第三,会导致同罪不同罚的后果,从而引起社会矛盾等。通过分析,他认为根据我国现阶段人们的平均价值观念,"刑事和解制度是不可能适用于严重刑事案件的"。

(二) 法官、检察官的观点及理由

我国尚未有将刑事和解运用在故意伤害致人重伤或者死亡、故意杀人等严重暴力案件中的立法规定。据此,以最高人民检察院检察理论研究所的张志辉、最高人民检察院副检察长孙谦为代表的大部分检察机关人员,认为重罪是不应当适用刑事和解的。

湖南省人民检察院副检察长周世雄指出:"在我国目前社会条件下,刑事和解

---

① 梁根林.死刑案件被刑事和解十大证伪[J].法学,2010(4):3-21.
② 叶良芳.死缓适用之实质标准新探[J].法商研究,2012(5):94-102.
③ 叶良芳.死缓适用之实质标准新探[J].法商研究,2012(5):94-102.
④ 杨会新."被害人保护"与"刑罚轻缓化":刑事和解不能承受之重[J].法律科学,2011,29(6):88-95.

的构建只能在法治建设逐步发展和完善的基础上分阶段逐步实现。刑事和解的范围主要是轻微刑事案件,因为这类案件一般损害后果不大,多由民间、邻里纠纷或日常生活中的口角而引起,容易达成和解协议。而那些严重刑事犯罪往往社会危害性严重,其不仅侵害了特定人的合法权益,双方矛盾大,难以自行和解。同时也严重破坏了社会管理秩序,给社会整体利益造成损害,故为了维护社会稳定,对严重刑事犯罪应进行严厉打击,被害人的民事权利部分也只能用附带民事诉讼机制给予解决。"①

曾在上海市杨浦区检察院挂副检察长一职的李翔也明确表示绝对反对在死刑案件当中引入刑事和解。理由包括:一是我国司法实践中适用和解制度的目的不纯粹。刑事和解在中国能够得到广泛的适用是因为中国现在的案件数量太多,而法官、检察官人数不够。在此背景之下的刑事和解基于功利的需要,在死刑案件中适用刑事和解,只被简单地看作是减轻处罚。虽然根据情节可以减轻处罚,赔偿被害人也是一种悔罪表现,但是如果说和解的目的就是为了减轻处罚,那么这个和解的门槛就被淡化了,也就是说刑事和解这个概念被淡化了,从而出现了在价值冲突上的让位情形。二是在宽严相济的刑事政策的认识上存在着偏差。基于宽严相济的刑事政策,法院、检察院的实践操作当中往往会往轻罪上靠,这种方式也意味着法官、检察官对于可重可轻、吃不准的情况下都不愿去判重罪,以避免可能因此而带来的责任承担问题。而我国死刑案件已经是设定了非常严格的条件,有严格的适用范围。不能为了和解而把应判死刑立即执行的案件变成死刑缓期执行。法院的判决最终是要回归到普通民众对法律的认同,法律的权威性才能得到认同,才能执行法律。所以,在当前的情况下针对死刑案件,不能适用原来意义上的刑事和解这样一个概念,除非把刑事和解的内涵变成减轻处罚的规定。

另外,司法实践中还存在检察机关对法院在死刑案件的改判意见认同率低的情形。虽然最高人民法院通过意见和指导性案例逐步推行重罪和解,减少死刑适用,但在具体案件中,常常出现被告在一审中被判处死刑立即执行,在二审过程中又因提出积极赔偿的条件而得以改判死刑缓期执行或无期徒刑的结果。以为地方法院审理此类案件提供指导的张某某故意杀人案为例,"被告人在二审期间提出愿意赔偿被害人的经济损失以减轻其罪责,其妻在生活极其困难的情况下用其妹的房子抵押借款3万元,连同其母的2万元养老金,一共筹得5.2万元交至二审法院。最高法经复核认为,被告人认罪态度好,其亲属能积极赔偿被害人家属的经济损失,被告人的民事赔偿虽不可能完全补偿被害方的经济损失,但其亲属倾其所能

---

① 周世雄.也论刑事和解制度:以湖南省检察机关的刑事和解探索为分析样本[J].法学评论,2008(3):13-23.

积极赔偿的态度,有利于社会和谐,故可作为被告人酌定从轻的情节"①。对于一审已判处死刑的被告人在二审阶段取得被害人谅解,但其他悔罪情节不明显或者不具有其他从宽情节,认为对被告人判处死刑立即执行在两可之间的案件,一般而言,二审检察机关不会明确提出维持原判或者建议改判的意见去说服法官按照己方的意见裁判,而是建议法院综合全案情况"依法裁决"。相对于直接掌握死刑案件被告人量刑决定权的法院来说,检察机关这种模棱两可消极等待法官"依法裁判"的现实,是由二审案件的审理程序②所决定的。学者王彬辉通过实证分析指出,检察机关在二审开庭前获知有被害人谅解情形的案件比率非常小,仅占调研案件的32.14%,其余案件都是在收到二审判决书之后才得知案件中存在被害人谅解这一量刑情节。

经济赔偿对于死刑案件量刑的影响,相对于法官来说,大多数检察官们则显得难以认同。就具体司法过程来看,一方面,证明存在谅解情节的赔偿协议、谅解书等证据不经过法庭调查环节在二审法庭上举证、质证,被告人和被害人因而不能就此进行对质和交叉询问,而直接由法官采信,检察机关无法充分查明达成谅解过程的真实性、合法性;谅解情节能否影响死刑适用也不经过法庭辩论,检察机关的意见没有机会阐明;另一方面,大部分法院裁判文书中对被害人谅解影响死刑适用不进行说明,即使说明了,也不够充分,大多只在判决意见中简单地写一句"被告人积极赔偿被害人损失,获得被害人谅解,请求从轻处罚,故对被告人判处死刑可不立即执行"。③ 因为没有经过庭审举证质证,大部分时候谅解书和赔偿协议都不在判决书中作为证据列举,被告人赔偿多少、赔偿履行的情况如何、被害人的谅解是否出于真实的意思表示,检察机关均不得而知,因此不难理解为何检察机关在案件二审过程中量刑参与度低的问题。而且,死刑和解还大大增加了法院机关、检察院机关、公安机关的工作负担。对于检察院和公安机关而言,工作效率的衡量分别是以起诉率的多少及移送起诉率的多少为标准的,而不是以刑事和解率达到多少为考核指标。公安机关首先考虑的是怎么能移送起诉成功,而不是想要怎么样达到和解;检察院系统中,刑事和解特别是死刑和解的程序颇为复杂,最起码是检委会和审委会,或是党组决定;一审法院在运用经济赔偿因素判处案件会面临很大的现实压力,特别是被害人一方及媒体舆论的压力。所以,一般来说,公、检、法(主要指一

---

① 中华人民共和国最高人民法院刑事案判第一庭.刑事审判参考[M].北京:法律出版社,2009.

② 大部分案件被害人谅解的达成是在二审阶段,当事人也倾向于将被害人谅解的材料交给法官而非检察人员。并且,谅解协议的达成往往与经济赔偿相伴,法官们倾向于将此类事实与证据作为民事部分而非刑事部分的量刑事实和证据,而附带民事部分可由法官不开庭书面审理,检察机关一般不介入。

③ 王彬辉.论我国被害人谅解影响死刑适用泛化及其程序规制[J].法学杂志,2013,34(9):9-18.

审法院)三机关为了处理案件时保持谨慎性,通常都不会轻易公布决定,哪怕刚才所讨论的具体责任存在,也都不会轻易适用刑事和解。

(三) 民众的观点及理由

社会各界对于广东省东莞市的两级法院在多起刑事附带民事赔偿的案件中,提倡对民事部分进行调解,并对做出经济赔偿的被告人给予了从轻处罚的方式,以及河南省郑州市二七区法院的类似制度,基本都是持否定批评的态度,认为这种做法是"赔钱减刑"甚至是"花钱买刑",扩大了法官自由裁量权和腐败空间,有损司法公正和法制统一。

以《春城晚报》编辑、评论员吴龙贵为代表的媒体人认为,东莞法院的做法违背了法律平等原则,为司法实践显示出了危险信号。法院"赔钱减刑"的做法客观上保护了被害人的利益,但更要认识到,在刑事附带民事案件中,被告人对被害人做出经济赔偿,是其应负的责任,也属于刑罚的一种具体运用,而不能等同于"社会危害性减小"的量刑情节。法院应该通过自身的努力,譬如加强执法力度,提高工作效率来改善被害人和其家庭的处境,而不能通过减刑来"诱导"被告人做出赔偿。另外,刑罚的目的在于通过对犯罪分子的惩罚,来减少犯罪,而不仅仅是保护被害人的利益。东莞法院的做法虽然保护了一部分受害者的利益,却可能造成更大的社会安全隐患,是以牺牲较大的正义来换取较小的正义的行为。①《东方早报》特约评论员王琳认为,法院推行赔偿协议来缓和被害人与被告人的紧张关系,三方制约的最终结果,就是牺牲法律的公平与正义,但如果在公平与正义牺牲的前提下,得不到赔偿的被害人和认为判决过重的被告人亲属更容易将上访作为毕生事业,最终牺牲的实际是"和谐司法"。②

针对广东省东莞市抢劫犯赔 5 万元获轻判死刑缓期执行的类似案件,《信息时报》与新浪网还以"赔钱就可以买命吗?"为题进行网上联合调查,网友可以通过在网上点击选项来表达自己的观点。调查时间从 2007 年 1 月 31 日起至 2007 年 2 月 6 日止,7 天的时间共 4444 票,具体结果如图 2.1 所示。③

从网友的投票结果来看,有 77.4% 的人认为"赔钱减刑"的司法尝试容易被人利用,从而失去法律的公正性。可见,民众的主流观点对"赔钱减刑"是持反对态度的。还有一部分民众对"赔钱减刑"的案例讨伐和质疑非常强烈,认为这种方式就是助纣为虐。

---

① 吴龙贵."赔钱获减刑"传递出危险信号[N].羊城晚报,2007-01-31.
② 王琳.法律正义因赔钱减刑而丢失[N].东方早报,2007-02-03(12).
③ 新浪网新闻中心[EB/OL].[2014-10-20]. http://survey.news.sina.com.cn/voteresult.php? pid=14352.

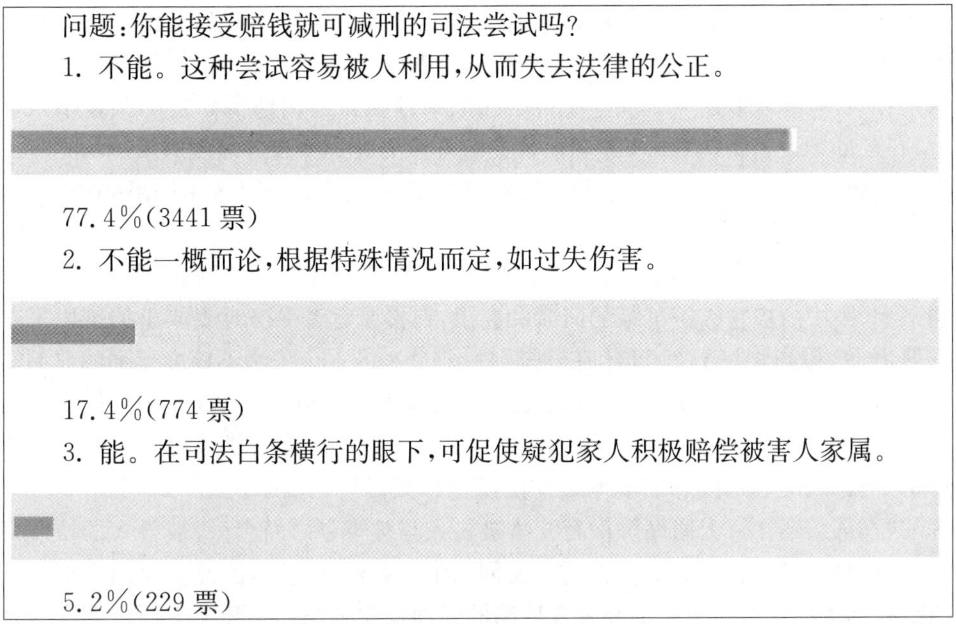

问题:你能接受赔钱就可减刑的司法尝试吗?
1. 不能。这种尝试容易被人利用,从而失去法律的公正。

77.4%(3441 票)
2. 不能一概而论,根据特殊情况而定,如过失伤害。

17.4%(774 票)
3. 能。在司法白条横行的眼下,可促使疑犯家人积极赔偿被害人家属。

5.2%(229 票)

图 2.1 网络投票结果

反对理由包括:"赔钱减刑"有违法律的公平与正义,是在量刑环节对有钱人的倾斜;"赔钱减刑"易让人产生法院对民事赔偿的执行有懒政的怀疑;"赔钱减刑"不仅有损社会公平,也有损法律尊严,更不能起到威慑犯罪分子的作用;"赔钱减刑"是对"依法治国"的背离,损害司法形象,有违社会伦理。《法制日报》记者于2007年在东莞市街头随机采访了一些民众,他们大多反对死刑案件中经济赔偿因素影响执行类别的选择。例如,IT从业者李西栎用"气愤"两字概括了他对经济赔偿影响量刑的感受,他说:"我的邻居无照驾驶撞死了一个骑自行车的人,要坐牢,后来调解花光了他所有的钱,大概十几万元,就没事了。这样看来,罪犯该接受什么样的惩罚的决定因素就是钱,而不是事件本身,难道交不起钱就不给减刑?主动悔罪是可以装的,但减刑是真的,这就是问题所在,还是钱在作怪。"[①]企业会计杜青则担心,受害人的权利受到了侵犯,但犯罪分子接受的刑罚却因为"钱"而有所区别,这是否与公平公正的原则相背离?是否会造成有钱人犯罪无法控制的局面?2010年年底发生的药某鑫案也曾互联网上掀起一浪高过一浪的"杀人偿命"的"民意"浪潮。[②]

有学者通过调查发现,在关于死刑能否给被害人及其亲属带来一些安慰的说法的考察中,67.9%的受访者认为死刑能给被害人及其亲属带来一些安慰支持,

---

① 王创辉,段体操."赔钱减刑"该用怎样的眼光审视[N].法制日报,2007-02-01(8).
② 陈柏峰.法治热点案件讨论中的传媒角色:以"药家鑫案"为例[J].法商研究,2011,28(4):56-63.

其中,62.2%的受访者站到了最强烈赞成的立场上。其中,233名受访者认为对犯罪分子判处死刑比判处其他刑罚并对被害人进行经济赔偿更能安抚被害人及其亲属,占回答该题人数的15.2%。① 对于死刑案件能否适用刑事和解的调查结果显示,在全部455名受访者中,有353名受访者认为死刑案件不能适用刑事和解,占全部受访人数的73.6%。② 有120名受访者认为死刑案件能适用刑事和解,占全部受访人数的26.4%。

另外,一些被害人的亲属也相当排斥"赔钱减刑"的做法。例如,东莞一起"赔钱减刑"案中的被害人王某某的父亲和妻子,在接受记者采访时表露出的难以平息的悲愤。③ 最高法院于2009年在《法制日报》公布的5个依法不核准死刑的典型案例"冯某案"④中,即使冯某的亲属已主动赔偿被害方部分安葬费,被害方仍然强烈要求判冯某死刑,在庭审期间,被害方及部分村民提交了十几份亲笔签名盖印的控诉书,被害人的母亲披麻戴孝地站在法院门口要求"严惩凶手"。⑤ 2011年3月审理的"李某某案"中,云南高院没有安排被告人与被害方协商会谈,被告人的认罪悔罪没有得到较好的展示,被害方的心灵创伤也没有得到抚慰,因此从死刑立即执行改判死刑缓期执行后引起了被害方情绪的强烈反弹。在孙某某案中还出现了这种情况,3名受害者亲属在成都市锦江区法院主持下拿到先期60万元赔款,被告人亲属在协商过程中提出,希望被害人亲属能将联名签下的谅解书的最后一句"请求贵院在孙某某量刑时对此情节予以考虑",改为"请求贵院对孙某某从轻判处",但遭到被害人亲属的拒绝。⑥ 在省高院二审开庭的当天,若干被害人亲属纷纷表示,签署谅解书是迫于形势,希望法院维持原判。⑦ 凤凰卫视于2011年4月13日,在"天下被网罗"节目中播出了"独家探访受害者张某家属",其中,被害人张某的丈夫

---

① 邝璐.中国社会死刑观念实证研究[D].武汉:武汉大学,2009.
② 邝璐.中国社会死刑观念实证研究[D].武汉:武汉大学,2009.
③ 王瑞君.赔偿与刑罚关系研究[J].山东大学学报(哲学社会科学版),2011(3):45-50.
④ "冯某案":2007年2月,被告人冯某转让给被害人赵某一块宅基地,两家在相邻两块宅基地上各自建新房,在履约过程中,双方发生矛盾。同年5月13日晚7时许,两家再次发生争吵并扭打起来。冯某见状持一把尖刀从自家房内冲出,造成1死、1重伤、1轻伤。一审法院认定冯某犯故意伤害罪,判处死刑,剥夺政治权利终身。宣判后,冯某上诉。二审法院驳回上诉,维持原判。最高人民法院复核认为,本案系邻里纠纷引发,冯某系激情杀人,归案后认罪态度好,主观恶性相对较小。案发后冯某亲属积极赔偿被害人家属经济损失,取得被害人家属的谅解,依法不核准死刑。
⑤ 谢锐勤.天使还是魔鬼:揭开"赔钱减刑"的面纱:以治理为导向的刑事和解实践[J].法律适用,2014(7):40-47.
⑥ 60万元赔款到账,亲属拒写"从轻"请求[EB/OL].(2009-09-03)[2014-10-20]. http://news.163.com/09/0903/07/5I95LKHN000120GR.html.
⑦ "既拿钱还要命"孙伟铭案死者亲属遭非议[EB/OL].(2009-09-06)[2015-10-06]. http://www.gyxww.cn/GYMS/SHMS/200909/36447.html.

王某对记者说道:"(药某鑫)必须死。我现在不要药家的钱,他的钱是沾满了血的,拿我媳妇命换的钱我不要。我就是把药家的钱要来,等孩子长大知道后,也会骂我不要脸。"被害人张某的婆婆说:"咱就要他死刑,咱也不要他赔偿,要他赔偿做啥?要他走,不要他钱,杀人犯的钱咱不要。"以上情形并非个案,在很大程度上反映出受害人亲属对"赔偿减刑"的否定甚至是极力反对。

二、经济赔偿在死刑执行类别选择中影响量子的肯定论

社会群体中也存在支持"赔偿减刑"的观点,其内容涉及刑法理论和现实需求等角度,这无疑为经济赔偿成为死刑执行类别影响量子提供了重要支撑。

(一) 学者的观点及理由

对经济赔偿在死刑执行类别选择中影响量子理论持肯定论的学者认为,"死刑和解对中国死刑制度改革具有积极意义,应当倡导"[①]。他们针对否定论者的质疑进行一一反驳,认为经济赔偿作为死刑量刑的重要考量因素,具有以下要素:① 与刑法理论相契合,具有普遍正当性;② 与中国的法治环境相符;③ 与多元化的利益需求和和谐社会的构建相吻合;④ 与刑事附带民事诉讼制度及被害人救助制度在功能上相互补充;⑤ 与"花钱买命"存在本质区别;⑥ 与司法腐败没有必然联系;⑦ 有限制死刑适用的有效途径等多项功能。

学者赵秉志曾精辟地指出:"通过酌定量刑情节限制死刑的适用为我国控制死刑、逐渐减少死刑提供了一条现实路径,相对其他的死刑控制路径,这一路径对死刑的控制侧重于对个案死刑的限制适用,在运作上更为内敛、缓和,更容易获得社会的广泛认同。"他还主张对被告人案发后能真诚悔罪、积极赔偿被害人损失的,应慎用死刑立即执行。[②]

学者游伟认为在死刑案件中引入刑事和解,是符合我国"宽严相济"刑事政策的本质要求的,有利于"保留死刑,慎用死刑"政策的贯彻,其效力应定位于量刑实践中从轻考虑的情节所具有的广泛社会价值与法律价值。[③]

学者王志祥、张伟珂认为死刑案件刑事和解是限制死刑适用的有效途径,重罪不和解的观念缺乏正当性,而且通过自首、立功制度的运行逻辑分析,也能得出死刑案件刑事和解的正当性。[④]

学者陈京春认为,被告人及时进行赔偿和救治的行为是悔罪的表现,说明其行

[①] 赵秉志. 当代中国死刑改革争议问题论要[J]. 法律科学,2014,32(1):152.
[②] 赵秉志,彭新林. 论民事赔偿与死刑的限制适用[J]. 中国法学,2010(5):52-62.
[③] 游伟,唐震,余剑,等. 死刑案刑事和解之感性与理性[J]. 东方法学,2009(3):51-67.
[④] 王志祥,张伟珂. 死刑案件中刑事和解的正当性探究[J]. 北方法学,2011,5(4):40-57.

为并没有达到罪刑极其严重的程度,符合不必立即执行死刑的条件,也有利于宽严相济刑事政策的具体贯彻,死刑案件刑事和解能够大幅度地减少死刑的实际适用,能够充分适应社会和法律的发展及变化,满足人们多元化的利益诉求。① 因此,刑事和解可以成为裁量死刑立即执行和死刑缓期执行的重要参考因素。对于如何在死刑执行类别中充分发挥经济赔偿的影响力,陈京春还提出在我国创设死刑案件刑事和解制度的程序性规定:第一,应适当延长死刑案件的诉讼期限;第二,刑事和解不仅在刑罚裁量中可予以考虑,也可以在死刑缓期执行的执行过程中适用。②

学者陈明、张军分别从被告人和被害人的角度分析,指出经济赔偿作为量刑情节加以考虑的重要意义。从被告人的角度来说,案发后被告人对被害人的赔偿在客观上减轻了其罪行对社会的危害程度,这种积极赔偿也表现出被告人认罪悔罪、努力弥补危害、挽回损失的态度。从被害人的角度来说,经济赔偿能维护被害人的合法权益,充分实现实质公正,有利于取得被害人谅解、宽恕,以此减轻犯罪造成的社会危害,并且达到化解矛盾、促进社会和谐的最终目的。③ 因此,经济赔偿应当作为死刑执行类别选择中的重要影响量子的理论是值得肯定的。

学者洪道德认为,东莞30多宗刑事案件中被告人因进行了赔偿而获轻判的做法符合世界刑法的发展潮流。而且此办法的实施以被害人的同意为前提,同时,还少不了被告人的同意。因此,"这样做不会造成不平等,也不会出现'花钱买刑'的现象"。④

学者杜宇针对"刑事和解"损害公共利益、削弱一般预防、漠视正当程序、违反平等原则、无法节约资源、剥离自愿性、法网扩大化、社区虚幻化等八个方面问题的批评分别做出了回应。他认为,从目前的情况看,和解主要适用于侵害个人法益的犯罪;由于和解程序必须镶嵌在正式司法体系之内才能正常运作,因而,和解协议根本无法脱离国家司法机关的最终审查;和解程序在防止复仇行为、传递耻辱效应及加强道德禁忌方面,有着极为显著的意义;应将和解定位为一种与传统诉讼模式并立的解纷机制;赔偿使得被害人的物质损失被有效弥补,同时,也显示了犯罪分子积极悔罪的态度和改恶向善的决心,从而表征着其人身危险性的显著降低,也符合罪、责、刑相适应的基本原则;至于当事人的财富状况可能会影响到此种赔偿的现实可能性,虽然不可否认,但是从法律的追求看,它只可能尽力保证每一个犯罪分子都有通过赔偿来获得法律优待的机会,而不可能保证每一个犯罪分子都有同样的赔偿能力;在和解程序中,通过赔偿来获得减免刑罚的机会,对每一个犯罪分

---

① 陈京春.刑事和解与死刑适用[J].人民司法,2008(5):9-11.
② 陈京春.刑事和解在死刑案件中的适用[J].甘肃政法学院学报,2008(6):110-115.
③ 张军.明德刑法学名家讲演录(第一卷)[M].北京:北京大学出版社 2009:237.
陈明.死刑适用中的酌定因素研究:兼议《关于办理死刑案件审查判断证据若干问题的决定》第36条[J].中国刑事法杂志,2010(10):16-22.
④ 王创辉,段体操."赔钱减刑"该用怎样的眼光审视[N].法制日报,2007-02-01(8).

子都是开放的,因此,法律保障了"机会意义上的平等";另外,与诉讼式司法的成本比较起来,刑事和解还是有着比较明显的优势。①

还有学者对重罪案件中适用刑事和解而达成减轻处罚的具体方式提出自己的制度构想:死刑立即执行案件和解,可以将犯罪分子的处罚减至终身监禁(不可减刑的无期徒刑);死缓案件和解可以将犯罪分子的处罚减至无期徒刑……同时,刑事和解还可以促成刑事案件的从轻处罚,即在不降格的相应幅度内做趋轻的安排。②

(二) 法官、检察官的观点及理由

支持死刑和解制度的司法人员认为,虽然我国尚未有将刑事和解运用在故意伤害致人重伤或者死亡、故意杀人等严重暴力案件中的制度性规定,但在实践中,"许多法院在审理死刑案件时,已经采取了'以被告人真诚悔罪、积极赔偿损失并获得被害人谅解'为由对被告人酌情从轻处罚,不判处死刑立即执行,实质上体现了刑事和解因素"③。

2006 年 7 月 21 日,由中国人民大学刑事法律科学研究中心和北京市检察官协会共同主办的"和谐社会语境下的刑事和解"研讨会上,原最高人民检察院副检察长朱孝清指出,"刑事和解符合我国'和为贵''冤家宜解不宜结'的古训,其意义主要有三个方面:一是有利于弥补被害人因犯罪分子遭受的损害,抚平其心理创伤;二是有利于减少对抗,化解矛盾,促进社会和谐;三是有利于减少刑事追究,节约司法资源,化消极因素为积极因素"④。他同时还提到,在现行法律框架下,刑事和解尚难以发挥其应有的作用。正如学者宋英辉指出的,因为法律没有明确规定公诉案件和解问题,所以我国的刑事和解制度需要继续探讨并完善。⑤ 上海市第一中级人民法院的李长坤对于在重罪案件中引入刑事和解制度的正当性和可行性问题,是持肯定态度的。他认为在重罪案件中引入刑事和解更能够体现刑事和解所具有的广泛的社会效果、社会价值和法律价值,契合了宽严相济的刑事政策的本质要求,有利于贯彻实施慎杀、少杀的刑罚政策,也符合当今世界刑事和解适用范围不断扩大的发展趋势。他提到刑事和解是当前刑事司法实践当中的一个要求,需要我们从理论的高度对重罪案件中大量存在的虽无刑事和解之名,却有刑事和解之实的刑事和解行为的现状,加以引导和规范,为重罪案件当中刑事和解制度的适用提供一条合理的出路。这样也可以避免司法实践当中因盲目适用刑事和解,而

---

① 杜宇."刑事和解":批评意见与初步回应[J].中国刑事法杂志,2009(8):3.
② 刘亚娜,王大洋.论刑事和解在重罪案件中的适用[J].求索,2012(3):160.
③ 游伟.死刑案刑事和解之感性与理性[J].东方法学,2009(3):54.
④ 罗欣,王金贵."和谐社会语境下的刑事和解"研讨会举行,朱孝清出席并讲话[N].检察日报,2006-07-22.
⑤ 宋英辉,郭云忠,李哲,等.公诉案件刑事和解实证研究[J].法学研究,2009(3):3-22.

造成"同罪不同罚""花钱买命"等这样一些司法不公的现象。上海市高级人民法院审判员唐震认为,广东省东莞市所做出的这种"赔钱减刑"的裁决,一方面与我们最高人民法院的司法解释是相适应的,另一方面也与我们现在所贯彻的减少死刑的刑事政策相适应的。

近年来,人民法院在决定对犯有故意杀人罪等罪的被告人或上诉人到底判处死刑立即执行还是死刑缓期执行时,以"积极对被害人或其亲属进行经济赔偿,获得了被害人或亲属的谅解"为理由,而选择或改判为死刑缓期执行的情况甚为常见。

2005年5月,辽宁省抚顺市中级法院对"原辽宁省人大代表侯某军驾车杀人案"做出一审判决。一审法院认为被告人侯某军虽自动投案,但在庭审中避重就轻,拒不供认构成犯罪的主观罪过和客观行为等主要事实,缺乏构成自首的必要条件,故对自首不予认定;被告人作案手段残忍、后果严重,故此情节不足以对其从轻处罚。判决侯某军犯故意杀人罪,判处死刑立即执行,同时判决赔偿附带民事诉讼原告人裴某的妻子蔡某经济损失人民币15.4万余元。一审宣判后,蔡某和侯某军均提出上诉。在辽宁省高级法院审理此案过程中,民事上诉人蔡某在宣判前,同侯某军自行达成民事赔偿协议,并申请撤回上诉,得到法院准许。辽宁省高级法院二审判决认为,被告人侯某军的行为已构成故意杀人罪,但鉴于本案系因交通纠纷导致矛盾激化所引发,侯某军作案后能主动投案,在二审期间有悔罪表现,积极赔偿被害方损失,并得到被害人亲属的谅解,故对其判处死刑,可不立即执行。最后,辽宁高院对被告人侯某军改判为死刑缓期执行。① 这是一起曾引起较大争议的案件。发生争议的原因不仅在于被告人侯某军具有"省人大代表"和某公司"董事长"的身份,而且还在于被告人在一审中既没有自愿认罪,也没有为被害方提供民事赔偿,二审法院却以被告人"二审期间有悔罪表现"和"积极赔偿被害方损失并得到被害人亲属的谅解"为由,对其改判死刑缓期执行。②

2005年发生在江西省南昌市的"方某故意杀人案",一审的江西省南昌市中级人民法院以故意杀人罪和盗窃罪判处被告人死刑立即执行,但负责二审的江西省高级人民法院认为,对上诉人本应判处死刑立即执行,但考虑到其具有悔罪表现,其亲属能够积极赔偿被害人的经济损失,并得到了被害人亲属的谅解,被害人亲属向法院要求对上诉人从轻处罚,以此为理由撤销了南昌市中级人民法院做出的以故意杀人罪和盗窃罪判处被告人方某死刑立即执行的判决,改为判处死刑缓期执行。③

---

① 范春生. 原辽宁省人大代表侯建军驾车杀人终审改判死缓[EB/OL].(2006-09-12)[2015-10-06]. http://news.xinhuanet.com/society/2006-09/12/content_5081947.htm.

② 陈瑞华. 司法过程中的对抗与合作:一种新的刑事诉讼模式理论[J]. 法学研究,2007(3):113-132.

③ 赵秉志,阴建锋. 死刑个案实证研究[M]. 北京:中国法制出版社,2009.

类似的著名案件还有北京大学医学部学生安某用刀向同班同学砍下80余刀致其死亡一案,因积极赔偿和获得被害人亲属的谅解被判死刑缓期执行;浙江方某因琐事与他人发生争执后,将对方杀死一案,一审判处被告人死刑立即执行后,二审则以上诉人真诚悔罪,"其亲属积极代为进行经济赔偿"获得了被害人亲属的谅解为由,改判为死刑缓期执行。① 重庆市从2007年到2008年,在死刑上诉案件中,以上诉人或其亲属积极赔偿而将死刑立即执行改为死刑缓期执行的案件,占死刑二审上诉案件中的近57.89%。②

从以上案件中二审的最终结果来看,法院系统在司法实践中更倾向于肯定经济赔偿在死刑执行类别选择中产生的影响。

对于法院的这种做法,我国司法实务部门的法律工作人员大都认为这有利于贯彻"少杀慎杀"的死刑政策,有利于减少死刑的适用,值得肯定。例如,北京高院的刘京华认为,法院对刑事附带民事赔偿积极试行调解,对于被告人积极赔偿、有真诚悔罪表现的,酌情从轻处罚的做法,符合我国的国情和现实的需要,对保护被害人利益无疑具有积极意义,值得逐步推广。至于这项司法制度受到许多网民的讨伐和质疑,他认为根源在于忽视了社会认同度对刑罚裁量的影响。③ 成都市成华区检察院的孙景建、杨阳认为,"赔钱减刑"从现象上看,似乎是因为赔了钱而产生了减刑的法律后果,但从本质上来说,是基于被告人主动赔偿了受害人的经济损失这一情节,能从一定的角度反映出被告人的社会危害性和人身危险性,审判人员在综合全案情况时行使自由裁量权,做出的减刑决定。④ 江西省峡江县人民法院副庭长江永平认为,虽然"相比轻微刑事案件的和解,死刑案件达成和解的可能性更小""但死刑案件和解的达成显然能更大程度地实现刑事和解的目的,促进社会和谐。我国法律将死刑案件一律排除在刑事和解适用范围之外,导致其无法指导和规范司法实践,难以促进刑事和解制度在中国的发展,不利于社会公正的实现"。⑤

(三) 民众的观点及理由

虽然在前文提到的《信息时报》与新浪网的联合调查中,大多民众趋向于否定

---

① 浙江省高院指导案例:"方强威等故意杀人案"。
冯春萍.浅析我国死刑量刑体系中经济赔偿的合理性与局限性[J].法学杂志,2012,33(5):98-103.
② 于天敏,汤茜茜,李星.因被告人方赔偿而改判的死刑案件情况分析[J].人民检察,2009(8):26-28.
③ 赔钱减刑:怎样理性看待?[N].人民法院报,2007-6-19(5).
④ 孙景建,杨阳.对"赔钱减刑"的思考[J].天府新论,2007(S1):159-160.
⑤ 江永平.论刑事和解在我国死刑案件中的适用:兼评《刑事诉讼法修正案》第二百七十七条[EB/OL].(2015-2-23).http://court.gmw.cn/html/article/201301/05/116045.shtml.

经济赔偿影响死刑执行类别的选择,但仍有 5.2% 的民众能接受"赔钱减刑"的司法尝试,其认为在司法白条横行的眼下,可促使被告人及其亲属积极赔偿被害人家属。2007 年至 2008 年,武汉大学刑事法研究中心与德国 Max Plank 研究所合作,在我国部分省市分别对具有死刑案件办案经验的法律工作者和普通民众对待死刑的态度进行了抽样调查,关于死刑案件能否适用刑事和解的调查结果显示,在全部 455 名受访者中,有 120 名受访者认为死刑案件能适用刑事和解,占全部受访人数的 26.4%。其中,认为死刑案件可以适用刑事和解的受访者中,有 109 名受访者认为死刑案件中的刑事和解与刑法面前人人平等的基本原则不冲突,占回答此问题的人数的 88.6%。①

而在司法实践中,被害人接受经济赔偿并同意和解的案件也并不少见。如在宋英辉教授主编的《我国刑事和解的理论和实践》一书中收录的 44 个省市的 67 件刑事和解成功案例中,只有一件因案情特殊没有赔偿,其余的 62 件案例,包括夫妻、兄妹等近亲属间发生的伤害案件,也均进行了赔偿。② 2008 年 10 月 9 日,由上海市法学会和上海市第一中级人民法院共同主办了主题为"重罪案件中的刑事和解的正当性和可行性"的研讨会,其提供的 4 个案件讨论材料:陆某某故意杀人案③、林某某

---

① 邝璐. 中国社会死刑观念实证研究[D]. 武汉:武汉大学,2009.
② 杨会新."被害人保护"与"刑罚轻缓化":刑事和解不能承受之重[J]. 法律科学(西北政法大学学报),2011,29(6):88-95.
③ 陆某某故意杀人案:2006 年 12 月 25 日凌晨 2 时许,被告人陆某某在上海市帝豪娱乐总汇经人介绍后将被害人蹇某带去嫖娼。后蹇某打电话给其友王某,要求王某提供暂住处使用,得到王某同意后,蹇某将陆某某带至本市寨台路王某的暂住处,王某外出回避。陆某某与蹇某发生性关系后,因双方言语不和发生争执,陆某某即采用扼颈、胶带缠头面部等手段,致被害人蹇某因机械性窒息合并失血性休克而死亡。当日凌晨 5 时许,陆某某想到与王某见过面,为掩盖杀人罪行,起意杀害王某,遂用蹇某的手机给王某发短消息让其回来。后陆某某趁王某进门不备之机,采用扼颈、胶带缠头面部等手段,致被害人王某因机械性窒息而死亡。事后,陆某某窃得两名被害人的手机等物逃离现场。当晚,陆某某被公安人员抓获。在法院审理过程中,被害人蹇某的父母向本院提起附带民事诉讼,要求判令被告人陆某某赔偿人民币 47 万余元,被害人王某的亲属未提起附带民事诉讼。期间,被告人陆某某的父母与两名被害人的亲属分别达成赔偿意向,如果法院判处陆某某死刑缓期执行,愿意赔偿给两名被害人亲属共 90 万元,两名被害人亲属均表示谅解,并出具书面申请请求法院对陆某某从轻处罚,判处死刑缓期执行。

等7人故意杀人案①、祁某某抢劫杀人案②、汪某故意杀人案③中,均存在被害人亲属接受经济赔偿,并表示谅解的情节,有的被害人还出具书面申请,请求法院对被告人从轻处罚、判处死刑缓期执行。

实际上,我国民间,特别是经济和文化不发达地区,还存在比较广泛的"私了"观念。例如,1996年10月17日的《人民法院报》报道的一则由村委会和村干部调解的"奸淫幼女案";1997年8月,中央一台社会"经纬"栏目也报道了一件发生在山东曲村,由村党支部和村委会主持达成的"私了人命协议",该村党支部书记在事后的采访中还坚持认为自己没有违法,这样做的目的是使被害人亲属老有所养,双方都愿意,又不给上边添麻烦。④

近年来,现实中时有发生在校大学生犯有命案被从轻处罚的案件。例如,2006年《检察日报》就报道了这样一起案件。一对具有恋爱关系的在校大学生郭某与杜

---

① 林某某等7人故意杀人案:2005年10月16日凌晨3时许,被告人林某某因其与女友无故遭人殴打,遂为报复而纠集被告人付某某等6人携带砍刀等凶器至上海市松江区泗泾镇江川路、沪松公路路口附近寻找对方。后林某某将正在此处的被害人黄甲、黄乙等人误认为是先前殴打其的人,遂指使并伙同其余6名被告人持刀对黄甲、黄乙等人相继追砍,致使被害人黄甲和黄乙均因被刀砍致失血性休克合并颅脑损伤而死亡。庭审后,被告人林某某的家属因觉得林某某罪行极其严重,难逃一死,故自行与被害方进行联系,称愿出资人民币30万元,要求被害方能以此请求法院对林某酌情从轻处罚,不判处极刑。被害方向法庭表示,若林某某家属确能按此数额赔偿,他们愿意接受并请求法院不对林某某判处极刑。

② 祁某某抢劫案:2007年3月14日20时许,被告人祁某某携带一把羊角榔头作为作案工具,在上海市沪航公路奉贤区A30段路处拦乘由被害人何某某驾驶的牌照号为沪C54810的价值27788元的奇瑞牌轿车,谎称去本市金山区朱行镇。当车驶至本市金山工业区金流路段时,祁某某将何某某骗下车,用羊角榔头猛击何某某的头面部多下,致何某某因颅脑损伤而死亡。而后,祁某某将何某某弃尸路边,劫得价值643元的厦新牌M3型移动电话一部等财物,并驾驶该车至本市奉贤区西闸公路某照明店门口停放,在将上述羊角榔头扔在西闸公路附近河里后,再拦车返回家中。次日,祁某某将该车由原停放处开至本市奉贤区泰日镇泰青公路浪漫年华浴室门口停放。同月17日,被告人祁某某被公安机关抓获。案发后,祁某某在亲属帮助下赔偿被害人亲属经济损失15万元,被害人亲属表示谅解并请求法院对祁某某从轻处罚。

③ 汪某故意杀人案:2006年8月20日下午2时许,被告人汪某窜至被害人顾某某居住的上海市金山区亭林镇某号三层楼房底楼北厢房内,用手持板凳猛砸顾某某的头部,用手捂闷顾某某口鼻,扼压顾某某颈部及用从现场所取的菜刀割顾某某颈部等方法,致被害人顾某某因机械性窒息合并失血性休克而死亡。庭审中,被告人汪某当庭表示认罪、悔罪,并被被害人亲属进行赔罪,请求其亲属代其向被害人亲属进行赔偿。庭审后,被告人汪某的父亲和姐姐多次通过被害人的诉讼代理人向被害人亲属表示赔罪,并变卖老家房产,筹措了人民币8万元代汪某进行赔偿。双方达成了和解协议,被害人亲属向法院提交撤诉申请,撤回对汪某的附带民事诉讼,并放弃要求民事赔偿的实体权利,希望法院在对被告人汪某量刑时酌情考虑民事赔偿方面的和解情况。

④ 陈洪杰.次优方案:命案赔偿"空判"危机之对策分析[J].清华法律评论,2012(1):154-170.

某,因女方杜某突然提出分手,郭某在情急之下将其掐死。次日,郭某在父母陪同下到公安机关投案自首。杜某的母亲在失去独生女儿之后,向公安机关写信,要求"严惩凶手"。郭某的父母数次向杜某的母亲谢罪,甚至以下跪表达赔礼道歉之情,最终取得了被害方的谅解。按照被害方的要求,被告人及其亲属向其提供了40万元的经济赔偿,并在法院审判之前履行了民事赔偿责任。在法庭审理过程中,杜某的母亲作为附带民事诉讼的原告,明确对被告人表达了谅解和宽恕之情,被告人郭某则自愿认罪,并表示了悔罪之意。最后,法院以被告人"主动投案自首""积极赔偿"和"认罪悔罪"为由,对被告人郭某判处无期徒刑。① 对于类似案件的裁判方式,社会公众也能给予理解。有学者研究称,从已经报道的因经济赔偿从轻判处的死刑案例中,还没有当事人不满意的,以"杭州飙车案"和"药某鑫案"为代表的"赔钱减刑"失败案并不多,这两个案件也是因为铺天盖地的舆论攻势而模糊了本来面目。② 个案中受害方的态度决定了"赔钱减刑"的成败,"被害方"强大的话语权体现的是日益壮大的市民社会力量和市民社会文明,说明"赔钱减刑"的社会基础在逐步扩大。③

三、经济赔偿在死刑执行类别选择中影响量子的限制论

对经济赔偿在死刑执行类别选择中影响量子理论持限制论的学者看来,经济赔偿因素尽管必须在死刑案件判决中考虑,但是这一因素的影响作用并非一定是决定性的,审判中的公共利益不能被被告人和被害人的行动所限制,它还必须与"其他因素"保持平衡。

(一) 学者的观点及理由

关于经济赔偿之外影响死刑执行类别选择的"其他因素",理论界的观点不一,但大体上以不排斥经济赔偿的做法为前提。对经济赔偿在死刑执行类别选择中影响量子理论持限制论的学者虽然不否认经济赔偿在死刑案件中的存在价值,更重要的落脚点在于不能将经济赔偿这个影响量子的影响扩大化,避免在具体的司法实践中损害到法律正义。

学者赵秉志认为,罪中情节尤其是犯罪行为及其危害后果应是整体考量的决定性因素;而罪后情节只能起辅助作用,不能本末倒置地颠覆这些情节的应有影响。因此,在死刑案件的裁量中,如果被告人犯罪后的积极赔偿之举确认是其主观

---

① 黑丁,小楠. 亲情救赎,杀人大学生获轻判[N]. 检察日报,2006-07-27.

② 谢锐勤. 天使还是魔鬼 揭开"赔钱减刑"的面纱:以治理为导向的刑事和解实践[J]. 法律适用,2014(7):40-47.

③ 谢锐勤. 天使还是魔鬼,揭开"赔钱减刑"的面纱:以治理为导向的刑事和解实践[J]. 法律适用,2014(7):40-47.

真诚悔罪态度的外化表现,则应该成为衡量其所判的死刑是否"不是必须立即执行"的酌定量刑情节。但是,如果被告人积极进行赔偿并非出于真诚悔罪,只不过是逃避死刑适用的借口,其人身危险性并没有因此而降低,那么,就不能排除对其适用死刑立即执行,尤其是对那些黑恶势力犯罪和严重危害社会治安的重大故意杀人犯罪,更应严格考查被告人是否是真诚悔罪,而不能仅仅因为其给予了民事赔偿,便对其不适用死刑立即执行。①

学者王瑞君认为,2007年最高人民法院《关于为构建社会主义和谐社会提供司法保障的若干意见》提出的"对案发后真诚悔罪并积极赔偿被害人损失的案件,应慎用死刑立即执行"规定,使经济赔偿的地位在死刑案件得到进一步提升。但被告人赔偿是否影响定罪量刑,重要的是看经济赔偿与降低损害的关联性和反映出的被告人的人身危险性,也就是说,相比于赔偿损害,被告人是否悔罪的表现更为重要,只有在经济赔偿与真心悔罪一致的前提下,经济赔偿才能适当地作为适用死刑执行类别选择时的轻缓条件。② 王瑞君还进一步指出,即使实践中存在被告人将赔偿作为向司法机关要求判处轻刑的讨价还价的砝码,也不应切断赔偿与刑罚的关系。针对客观上无条件赔偿的案件、以赔偿作为交换条件但客观上难以执行的案件或者对有些被判处死刑的案件,可以通过建立刑事被害人国家补偿制度,由政府对这些需要被救助的被害人及其亲属进行赔偿,以此来避免被告人以经济赔偿要挟被害人。③

学者田森认为,死刑案件中的经济赔偿工作关系到我国"少杀慎杀"的刑事政策,是控制死刑数量并逐步废除死刑的一条现实而有益的途径,但是应当予以限制。首先,对适用经济赔偿的死刑罪名进行限制,对于侵犯国家利益和公共利益案件应该判处死刑的被告人,和其他罪行极其严重应该判处死刑的被告人,不能因为赔偿能力的具备而从轻处理。其次,经济赔偿在死刑案件的具体审理过程中也需要有以下限制条件:① 案件事实清楚、证据确实充分;② 参与民事调解的主体要适格;③ 民事调解要遵循双方自愿、平等的原则;④ 被告人须认罪、悔罪,有赔偿的真实意思表示。④

本研究负责人冯春萍认为,经济赔偿能够成为慎用死刑立即执行、选择死刑缓期执行的理由,需要符合以下几项条件:① 经济赔偿与案件的"犯罪事实"有着内在关联性,本来属于案件"定罪量刑"的要素;② 将经济赔偿因素置于整个量刑体系下,并全面考虑其与其他众多的量刑要素相互关系;③ 经济赔偿被认定确实具有直接影响被告人的过去罪责(刑事责任)及其将来预防(再犯可能性)的意

---

① 赵秉志.关于中国现阶段慎用死刑的思考[J].中国法学,2011(6):5-22.
② 王瑞君.赔偿影响刑罚及其规范:从赔偿与刑罚关系的样本分析切入[J].学习论坛,2014(4):69-73.
③ 王瑞君.赔偿与刑罚关系研究[J].山东大学学报(哲学社会科学版),2011(3):50.
④ 田森.探析民事赔偿与死刑适用[J].理论月刊,2009(3):125-127.

义时。只有符合上述限制性条件,经济赔偿才可以作为死刑量刑的酌定情节予以考虑。①

学者游伟认为,并非所有的死刑案件都可以考虑引入刑事和解,在适用时仍然要根据当事人的要求、社会接受程度、案件具体情节等因素具体考虑。案件是否可以适用刑事和解且能达到良好社会效果,有赖于具有丰富审判经验的法官的判断。有些案件中被害人的"报应"情感远远超出其被害恢复的需要;有些案件所破坏的社会价值已经恶劣到无法弥补的程度,即使被告人同意赔偿与道歉,被害人表示谅解,当事双方达成和解协议,司法机关也可以不予认可。因此,死刑案件中引入刑事和解的关键,在于把握好引入的限度及价值平衡。②

学者左卫民认为,在构建和谐社会的语境下,"赔钱减刑"有一定的积极意义,但必须在一定原则与限制条件下展开。学者刘仁文认为,"赔钱减刑"的思路值得肯定,但为保障"赔钱减刑"的公正性,保证在实现功利目的同时不损害法律正义,应该建立配套机制来规范"赔钱减刑"的适用。学者谢锐勤认为,司法实践中的"赔钱减刑"是对目前"解决被害人补偿不到位的问题"的妥协,他同时指出,这种妥协应当是有限度的。"赔钱减刑"中的弊病可以通过配套制度予以完善,如将"赔钱"结合"谅解"作为"减刑情节"。③

(二) 法官、检察官的观点及理由

在我国刑事诉讼法中,并未就刑事案件司法和解的方式做出具体规定,仅《刑诉规则》中明确了自行和解和委托其他组织或个人调解的方式,虽然刑诉法规定司法机关有主持制作和解协议书的职责,但公、检、法三部门都明确规定司法机关不在协议书上签名和加盖公章。由此可见,我国法律要求司法人员在刑事和解案件中应始终保持中立性。因此,大部分的法官与检察官对经济赔偿在死刑执行类别选择问题是持限制论的,他们一般是肯定"赔钱减刑"的做法的,但强调一定要从不同方面对此加以限制,从而与"花钱买刑"区别开来。

限制条件一般分为以下几个方面:

1. 赔偿不能是影响死刑执行类别选择的唯一因素

在司法实践中,如果被害方没有在一定程度上原谅被告人,那法官往往不敢采取"赔钱减刑",即便被告人的赔偿可能超出法律判决数额,只有被告人采取了赔礼、道歉、忏悔、安慰等手段并得到被害方的谅解后,法官才会慎重考虑"赔钱减刑",哪怕被告人的赔偿可能低于正常赔偿数额,这就将"赔钱减刑"与纯粹的"花钱

---

① 冯春萍.浅析我国死刑量刑体系中经济赔偿的合理性与局限性[J].法学杂志,2012,33(5):98-103.

② 游伟.死刑案刑事和解之感性与理性[J].东方法学,2009(3):55.

③ 谢锐勤.天使还是魔鬼 揭开"赔钱减刑"的面纱:以治理为导向的刑事和解实践[J].法律适用,2014(7):40-42.

买刑"轻轻地划上了界线。①

2. 赔偿影响死刑执行类别的案件范围有严格限制

上海市人民检察院的曹坚认为,重罪案件中被告人向被害人赔礼道歉、赔偿损失这种行为虽然应该予以肯定,作为一种酌定的量刑情节可以体现在具体的司法裁判中,但前提是一定要避免被告人以此为条件讨价还价。有的被告人亲属直接说,我愿意赔多少万,法院可不可以判处其在无期徒刑以下或是多少年有期徒刑以下等。这种要求是不符合罪刑法定原则的。而对于那些特定的侵害不特定公众、严重危害社会治安、严重影响人民群众安全感的暴力犯罪,如抢劫、强奸、绑架、故意杀人等,也不能仅仅因为被告人做出了赔偿或者得到了被害人的谅解,就不判处被告人死刑,从而给社会带来不安。对这些不仅是对具体的个体被害人的侵害,也是对社会关系的侵害,被告人赔偿并不能弥补他的犯罪所造成的损害的案件,既要坚持刑事部分依法从严处罚,也要判决民事部分依法赔偿,从而实现良好的社会效果和法律效果的有机统一。

由于因婚姻家庭、邻里纠纷等民间矛盾激化引发的死刑案件不同于严重危害社会治安的其他死刑案件,如果被告人真诚悔罪、积极赔偿,往往能取得被害人的谅解,为"少杀""慎杀"政策的执行创造现实条件。所以,一般认为,对于因邻里纠纷引发的轻微刑事案件、过失犯罪案件等,应当强化民事赔偿的功能,如果被告人愿意赔偿被害人的经济损失,认罪悔过,并取得被害人谅解,应当加大对量刑的影响程度。但是,对于严厉打击的暴力刑事犯罪,尤其是严重危害社会公共秩序或罪行极其严重,应判处死刑的犯罪分子,以浙江省舟山市普陀区人民检察院李婷为代表的司法人员则认为,不能仅仅因为他们赔偿了被害人的物质损失,而不从严惩处或不适用死刑。对于其他刑事案件,一般被告人赔偿了物质损失,也应从轻处罚,但从轻处罚的程度要符合法律规定的精神和目的以及案件的社会危害性。②学者王彬辉认为,对那些主观恶性强、手段残忍、犯罪后果严重及具有其他从重量刑情节的案件,如针对不特定对象的严重暴力犯罪,如抢劫、绑架、爆炸、预谋报复杀人、雇凶杀人伤害、黑社会性质犯罪、危害公共安全等犯罪,应当被排除于因经济赔偿而和解的死刑案件之外。③

3. 影响死刑执行类别的经济赔偿范围有严格限制

2006年,最高人民法院副院长姜兴长在第五次全国刑事审判工作会议上的总结讲话上指出:"确定附带诉讼的赔偿数额,应当以犯罪行为直接造成的物质损失为基本依据,并适当考虑被告人的实际赔偿能力。死亡补偿费不能作为人民法院

---

① 谢锐勤. 天使还是魔鬼,揭开"赔钱减刑"的面纱:以治理为导向的刑事和解实践[J]. 法律适用,2014(7):40-42.

② 李婷. 论民事赔偿对刑事量刑的影响[J]. 青年与社会,2013(5):41-43.

③ 王彬辉. 论我国被害人谅解影响死刑适用泛化及其程序规制[J]. 法学杂志,2013,34(9):9-18.

判决确定赔偿数额的依据,被告人出于真诚悔罪的表现愿意赔偿的,人民法院可以调解的方式达成赔偿协议。"①

(三) 民众的观点及理由

在前文提到的信息时报与新浪网的联合调查中,对于能否接受"赔钱减刑"的司法尝试,有 17.4% 的民众认为不能一概而论,应根据特殊情况而定,如过失伤害。

从前文中学者、法官和检察官、民众三个群体对经济赔偿在死刑执行类别选择中的影响作用的观点和理由来看。学者群体对此问题的观点是呈现出百家争鸣的状态,但主要是从理论角度针对死刑案件经济赔偿和解方式的价值角度进行辩论和驳斥。而从法官和检察官这些承办死刑案件的司法实务工作者来看,大多数仍未能接受死刑案件中经济赔偿和解的方式,其原因一方面在于我国现阶段死刑案件刑事和解的社会基础和法律基础存在欠缺,另一方面也与不少人将刑事和解理解为"赔钱减刑"的规定有关。尽管,仍有一部分法官、检察官认为对被害人进行经济赔偿比判处被告人死刑更能安抚被害人,但是由于担心在死刑案件中适用刑事和解将出现被告人的财富多寡可以左右刑事处罚的状况,从而造成刑法适用的不平等,因此,支持在死刑案件中适用刑事和解的法官、检察官和民众并不多。② 在民众群体中,大致分为由媒体引领的社会舆论和被害人亲属两类,他们的观点均对存在经济赔偿的死刑案件的判决起到相当程度的影响作用。这种影响作用既包括当案件的社会影响极其恶劣时,"民愤"的形成对于死刑案件的判决是巨大的压力,同样还包括当案件具有某些可以宽恕的因素时,社会舆论也容易形成一种怜惜的氛围——"民怜"。"民怜"的形成会对案件的判决产生极为强大的压力,也会使被害人陷入两难。选择和解、原谅被告人,可能与被害人的初衷相悖;而不选择和解,又将站在民意的对立面,面临社区舆论"心胸狭隘""报复心重""没有同情心与宽容精神"的指责。于是,在强大的民意面前,被害人不得不放弃自己的真实意愿,而选择了本不情愿的和解程序。③ 对经济赔偿在死刑执行类别选择中的影响作用持限制论的民众所占比例还是很小的。

综上所述,经济赔偿影响死刑适用实际上已经成为中国刑事司法实践中一个绕不过去的潜在"制度",从理论角度对此问题的价值层面进行讨论固然必不可少,但如果抛开实践这一客观基础,仅仅停留在是非争议本身意义不大。在有一定的正当性依据前提下,目前司法实践最迫切的需要,应该是通过观察和剖析经济赔偿

---

① 最高人民法院刑事审判第一庭至第五庭.刑事审判参考(总第52集)[M].北京:法律出版社,2007:87.

② 邝璐.中国社会死刑观念实证研究[D].武汉:武汉大学,2009:52-53.

③ 杜宇."刑事和解":批评意见与初步回应[J].中国刑事法杂志,2009(8):3-15.

影响死刑适用在当前中国的司法实践现状,立足于现实的死刑判决案例本身,系统分析这一改革试验是否朝着改革的预期在推进,可能存在哪些问题,如何平衡固有的价值冲突,对改革举措如何进行改进和完善等。本书正是立足实践和实证层面对此问题进行研究。

第三章 国外立法及判例中经济赔偿与死刑的适用

被害人遭受犯罪分子侵害导致重伤或死亡在古今中外都是刑事犯罪中最为严重的后果之一,对于被害人的亲属来说,往往将面临着生活困境,承受精神上的痛苦。因此,汉谟拉比法典中"以牙还牙,以眼还眼"的观念深植人心,报应正义也成为了西方传统刑罚的理论基础。这种报应性情感体现的是人类追求公正的朴素情感。但是,伴随现代文明的发展,特别是基督教教义中宽恕思想①深刻地影响着西方民众的心理,"按照罗尔斯的论述,社会宽容精神既是人类近代以来在实践经验中所取得的最为重要的价值精神与文明财富,也是人类近代文明的起点"②,社会宽容精神逐渐渗入到西方国家的刑事司法领域。换言之,现代西方社会受到宽容精神的熏陶与洗礼,立法者、政府及其社会公众开始逐渐改变传统的犯罪报应主义观念下的传统刑事司法模式,倾向于刑事处理措施的缓和与人道,减少刑事处理措施的惩罚属性与痛苦属性,因此,废除和限制死刑运动在各国轰轰烈烈地展开,恢复性司法也成为近年来的理论热点。

进入20世纪以来,随着国际人权事业的发展,众多促进世界和平和捍卫人权的宣言中常常出现"尊严"一词。"人人生而自由,在尊严和权利上一律平等。他们富有理性和良心,并应以兄弟关系的精神相对待"。③《世界人权宣言》宣称:"不论种族、肤色、性别、语言、宗教信仰、政治倾向以及价值取向、国籍和社会背景、个人特质、家世和地位,每个人平等地享有自由和人权"。④ 各国都应有维护本国公民

---

① 在路加福音(4:18—19)中,耶稣明确宣称:"主的灵在我身上,因为他用膏膏我,叫我传福音给贫穷的人;差遣我报告:被掳的得释放,瞎眼的得看见,叫那受压制的得自由,报告神悦纳人的禧年。"他还说,如果一个人拿走了你的外套,也让他拿走你的斗篷;"你们宽恕别人的罪,天父也要宽恕你们的罪"(《马太传》64);"悔改与赦罪将由他的名义从耶路撒冷起,宣传万国"(《路加传》24:47);"别人告诉你们:爱你们的邻人,恨你们的敌人。我告诉你们:爱你们的敌人,为迫害你们的人祈祷;这样才是天父的儿子;他们的目光照善人也照恶人,他降雨给正义的人也给不义的人"(《马太传》5:43-45)。
② 陆诗忠.西方恢复性司法理论渊源之考究[J].北方法学,2012,6(5):116-125.
③ 《世界人权宣言》第一条。
④ 《世界人权宣言》第二条。

"符合人性尊严生活"的义务。1985年,联合国在第七届联合国犯罪预防和罪犯处遇大会(United Nations Congress on the Prevention of Crime and Treatment of Offenders)中通过了《为罪行和滥用权力行为受害者取得公理的基本原则宣言》(Declaration of Basic Principles of Justice for Victims of Crime and Abuse of Power),其中规定了被害人的补偿请求权[1],力图通过金钱补偿来弥补被害人的经济损害、缓和被害人所遭受的精神创伤,使其尽快恢复正常生活。"截至目前,已有新西兰、英国、美国、加拿大、爱尔兰、澳洲、瑞典、奥地利、芬兰、德国、荷兰、法国、日本、韩国等国家建立了犯罪被害补偿的法律制度"。[2]

近年来,中国对人权保障、完善法治和促进社会文明与国际接轨方面具有深刻的认识和迫切的需求,而死刑制度及其法律实践作为人权和法治事业的重要方面,更是亟待完善。本章主要以美国、日本、韩国、印度为例,分析这些国家立法及判例中经济赔偿对死刑案件的影响,以此为我国经济赔偿在死刑执行类别选择中影响量子理论的构建提供借鉴。

第一节 美国死刑适用制度及其经济赔偿

虽然中美两国在法律制度上的差异较大,但是美国作为与国际接轨的现代化法治国家之一,具有与中国相似的地域宽广、案件复杂的特色,中美又都是保留死刑的大国。对美国死刑制度的考察,特别是考察其司法控制中经济赔偿对死刑适用的影响,有利于我国经济赔偿在死刑执行选择中影响量子的实证分析对比和理论研究借鉴。

一、美国死刑适用制度

美国的死刑制度由来已久,总体上经历了绝对死刑、限制适用死刑、部分地州废除死刑的历史进程。经济赔偿作为重要的量刑情节之一,在美国限制死刑适用的过程中也发挥着重要作用。

---

[1] 该宣言第12条明确指出:"当无法从罪犯或其他来源得到充分的补偿时,会员国应设法向下列人等提供金钱上的补偿:(a)遭受严重罪行造成的重大身体伤害或身心健康损害的受害者;(b)由于这种受害情况使受害者死亡或身心残障,其亲属,特别是受扶养人。"
董文蕙. 犯罪被害人国家补偿制度基本问题研究[D]. 重庆:西南政法大学,2010:14-15.
[2] 董文蕙. 犯罪被害人国家补偿制度基本问题研究[M]. 北京:中国检察出版社,2012.

（一）限制适用的美国死刑制度

时至今日，美国的很多州仍然保留着死刑制度，但在死刑的具体适用上，表现出了越来越严格的立法和司法趋势。

1. 限制适用死刑的立法沿革

美国的死刑制度是由欧洲殖民者带来的[①]，死刑适用最初还包括一些轻微犯罪，如偷葡萄、杀鸡、与印第安纳人进行贸易、殴打父母和否定"真实的上帝"的存在等行为也会被处以死刑。18世纪末，从宾夕法尼亚州开始，美国各州法律纷纷开始规定死刑仅适用于一级谋杀。19世纪早期，美国的多个州开始缩小死刑适用范围，罗德岛州和威斯康星州甚至废除了死刑，到1917年，美国已有6个州完全废除了死刑（但是由于受到第一次世界大战的影响，废除死刑的6个州有5个在1920年又恢复了死刑）。到20世纪50年代，美国在死刑的立法方面没有太大变化，但是被执行死刑人数大大减少，只有717人，1967年仅有2人[②]。1972年，由于最高法院在Furman V. Georgia一案中宣布所有现行含死刑的法律都违背了宪法，保留死刑的38个州中有36个州重新起草了法律，更加严格小心地限制和定义适用死刑的谋杀罪分类。之后，1977年，最高法院在Coker V. Georgia一案中裁定对强奸罪适用死刑违宪，自此死刑在美国的适用仅被限制在谋杀罪上。

当今，美国有32个州[③]保留有死刑，这些州在地域、经济、文化上具有一定的相似特点。首先，相对于废除死刑的州来说，保留死刑各州的面积普遍较大[④]，地域分布集中于美国的南部和西部；其次，就文化状况而言，保留死刑的州在历史上存

[①] 据殖民地时代的记载记录，美国第一次执行死刑是1608年，乔治上尉因充当西班牙的间谍在弗吉尼亚州被处以死刑。
Cohen J,赵秉志,科恩,等. 中美死刑制度现状与改革比较研究[M]. 北京：中国人民公安大学出版社,2007.

[②] 罗吉尔·胡德. 死刑的全球考察[M]. 刘仁文,周振杰,译. 北京：中国人民公安大学出版社,2005.

[③] 2013年5月2日，美国马里兰州州长Martin O'Malley正式签署废除死刑法案，结束了执行近50年的死刑，成为美国首个废除死刑的南部州，也是美国第18个废除死刑的州。
中国网[EB/OL]. [2014-07-21]. http://www.china.com.cn/v/news/2013-05/08/content_28758376.htm.

[④] 根据学者尹春丽的研究，就面积来说，废除死刑的州除阿拉斯加以外，面积都比较小。
尹春丽. 美国死刑制度评价[J]. 外国法译评,1997(3):64-71.

在严重的种族歧视,杀人案发生率较高①;第三,保留死刑的州一般经济水平较低。由于以上原因,美国仍有32个州难以完全废除死刑,但是这些州及联邦努力通过宪法和司法手段对死刑适用进行严格地控制,具体体现在美国死刑适用范围和救济程序的规定上。

2. 美国死刑适用范围的限制

美国宪法第八修正案中规定"nor cruel and unusual punishments inflicted(翻译为不得施加残酷和异常的刑罚)",即要求法官在判案时,特别是死刑案件要强调量刑个别化和尊重个人尊严。

美国32个保留死刑州的刑法和联邦刑法上规定的"死罪",合在一起有20余种罪名。在这32个州②中,其中11个州对包括谋杀罪及部分其他罪名规定了死刑,另外21个州仅对谋杀罪规定适用死刑。其他可判处死刑的罪名包括了叛国和强奸儿童等少量其他罪名③,但是,主要还是指谋杀罪以外的其他故意致人死亡的犯罪。美国联邦刑法中可以适用死刑的犯罪包括谋杀、劫机或劫持交通工具致人死亡、侵犯民权致人死亡、运输爆炸物或破坏政府财产致人死亡、间谍、灭种、以犯罪杀人为目的邮寄杀伤性物品、绑架致人死亡、与抢银行有关的杀人或绑架、叛国等犯罪行为。2008年,美国通过Kennedy V. Louisiana案创制了被害人生命没有被剥夺不得适用死刑的原则(States may not impose the death penalty for a crime against the person "where the victim's life was not taken")。④ 因此,美国绝大部分死刑罪名都与剥夺他人生命有关。

---

① 美国社会心理学家在《荣誉文化:为什么美国南部暴力严重》一文中研究称,美国南部从历史到现在都是暴力杀人最为严重的地区,其与南部地区在早期殖民地时期发展畜牧经济时产生的一种维护自身尊严的文化——"荣誉文化"有关,即由于早期南方殖民地经济依赖于畜牧业,放牧者注重运用武力去保护他们的财产和生存,这种"荣誉文化"在早期甚至是被法律所保护的,因此,直至现在,"荣誉文化"依然在美国南部人们处理日常矛盾中发挥作用。

S. E. Taylor, L. A. Peplau, D. O. Sears. 社会心理学[M]. 谢晓非,谢格梅,张怡玲,等,译. 北京:北京大学出版社,2004:423.

② 美国对包括谋杀罪及部分其他罪名规定死刑的州有阿肯色州、加利福尼亚州、科罗拉多州、弗洛里达州、佐治亚州、爱达华州、路易斯安那州、密西西比州、蒙大拿州、南达科他州、肯塔基州;仅对谋杀罪规定死刑的州包括阿拉巴马州、亚利桑那州、特拉华州、印第安纳州、堪萨斯州、密苏里州、内布拉斯加州、内华达州、新罕布什尔州、北卡罗来纳州、俄亥俄州、俄克拉荷马州、俄勒冈州、宾夕法尼亚州、南卡罗莱纳州、田纳西州、德克萨斯州、犹他州、弗吉尼亚州、华盛顿特区、怀俄明州。

曾赛刚. 死刑比较研究[M]. 长春:吉林大学出版社,2012:119-120.

③ "肯塔基州除对谋杀罪规定了死刑外,还对具有加重因素的抢劫罪规定了死刑。路易斯安那州除对谋杀罪和叛国罪规定死刑外,还对被害人在12岁以下的加重强奸罪规定了死刑。南达科他州除对谋杀罪规定了死刑以外,还对加重绑架罪规定了死刑。"

曾赛刚. 死刑比较研究[M]. 长春:吉林大学出版社,2012:118-119.

④ 曾赛刚. 死刑比较研究[M]. 长春:吉林大学出版社,2012:89.

另外,虽然保留死刑的各州对死刑适用条件的规定不一,但基本都因宪法第八修正案的内容而对特定的人和罪名禁止适用死刑。例如,在1988年Thompson V. Oklahoma(487 U.S.)判例中,最高法院认定对行为时15周岁以下的未成年人适用死刑是残酷且异常的刑罚,在2005年Roper V. Simmons(543 U.S.)判例中,最高法院进一步禁止对行为时18周岁以下的青少年适用死刑;2002年Atkins V. Virginia(536 U.S.)判例中,最高法院禁止对智力障碍者适用死刑;2005年Kennedy V. Louisiana(554 U.S.)判例中,最高法院禁止对非被害人生命被剥夺者适用死刑。对未成年人、智力障碍者、非被害人生命剥夺者适用死刑与当代社会观念和道德标准相违背,且违反了美国宪法第八修正案的"禁止残酷且异常的刑罚"①。

3. 美国死刑适用的救济程序

虽然宪法修正案及司法判例对死刑适用进行了严格限制,但是大法官们认为如果保留死刑的各州采取普通程序处置生命权,就依然存在死刑适用"随意性"的风险。于是,各州立法相继引入《美国模范刑法典》(Model Penal Code)中定罪和量刑分离的"双阶程序"(bifurcated procedure)作为死刑适用的特殊程序,即在死刑审判中将死刑裁量分为定罪(guilt stage)与量刑(penalty stage)两个阶段。

以佐治亚州为例,其死刑适用的诉讼程序分为定罪和量刑两个阶段,在定罪阶段主要判断被告人是否有罪,只有发现被告人有罪才能进入下一个裁量程序,即量刑阶段。在量刑阶段中,又分为"适格"(eligibility)和"选择"(selection)两个步骤,"适格"是指通过法定加重情节判断被告人是否属于适合适用死刑的类型;"选择"是指通过个体化考察,判断死刑是否可以在事实上适用于被告人。"这一模式通过具体加重情节限制了可判处死刑的谋杀案件类型,限制了陪审团的自由裁量权,成为了大多数州首选的模式。"②在美国的权衡司法区域,对于判断一个案件是否适用死刑,陪审团需要对案件中的加重情节和减轻情节两方面进行权衡,如果减轻情节大于加重情节,将不适用死刑,当加重情节大于减轻情节时,还将进一步分为自动性判处死刑的区域和酌情性判处死刑的区域。③

同时,美国所有保留死刑的州以及联邦都对死刑案件的上诉程序进行了规定,大部分州还规定死刑案件可直接上诉到州最高法院。其中,针对死刑量刑的上诉复核主要包括对加重情节与减轻情节的审查。

---

① 参见美国宪法第八修正案。"残酷和异常的刑罚"标准:刑罚对于罪行是否太重,刑罚是否是专断的,刑罚是否侵犯了社会的正义感,刑罚是否比另一种更轻的刑罚效果更好。曾赛刚.死刑比较研究[M].长春:吉林大学出版社,2012:59.
② 魏昌东.美国司法型死刑控制模式与中国借鉴[J].法学,2013(1):31-43.
③ Cohen J,赵秉志,科恩,等.中美死刑制度现状与改革比较研究[M].北京:中国人民公安大学出版社,2007:73.

（二）死刑适用制度的影响因素

由前文可知，死刑的存废在美国一直是一个备受关注的话题，虽然联邦制的国家性质致使 32 个州因法律和政治原因而难以拒绝适用死刑或废除死刑，但是从美国死刑立法沿革和死刑适用范围与程序来看，其一直在努力将宪法的原则逐步细化为具体的法律标准和规则的方式，以向严格控制死刑适用的方向发展。落实到具体的死刑案件裁量中则表现为，被告人已经在定罪阶段被判定有罪后，进入到量刑阶段，此时影响死刑判决的因素则可以分为两类，即加重情节和减轻情节。

1. 加重情节

在前文所述，美国量刑阶段中对凡被认定有谋杀罪等最恶劣罪行的是否适用死刑要做出"适格性"（eligibility）判断，而所谓适格性判断的基本依据就是被告人是否具备法定加重情节。正如在 Gregg V. Georgia 一案中（428 U.S. at 206-207.）大法官认定的那样，"在适用死刑前，陪审团必须发现并证明至少存在一项法定加重情节，这样陪审团的自由裁量权就受到了引导，其总是受到法定规范的限制，不能再随意地适用死刑。"①

联邦与保留死刑州的立法中，规定了死刑的罪名及其加重情节的内容和范围。美国死刑罪名主要集中于谋杀罪，大部分州将谋杀罪分为两级（个别几个州分为三级），其中，只有一级谋杀罪可以使用死刑，一级谋杀罪也区分为普通有预谋的谋杀和具有特定种类加重情节的重罪谋杀。也有一些州把诸如投毒杀人、伏击杀人、折磨杀人；或者在特定的地点，如在监狱或看守所里杀人；或者对特定的对象，如杀死正在执行职务的警察等加重情节的杀人行为，列为一级谋杀。②

虽然各州对于法定加重情节的类型并没有统一的规定，但是，根据美国死刑信息中心（Death Penalty Information Center）公布的资料③，美国法定加重情节的基本类型主要包括：① 犯罪手段极其残忍④；② 加重法益：包括涉及实施或意图实施抢劫、绑架、强奸、纵火、劫车、劫机、制造火车事故、黑帮行为、毒品交易等特定重罪过程中，或在实施上述重罪后的逃跑过程中实施杀人行为的重罪谋杀，脱逃抓捕、隐匿罪证中妨碍司法秩序的杀人行为，杀害正在履行职务的治安官、警察、联邦特工、消防人员、法官、陪审员、公诉人员等政府雇员的妨碍公务且杀人的行为，侵害到一个以上的生命法益的行为；③ 杀害年幼者；④ 因财杀人；⑤ 重罪再犯或被告人在监禁、缓刑、监禁脱逃期间杀人。以上五种死刑加重情节，只要被告人的犯罪

---

① 魏昌东. 美国司法型死刑控制模式与中国借鉴[J]. 法学，2013(1):31-43.
② 储槐植. 美国刑法[M]. 北京：北京大学出版社，2005:151.
③ 美国死刑信息中心 [EB/OL]. [2014-07-22]. http://www.deathpenaltyinfo.org/aggravating-factors-capital-punishment-state.
④ 犯罪手段极其残忍是指谋杀必须是极其不可饶恕的（heinous）、残暴的（atrocious）、残忍的（cruel）、卑鄙的（depraved）、涉及折磨的（involved Torture）。

行为被证明存在上述一项或多项的,就会进入由陪审团进行最后死刑裁断的选择程序。

可以说,法定加重情节存在的目的就是作为筛选死刑犯罪的条件,从而以缩小死刑适格案件类型的普遍性手段,区分出符合剥夺他人生命的极端犯罪行为,确认属于"恶中之恶"(worst of worst)的犯罪分子。在 Walton V. Arizona 一案中(497 U. S. at 716-718.),美国 Stevens 大法官将这种法定加重情节的死刑缩限功能形象地用"金字塔原理"来进行阐释。

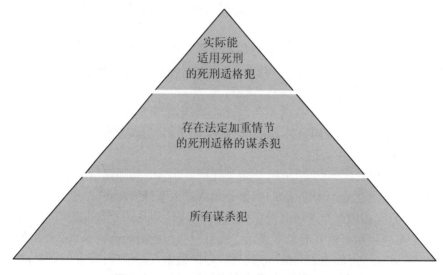

图 3.1　Stevens 大法官提出的"金字塔原理"

如图 3.1 所示,金字塔原理中的第二层显示,法定加重情节首先发挥着过滤功能,即在所有谋杀犯的基础上,增加具有一项以上法定加重情节的犯罪行为才适用死刑的资格条件,这样就有效地缩小了死刑适格者的范围。如果案件进入到金字塔原理中的第三层,由"适格"(eligibility)阶段进入"选择"(selection)阶段,此时由于陪审团需要全面评价加重情节和减轻情节,所以,法定加重情节数量和范围直接决定了进入最终死刑评价程序的犯罪类型和数量。在此意义上,法定加重情节在美国的死刑判决中起到通过司法程序严格限制死刑适用类型和数量的作用。

2. 减轻情节

减轻情节和加重情节一样,都是对被告人及其犯罪的个别化进行考虑,但其功能在于排除死刑判决,即通过在审判中证实大量减轻情节来证明被告人不应该被适用死刑。联邦最高法院在 1978 年 Lockett V. Ohio 一案中认定,所有对被告人有利的减轻情节证据都必须进入量刑予以考虑和权衡,即使其不在法律具体规定的情节之列。可以说,美国死刑适用案件的减轻情节比加重情节的范围广泛得多,它不只包括法定情节,还包括更多非法定情节,甚至包括被告人品格、犯罪记录和犯罪情况等,如被告人年轻、能力发育不足、有被虐待史及监狱中的良好表现等都能够作为减轻或从轻情节在量刑中被考虑。因此,相对于具体列举式的加重情节,减轻情节的范围并没有被详细地规定处理,如佐治亚州①列举了具体化的加重情节,但并没有规定减轻情节。

以加利福尼亚州为例,大体上美国死刑适用案件中的减轻情节主要有:被告人在场或不在场的犯罪活动涉及使用或企图、暗示使用暴力;犯罪行为是在被告人受到极度的脑力伤害或情感伤害的情形下实施的;被害人参与了被告人实施的谋杀行为或同意了谋杀行为;犯罪行为是在被告人有理由相信他的行为是正当的司法行为或执法行为的情形下实施的;被告人是在受到另一个人的极度压迫或严重控制下实施犯罪行为的;在实施犯罪行为时,被告人辨别他的行为的罪责性和使他的行为符合法律规定的能力由于存在脑力疾病或缺陷或受醉态的影响而受到了损害;被告人在犯罪时的年龄;被告人是共同犯罪分子,并且他参与的犯罪行为的危害性相对较小。②

另外,值得特别提出的是,虽然在美国减轻情节的范围广泛,但是一些在中国可能影响法官对死刑案件判决的因素在美国则完全不被考虑,如"民意"和"能人犯罪"被司法系统普遍认定是严重情绪化的非理性反映,所以公共舆论在美国的死刑判决中并不作为被考虑的量刑内容。同时,由于人人平等原则,美国的死刑案件量刑中也不会因被告人的特殊身份,如杰出科学家、慈善家等身份而影响判决。以美国前黑帮头目斯坦利·土基·威廉姆斯的死刑案件③为例,威廉姆斯是加利福尼亚州大帮派"瘸子帮"创帮帮主之一,其于 1981 年被法院认定在两宗凶案中谋杀 4 人而被判处死刑,在执行死刑之前,威廉斯通过口述在监狱中完成了 9 部小说,以自己的亲身经历劝诫青少年远离帮派,帮助迷途青少年改过自新,并且曾 5 度获得诺贝尔和平奖提名、4 度获得诺贝尔文学奖提名,还于 2005 年 8 月,获得总统小布什的签名信和颁给他的"倡导服务总统奖"。因此,众多人权活动家、国际大赦及人权组织和无数同情威廉姆斯的民众都纷纷要求赦免威廉斯。但是,美国加利福尼亚州最高法院、美国第九巡回上诉法院相继拒绝将威廉姆斯的死刑执行延期后,加利福尼亚州州长施瓦辛格也拒绝对威廉姆斯颁布"死刑特赦"。2005 年 12 月 13 日凌晨,威廉姆斯在加州圣昆汀州立监狱中正式被处以死刑。

综上所述,加重情节和减轻情节是美国死刑案件判决中影响死刑适用的主要量刑条件,由于在案件判决中"适格"阶段先于"选择"阶段,所以加重情节会先于减刑情节成为死刑案件判决的考虑因素之中。在选择阶段权衡加重情节和减轻情节之时,虽然减轻情节的范围远远大于法定加重情节,但是由于减轻情节大多没有被

---

① 俄亥俄及其他 3 个州也没有具体规定减轻情节的范围。
J A ACKEN. In Fairness and Mercy: Statutory Mitigating Factors in Capital Punishment Laws[J]. Criminal Law Bulletin,1994(30):299-345.

② 曾赛刚. 死刑比较研究[M]. 长春:吉林大学出版社,2012:93-94.

③ 参见《人民日报》(海外版),2005 年 12 月 20 日第五版。

法定列举出来,减轻情节是否被认定则更多地取决于陪审团的自由裁量。

虽然美国一直努力通过制度和司法对死刑适用进行限制,但是正如曾参与1994年Callins V. Collins一案审判的大法官布莱克姆(Blackmun)所指出的那样,"死刑依然充斥着任意、歧视、无常与错误……任何程序规则与实体规定的结合也无法使得死刑不受其固有缺陷的影响"①。面对死刑的固有缺陷,美国的死刑判决也不得不面临同样一个问题,如果限制死刑以保障了被告人的人权,要如何平复受到严重生命威胁和财产损害的被害人及其亲属的报复情绪,如果判决执行死刑,又如何保障面临死亡的被告人心甘情愿地对被害人及其亲属进行道歉赔偿? 针对这个问题,美国通过设置被害人经济赔偿制度来推动死刑适用的完善。

二、美国死刑适用中的经济赔偿

从前文来看,无论是从限制死刑适用的实体角度还是程序角度看,大多是从被告人角度出发。为了更好地遵循和维护宪法第八修正案"尊重人的尊严"的核心要义,同时从国际人权保障角度和美国严格控制死刑的最终表现结果来看,为受到生命和财产损害的被害人及其亲属构建完善的救济规定在美国死刑适用制度中越来越受到重视。在美国,被害人的经济赔偿可以分为两个方面:一是被害人的诉讼参与问题,即被害人通过参与诉讼取得与被告人交流的机会,在此阶段被告人可能产生对被害人的经济赔偿;二是国家(州政府)对被害人的经济补偿问题,以弥补由于被告人无法支付赔偿而导致死刑案件中受到严重伤害而生活困难的被害人。

(一) 被害人参与诉讼

被害人的诉讼参与问题首次在美国受到关注的标志是20世纪80年代初在华盛顿召开的第一届世界被害人学会议,里根总统就被害人问题成立了专门小组,其发布的报告称:"法官应当允许暴力犯罪的被害人参与量刑程序并适当考虑他们传递的信息。"②之后不久,美国即在1982年《被害人和证人保护法》及1997年《被害人权利保障法》中对被害人影响陈述制度进行了规定,国会还修改了联邦刑事诉讼规则,要求法官在做出判决前必须参考被害人影响陈述报告,报告内容包括"违法事件对被害人造成的任何损害和使其遭受的任何损失",以及"有助于法院量刑的其他信息"③,如犯罪行为给被害人及其家庭所带来的物质、精神情感等各方面的损害和影响。自20个世纪中期以来,一种发生在被害人与被告人、甚至社区之间

---

① Callins V. Collins, 114 S. Ct. 1127(1994). Austin Sarat. When the State Kills[M]. Princeton: Princeton University Press, 2011:251-254.
② President's Task Force on Victims of Crime, Final Report, at 16, 76, (1982).
③ 宋冰. 美国与德国的司法制度及司法程序[M]. 北京:中国政法大学出版社,1998:132.

的崭新的合作机制——"被害人-罪犯和解"模式(Victim-Offender Mediation,VOM)进入美国刑事司法制度。VOM模式主要是指给自愿和解的被害人与犯罪分子提供安全场所,在经过训练的调停者的帮助下会见的一种被害人参与程序。① 从20世纪80年代中期起,VOM模式在美国开始适用于严重的成年人暴力犯罪案件,但是对于这种案件,VOM项目只能在定罪后运用。

以上述美国立法为基础,被害人参与死刑适用的方式有两种:一是辩诉交易中的被害人量刑参与;二是量刑程序中的被害人参与。

在美国,大约有90%的案件是通过辩诉交易完成的,而按照法律规定,辩诉交易开始前控方应该征询被害人意见,在此过程中被害人可以随时披露对控方处理意见的不满,也可以向法官提出独立于检察机关量刑建议的意见。② VOM项目可作为在辩诉交易中帮助控诉者与律师的方法。犯罪分子在VOM项目中提交的和解也可在有罪答辩或有罪判决做出后作为法庭量刑或缓刑期的组成部分。

在美国,被害人拥有获得通知和参与量刑听证的权利。有学者研究表明"美国所有州都允许量刑阶段的被害人影响陈述,在一些州中亦包括被害人对适当科刑的意见,直接影响量刑"③。以保留死刑的肯塔基州为例,该州规定的被害人影响性陈述要求被害人回答"你认为对最合适被告人的量刑是?"与辩诉交易不同的是,在量刑听证阶段,被害人可以向法官做书面或者口头的"被害人影响陈述"。量刑听证程序中被害人的参与能够使法官更充分地了解被害人情况,综合评判犯罪给被害人及社会所带来的伤害,从而使被害人能适当对法官量刑施加影响。1990年11月27日生效的亚利桑那州《被害人权利法》(VBR)中规定被害人有权参与刑事指控,提供和获取有关刑事指控的信息。例如,在State V. Gonzales一案④中,被害人Darrel Wagner身中数刀,在死亡前帮助妻子Deborah回到房间并拨打了报警电话,Deborah也在该案中被刺伤。当被告人被控犯有重度谋杀的该案移送审判时,Deborah Wagner到庭参加了陪审员遴选,而且在提供证词后,她还非正式地观看了审判过程。被告人认为被害人作证后出席陪审员遴选并在其他审判阶段在法庭出现侵犯了他的利益,否定了他要求公平审判的宪法权利。亚利桑那州最高法院认为被告人的主张"没有价值"并予以驳回。

由此可知,被害人参与诉讼在保留死刑各州的死刑适用上具有一定的影响力,这种"影响"主要包括在以下三个方面:

---

① 朱立恒.英美刑事和解探析:以VOM模式为中心的考察[J].环球法律评论,2010(2):17-27.

② 祁建建.美国辩诉交易研究[M].北京:北京大学出版社,2007:151.

③ 广州市法学会.法治论坛(第23辑)[M].北京:中国法制出版社,2011:169.

④ Gessner H. Harrison,杜永浩,译.好的,坏的和丑恶的:亚利桑那法院与刑事被害人权利法[EB/OL].(2002-11-18)[2014-10-20]. http://article.chinalawinfo.com/ArticleFullText.aspx? ArticleId=21654.

1. 对量刑的影响

以亚利桑那州的案件为例,State V. Mann 一案,被告人因为在一次毒品交易中杀死了 Richard Alberts 和 Ramon Bazurto,两人被判决犯有一级谋杀并判处死刑。在本案的审判过程中,被害人的家人对这起犯罪使用的残酷手段既感到悲哀,又感到愤怒,因此向负责审判的法官写了大约 35 封信要求判处被告人死刑。之后被告人主动提起上诉,主张被害人的家人提出的被害人冲突证据不正当地影响了审判法官的量刑,因此对他的判决应当得到纠正。法庭一致同意由 Feldman 法官在判决书中驳回了被告人的主张,并解释说"美国最高法院认为,国家针对是否应当适用死刑,认为被害人的证据与被告人对被害人家庭的影响密切相关是合法的。"依照亚利桑那州宪法,被害人冲突证据应当被用来反驳"被告人要求从轻判决的证据"。

通过案例可知,被害人的影响性陈述会对量刑结果产生影响,虽然这种影响大多体现为反驳"被告人要求从轻的证据",增加了加重量刑结果的可能性,但是也不能忽视被害人影响性陈述中可能包含希望对被告人从轻量刑的内容。特别是在 VOM 项目中,被害人会见被告人时,通常会告知被告人有关犯罪对其身体、感情、财产等方面的损害,并回答被告人的问题,参与赔偿方案的制订,如果被告人能够得知其罪行给被害人所造成的损失,向对方赔礼道歉,参与赔偿方案的制订,则会在量刑阶段被法庭认定为具有减轻情节。

2. 对判决的影响

被害人专门小组的报告中指出,法官在不了解犯罪给被害人造成的损害之前无法判定犯罪行为的严重性程度,美国律师协会也认为"良好的判决应建立在对信息全面掌握的基础上,只有在了解犯罪行为的性质及影响后才能进行公正的判决"。而被害人可以提供大量关于被告人犯罪行为的详细信息,这些信息一旦被法庭认定,即可对判决产生影响。特别是在暴力犯罪案件,财产损失范围不明确的财产犯罪案件,以及给被害人造成特殊损害的案件中,被害人影响性陈述中提供的信息对判决具有重要价值。

例如,联邦量刑指南[①]根据被害人是否遭受了身体伤害、严重身体伤害,或者永久性、危及生命的伤害而建议施加不同的刑罚,而被害人可以详细描述所受伤害的性质及程度。被害人亲眼看到凶器,或者是受到了它的打击,甚至感受到了被告人传递的威胁其生命的信息,所以被害人也可以提供关于被告人是否蓄意犯罪的重要信息。以前文所述亚利桑那州 State V. Gonzales 一案为例,死亡被害人 Darrel Wagner 的妻子 Deborah 作为案件的另一直接参与者,亲眼看到了案件发生的过程,包括被害人 Darrel Wagner 的受伤程度,被告人所持的凶器等重要信息。即使被告人以被害人作证后出席陪审员遴选并在其他审判阶段在法庭出现侵犯了

---

① Federal Sentencing Guidelines(U. S. S. G.),2A2. 2(3)(2007).

他的利益、影响公正审判为由来上诉,最高法院认定以偏见为由还不足以让法庭确信被告人的正当程序权利受到了侵犯。

被害人参与诉讼的意义并不止是提供实体证据,从实现程序正义的角度来看,被害人参与诉讼并发表影响性陈述使判决的过程不再只有检察官和被告人两方。因此,被害人参与诉讼在实体和程序两方面都有利于促进判决的公正性。

3. 对案件双方的影响

允许被害人在法庭上提供影响性陈述的规定为被害人与被告人提供了信息交流的机会。虽然被害人影响性陈述不能产生威慑与剥夺犯罪分子能力的作用,但是通过被害人的陈述可能会唤起被告人对被害人遭遇的同情,使之理解其行为的性质及给被害人和社会所造成的伤害,从而有利于伤害的修复。而被害人在量刑阶段提供影响性陈述使被害人可以作为刑事诉讼程序的一方参与其中,这种司法认同感使被害人获得了尊严和认同,有利于被害人的恢复。

VOM调解模式更是旨在通过被害人与被告人分享彼此的经历和感受的过程,寻找出能被双方接受的犯罪损害救济的方法。其既满足了被害人的赔偿需求,抚平被害人心灵创伤,而被害人与被告人面对面的对话也有助于减弱周围人员对犯罪的恐惧感,减少类似犯罪的发生。

(二) 被害人补偿制度

为了解决被害人及其亲属的生活危机,给予需要帮助的被害人即时的协助,刑事案件中不仅可以要求被告人给予被害人经济赔偿,更为重要的是,美国各州都对被害人经济补偿制度进行了相关立法,在很大程度上弥补了经济赔偿的不足。

1. 被害人经济补偿的具体规定

美国加利福尼亚州政府首先于1965年制订了《暴力犯罪被害人补偿法》(State Compensation for Innocent Victims of Violent Crime Statute),其中规定了对遭受暴力犯罪侵害的无辜被害人给予一定金额之内的经济补偿,之后,其他各州也陆续制订犯罪被害人经济补偿法。概括而言,美国保留死刑各州被害人经济补偿的具体规定包括以下几个方面:

(1) 补偿组织。联邦政府在司法部专设犯罪被害人署(Office for Victim of Crime),负责具体实施联邦被害人补偿计划,并指导各州的补偿立法,帮助各州推进补偿计划。而各州因补偿理念的差异及财政能力的不同,执行补偿机关设于社会福利部门、检察部门或专责的补偿机关。①

(2) 补偿对象。补偿对象限定为特定暴力犯罪的被害人,如美国加利福尼亚州直接将补偿法称为"暴力犯罪被害人补偿法"。美国的新泽西州的被害补偿法则采用列举的方式规定了可以补偿的具体的暴力犯罪类型,包括诸如谋杀、绑架、身

---

① 董文蕙. 犯罪被害人国家补偿制度基本问题研究[M]. 北京:中国检察出版社,2012.

体伤害(mayhem)等典型的暴力犯罪。在被害人遗属补偿的序位上，美国多数州偏重于遗属与被害人生前的受扶养关系，即根据遗属与被害人经济上的依存关系来确定补偿序位。

(3) 补偿范围。被害补偿的范围一般要求为对"重大损害"的补偿，即指被害后果为死亡或重伤的情形。在美国，伤害的定义包含了精神损害(mental harm)和情绪伤害(emotional injury)①。

(4) 补偿方式。补偿金的支付形式也是各种各样的，可以一次性支付、部分支付，也可以定期支付。为防止被害人取得补偿后逃避向第三人支付其先期垫付的账款，一些补偿机构会将补偿金直接支付给垫付主体，如医生或医院。

(5) 补偿标准。美国绝大多数州对补偿金额有上限规定，如美国加利福尼亚州规定的补偿以 2.5 万美金为上限②。另外，医院、医生、咨询师、申请误工损失的被害人的雇主等服务提供者提供的服务信息也将作为形成补偿裁定的基础。

(6) 数额计算。美国各州补偿金额的计算范围包括因被害无法工作的薪资损失、医疗费用、复健费用、死亡被害人丧葬费及应受死亡被害人扶养的父母或子女的扶养费。③ 而且被害人所得的犯罪分子赔偿金、政府伤残补助、社会安全基金的医疗医药补助、暂时事业补助、雇主的补助及保险理赔之后，应在补偿金额度内予以扣除。

(7) 资金来源。1984 年美国的《犯罪被害人法案》(Victims of Crime Act)规定建立刑事被害人基金，并占国家补偿数额的 35%，通过联邦经费来补助各州推动州内被害人补偿。④ 这说明，美国被害人补偿金的来源主要是联邦经费和各州内经费⑤。另外，基于同时保护被害人及教育犯罪分子的目的，美国法律还规定，除政府税收以外，额外征收的罚金及监狱劳作金等犯罪分子所得或缴纳财产也作为补偿金的来源。例如，美国南卡罗莱纳州补偿法规定"假释部门及矫治单位有权以促使犯罪分子对州政府全部或一部的法律履行为条件而假释，以犯罪分子偿还政

---

① 情绪伤害的补偿要求伤害行为已经发生且被害人已经受到身体伤害或身体伤害的威胁。
Cal. Gov't Code § 13960(b)(West Supp. 1994).

② 王波. 关于建立我国国家补偿被害人制度的若干思考[J]. 北京：黑龙江省政法管理干部学院学报，2001(4):28.

③ 董文蕙. 犯罪被害人国家补偿制度基本问题研究[M]. 北京：中国检察出版社，2012.

④ Karen L. Kennard. The Victim's Veto: A Way to Increase Victim Impact on Criminal Case Dispositions[J]. California Law Review, 1989(2):423-424.

⑤ 美国各州的补偿经费，除联邦补助 40% 以外，其他经费来源于州政府税收、罚金、附加罚金、假释后工作收入、监狱作业成品所得及犯罪分子出售有关犯罪情节及犯罪动机等文字或影片的所得(Notoriety for profit)以及没入的保释金。
许启义. 犯罪被害人保护法之实用权益[M]. 台北：永然文化出版公司，2001:43.

府所发放的补偿金为假释条件。"①

(8) 补偿程序。一般而言,补偿机构通过分析警察的案件报告以确认犯罪已经发生并判断被害人对犯罪的发生是否存在过错。因此,被害人履行司法合作义务是补偿程序中很重要的一项,即被害人应当于犯罪发生后立即向有关单位报案,如有事实证明被害人未能与执法人员充分合作,可拒绝、减少或撤销补偿金。德克萨斯州的补偿法则规定"如果被害人没有提交、提起损害赔偿诉讼档案文件,补偿委员会将重新裁决补偿金的支付"②。如果被害人对补偿裁定不服,包括对不予补偿的决定和补偿金数额有异议,各州立法均赋予了被害人申请救济的权利,如向裁定机构申请听证或复议。多数州都将法院规定为最终的救济机构。

2. 被害人经济补偿的理论依据

在美国,虽然各州都有关于被害人经济补偿的立法,但是对被害人的这种善意、仁慈的支付帮助,被多数州认为是基于道义责任(at most a "moral responsibility" to assist crime victims)③,而非基于被害人的权利。因此,在美国的被害人经济补偿实践中,被害人人格和品质的道德考量占有较大的比重,包括被害人先前的案件、社会生活历史,以及相关的其他事实。例如,俄亥俄州的补偿计划中规定"在申请补偿的被害事件发生之前的10年时间之内,如果被害人曾经被判重罪,不得补偿"④。而如果被害人因频繁出入高风险场所的行为而遭受犯罪的,则会被认定为自陷危险行为,根据过失程度等相关因素考虑拒绝补偿或减少补偿。例如,宾夕法尼亚州的被害补偿指引规则中规定:"补偿委员会在裁决是否进行补偿时,应该要考虑被害人的行为,假如被害人有以下行为,补偿申请将被拒绝:经常出入卖淫场所,经常出入毒品和酒精非法交易场所,经常出入非法赌博场所,或者参加其他非法活动。"⑤

不过,仍有少数州将被害人补偿规定为被害人的权利,如《新泽西州犯罪被害人权利法案》(《New Jersey Crime Victim's Bill of Rights》)特别强调被害人有权利获得补偿。⑥ 1990年11月27日生效的亚利桑那州《被害人权利法》(VBR),其中

---

① 许启义. 犯罪被害人保护法之实用权益[M]. 台北:永然文化出版公司,2001:42.

② Tex. Admin. Code tit.1, §61.19(1992).

③ 道义责任是指州政府的帮助是为了公共利益,或者是提供公共福利的需要,或者是为了完善司法系统,或者是仅仅认为有赔偿被害人的客观需要。参见 see, eg., Cal. Gov't Code §13959(Deering 1994); Del. Code Ann. tit. 11, §9001(1992); N. M. Stat. Ann. §31-22-2 (1994).

④ Ohio Rev. Code Ann. §2743.60(E).

⑤ 37PA. ADMIN. CODE § §191.1 and 191.9(k)(2)(1994). For similar guidelines, see D. C. Mun. Regs., tit. 28, §2309.9(1992), Fla. Victim Comp. Program Rules, r. 2A-2.003(h) and Minn. R. §7505.2900(1994).

⑥ N. J. Stat. Ann. §52:4B-36(West1994).

规定被害人有权得到犯罪分子的赔偿,并且允许立法机关为维护被害人的利益而采取行动。

在美国,基于各种立法的发展和司法程序的设计,被害人在严重暴力犯罪中遭受的损害可以通过多种途径获得赔偿,无论是在辩诉交易中,还是在刑事案件审判过程中,或者国家补偿等其他救济方式,都表明对被害人的经济救济已经成为美国死刑适用中的一个重要部分。美国的经济赔偿制度使受到生命和财产损害的被害人及其亲属逐渐参与到死刑判决的诉讼中来,并能够得到一定的金钱以弥补因犯罪分子所遭受的经济和精神损失,使其尽可能快速地回归正常生活,这些救济规定在一定程度上影响着美国死刑适用制度。总体而言,美国对暴力犯罪的被害人给予的补偿,虽有物质救助的成分,但是只将暴力犯罪引起的生命财产损害纳入补偿范畴的立法缘由,这也体现出被害人补偿的根本宗旨是救济,而非赔偿或惩罚。因此,美国的被害人补偿属于国家补偿,基本不会对死刑案件的定罪和量刑产生影响,其更多地代表着国家对被害人及其亲属的精神抚慰和人文关怀。

第二节 日本死刑适用制度及其经济赔偿

中日两国在古代时期就有密切的交流,而中国的法律制度和儒家思想观念对日本的古代法律制度产生过重要影响。在近代,中日两国的法律制度又都曾受到西方文化的冲击而被迫变法修律。如今,中日又均为保留死刑的亚洲国家。在这种紧密相连的历史文化背景下,对日本死刑制度和经济赔偿对死刑的影响的考察,有利于我国经济赔偿在死刑执行选择中影响量子的实证分析对比和理论研究借鉴。

一、日本死刑适用制度

在不成文法时期,日本与其他国家最早的法律一样,许多犯罪都可适用实施方式残酷的死刑。大约从4世纪开始,中国的刑罚观念渗入到日本法律制度当中,死刑作为五大法定刑罚的一种,残酷性逐渐减弱。[①] 之后,又出于日本自身国情的影响,佐贺天皇甚至曾下令废除了日本的死刑,818—1156年,日本经历了一段没有死刑的时期。但是,由于内战的发生,对战败一方处以死刑成为常见的刑罚,其执行方式有绞刑、斩首、火刑、煮刑等多种残酷手段。到18世纪时,日本刑法典(1742

---

① See Petra Schmidt, Capital Punishment In Japan, Koninklijke Leiden 2002, at9.

年刑法典)的103个条文中,有35条规定了死刑。① 19世纪明治时期,由于西方列强的要求,日本开始制订新的刑法典以求达到欧洲和北美的法律水平。在第二次世界大战战败之后,日本在1947年刑法典中废除了所有侵犯皇室犯罪的死刑和妨碍外交犯罪的死刑,有关军事、海事、战时刑法中的死刑也随这些单行刑法一并被废除。自此之后,日本《刑法(现行)》中的死刑罪名为17个,包括刑法典规定的12个和5个单行刑法规定的5个死刑罪名。但据统计,在日本的司法实践中,仅对抢劫杀人罪适用死刑。② 日本每年只有几个犯人被判处死刑,被执行死刑的人数更少。③ 在20世纪90年代初,日本曾有长达3年4个月的时间没有处决一个死刑犯。④

日本在对于被害人合法权益的保障上,经历了从有到无、从单一到完善的过程。20世纪前,日本对于包括死刑案件在内的被害人的权利没有给予足够关注,不仅宪法未涉及被害人权利及其保障的条款,刑事诉讼关注的重心也仅在被告人,导致被害人被边缘化。比如,刑事侦查期间,如果被害人本人已死亡,那么他的家庭成员无权就检察官的不起诉决定向检察审查会提出异议;在正式庭审时,被害人也只能作为局外人坐在旁听席上,并且不会获得任何优先关照;对于因为被告人的犯罪行为所遭受的损失与创伤,被害人虽然可以要求被告人进行赔偿,但被害人必须自己聘请律师提起民事诉讼,民事诉讼中支持其诉求的刑事法庭记录的搜集还将面临不易查阅和无权复印的问题;当法庭经过审理判决被告人给予被害人赔偿时,也常常出现被告人没有能力赔偿的问题。

可见,历史上日本对于被害人的权利及诉求缺乏应有的保障,特别是死刑重案中被害人的物质赔偿权。近年来,日本在被害人经济赔偿方面取得了显著成效。首先,在立法上建立起了较为完备的被害人保护制度。1980年,日本制订了《犯罪被害人等补偿金给付法》,1996年通过了《被害人对策纲要》,1999年4月开始在检察院系统实施《犯罪被害人等的通知制度》。其次,在司法实践上,日本通过一定的量刑行情和检察官的请求处刑标准来规范法官的量刑标准,保护被害人的权利。不仅在刑诉法及检察审查会法的部分修改法律案中增加了被害人的量刑影响陈述权⑤(于2000年5月19日正式实施),还在2001年制订的《被害人保护法》中赋予

---

① See Petra Schmidt, Capital Punishment In Japan, Koninklijke Leiden 2002, at16.

② José Llompart, La Pena de Muerte en el Japan, 2 REVISTA DE DERECHO PENAL Y CRIMINOLOGYA 349, 353(1992).

③ 1999年,8人被判处死刑,5人被处决;2000年,14人被判处死刑,3人被处决。
Nempo Shikei Haishi. Death Penalty Abolition Annual 2000—2001[M]. Orland: Impact Press, 2001:173.

④ Foote, supra note 61, at 385; Domiková-Hashimoto, Japan and Capital Punishment, 6 HUM. AFF. 77(1966).

⑤ 宋世杰.外国刑事诉讼法比较研究[M].北京:中国法制出版社,2006:156.

了被害人求刑权①。2007年,日本《刑事诉讼法》修法,允许被害人在刑事审判中提出损害赔偿要求,允许法庭命令被告人向被害人支付赔偿。

二、日本死刑适用中的经济赔偿

欧美国家在20世纪60年代开始兴起了保护被害人运动,前文也介绍了美国保护被害人的政策和给被害人提供有效的物质救助的制度建构。作为亚洲大陆法系代表的日本在被害人物质救助问题上选择了向美国学习。在制度上就被害人受到伤害后,家庭生活陷入困境,需要及时获得救助赔偿以解燃眉之急的情况,日本建构了多元化的救助赔偿机制,既注重事中的救济,也注重事后的赔偿。

(一)被告人经济赔偿制度

第二次世界大战后,日本刑事诉讼模式由于深受美国的影响而发生了重大变化,日本于21世纪初制订的《关于以保护犯罪被害人等为目的的刑事程序附属措施的法律》,赋予了被害人请求陈述被害心情及有关量刑意见的权利。②日本修订后的《刑事诉讼法》第二百九十二条之二规定,"如果被害人希望在法庭上就自己受害的经过和受害的情况做陈述,应该允许。如果被害人死亡,被害人的配偶、直系亲属或者兄弟姐妹也可以陈述。"③

日本不仅像美国一样重视被害人的影响陈述,直接以立法形式赋予被害人量刑影响陈述的权利,而且认为"对于被害人所做的陈述,法院不应当只当作普通意见对待,应该在量刑中考虑被害人陈述的内容。当然,对于作为被害人前提的被害事实,如未经查明不得以该事实为中心来认定犯罪事实或查明犯罪情况,但是,对于已经查明,证据已经清楚的案件事实,在必要的范围内,可以涉及到该事实"④。由此可见,在日本,被害人影响陈述在量刑程序中发挥着重要的影响力。如今,被害人可以作为证人出庭作证,庭审中允许被害人陈述自己的意见及受害后的情感感受,法庭有义务对被害人优先安置使其能关注整个庭审,被害人可以接触与复印法庭审判记录。更重要的是,一旦被害人在庭审外向对方提出赔偿主张,他们可以

---

① 日本修订后的《刑事诉讼法》第二百九十二条规定:"如果被害人希望在法庭就自己受害的经过和受害的情况做陈述,应该允许。如果被害人死亡,被害人的配偶、直系亲属或者兄弟姐妹也可以陈述。"

章守天.论被害人的量刑参与权[J].法制博览,2013(5):291.

② 韩流.被害人当事人地位的根据与限度:公诉程序中被害人诉权问题研究[M].北京:北京大学出版社,2010:28.

③ 章守天.论被害人的量刑参与权[J].法制博览,2013(5):291.

④ 莫隆芳.被害人量刑建议权探讨[J].法制与经济,2010(2):31-32.

要求法庭在解决被告人罪责的同时一并予以解决。①

2008年12月,"赔偿令制度"(Damage Order System)在日本生效。该制度规定,遭受到伤害或损失的被害人如果在诉讼过程中经济上出现困难,可以通过以下两种机制予以缓解:"其一,一旦当事人双方在庭外达成解决协议,被害人就可以要求法庭对此协议予以直接确认。此举使得协议具有强制执行性,一旦被告人不遵守此协议,被害人没有必要另行提起诉讼而可以直接要求法庭强制执行。其二,被害人可以在庭审结束前要求被告人支付赔偿。此种措施只适用于已故被害人的继承人或因为故意犯罪、强奸罪或强制猥亵、诱拐儿童、绑架勒索赎金以及其他犯罪而受到伤害的被害人。庭审结束后,负责庭审的法官必须在对被告人定罪后一并解决其民事责任问题。当法官相信被告人应该为此负责,他将命令被告人支付赔偿。如果被告人拒绝法官的赔偿命令,案件将作为民事诉讼案件被移送到另外的法庭审理。"②

(二) 被害人经济补偿制度

与美国等发达国家一样,日本刑事被害人及其亲属不仅可以从被告人处获得经济赔偿,而且还可以要求国家给予经济补偿。日本的经济补偿制度比较完备。

1. 被害人经济补偿制度的具体规定

日本是第一个建立犯罪被害补偿制度的亚洲国家,于1980年5月1日颁布《犯罪被害人等给付金支给法》,1981年1月1日起施行。具体规定如下③:

(1) 补偿组织。日本没有设置补偿裁定的专职机构,而是由地方公安委员会作为补偿裁定机关。申请补偿者应向住所地的地方公安委员会提出申请。

(3) 补偿对象。补偿对象需具备两种条件:一是因故意犯罪行为被害而死亡者的法定遗属或重伤害者本人;二是以具有日本国籍或在日本有固定住所者为限。在特定条件下,补偿对象须被排除在外:一是故意使被害人死亡或在被害人死亡之前故意使将成为遗属给付金领取人的优先顺位或同顺位人死亡的遗属;二是被害人和犯罪分子之间具有亲属关系。

(4) 补偿范围。以犯罪的被害结果为基准划定被害补偿范围,即国家对因危害生命身体的犯罪行为而意外死亡或受重障犯罪结果给付补偿金。因支给补偿金依一般社会观念认为有失妥当(如被害人诱发犯罪行为,或其他被害人对于该犯罪

---

① 刘国庆,汪枫. 论日本被害人权利保障的历史变迁及启示[J]. 安徽大学法律评论,2012(2):101-119.

② 刘国庆. 论日本被害人权利保障的历史变迁及启示[J]. 安徽大学法律评论,2012(2):101-119.

③ 董文蕙. 犯罪被害人国家补偿制度基本问题研究[M]. 北京:中国检察出版社,2010.

被害亦有责任)、因其他法令的支给、因已受损害赔偿,以上三种情形①将导致补偿金部分不支给或全部不支给。

(5) 补偿金额、种类和方式。该法第九条规定"为依政令规定算定之给付基本额,乘以政令所定之倍数所得之数额;得受遗族补偿金之遗族有二人以上者,其金额为再除以其人数所得之金额"。补偿金类别分为遗属补偿金和伤残补偿金,补偿方式均为一次性给付。到 2001 年,救济金的数额及被害人申请的资格条件有所扩大与松动,幸存者救济金的数额已升至 20 万美元。2008 年,向已故被害人亲属提供救济金的额度已升至 38 万美元。

(6) 暂时补偿金的支给。地方公安委员会若因犯罪分子不明或被害人的伤害程度不明以至于不能速为决定时,得于政令所定数额范围(给付金额之 1/3)内先为支给暂时补偿金(假给付金)。

(7) 经费来源。犯罪被害补偿所需经费由政府(警察厅)逐年编列预算支应。②

(8) 补偿程序。受领补偿金的权利自知悉犯罪被害发生之日起经过二年,或自犯罪被害发生之日起经过七年则灭失。补偿金受领权利不得让与、供担保、扣押和课税。日本法关于不服决定的救济程序,采取的是"行政救济前置主义",申请人不服地方公安委员会的决定,须先向国家公安委员会申请复审,仍不服者,可向法院提起行政诉讼。

2. 被害人经济补偿的理论依据

2004 年,日本制订了《犯罪被害人保护基本法案》(Fundamental Act on the Protection of Victims of Crime),其关键性的原则就是"所有被害人个人的尊严有权受到尊重,应给予与之相适应的待遇保障"③。即法案的最终目的就是给被害人提供必要的帮助,直至其能自食其力。日本学者大谷实认为被害人国家补偿法的宗旨是"为维持、确保对刑事司法的信赖,通过对一定的重大犯罪的被害人进行补偿,以缓和社会的报应感情。因此,它是通过确保国民对刑事司法的信赖以防止犯罪,从而为维持社会秩序作出贡献的制度。这一制度的刑事政策上的意义是,通过对被害人进行补偿,恢复由于发生犯罪而失衡的法秩序及国民对刑事司法的信赖,由此而安定社会秩序"④。以此为代表,日本学者更倾向于从刑事政策的功用性角度而非权利的高度来阐释被害人经济补偿的理论依据。

日本学者的观点可以通过两点得以印证。第一,被害人经济补偿法案的制订

---

① 《犯罪被害人等给付金支给法》第六、七、八条的规定。
赵可. 被害者学[M]. 北京:中国矿业大学出版社,1989.
大谷实,黎宏. 犯罪被害人及其补偿[J]. 中国刑事法杂志,2000(2):120-1244,49.

② 董文蕙. 犯罪被害人国家补偿制度基本问题研究[M]. 北京:中国检察出版社,2010.

③ 刘国庆,汪枫. 论日本被害人权利保障的历史变迁及启示[J]. 安徽大学法律评论,2012(2):101-119.

④ 大谷实. 犯罪被害人及其补偿[J]. 黎宏,译. 中国刑事法杂志,2000(2):120-124,49.

出台得益于20世纪两件重大恐怖袭击案件的催生。1974年,日本一恐怖组织用炸弹袭击了三菱重工大楼,致8人死亡、380人受伤。1995年,奥姆真理教头目麻原彰晃将致命的毒气沙林释放在东京地铁中,致使12人死亡、5500多人受伤。这两起严重损害社会安全的案件,使日本民众意识到每个人只要生活在这个社会中,就有成为被害人的潜在可能性。第二,在上述两起案件中,被告人均缺乏足够资金来赔偿所有的被害人,由此,如何为被害人提供充足资金援助受到了民众和政府的关注。最终,由日本国家公安委员会（National Police Agency）对被害人给予了财政上的支持。由此可见,两起严重社会犯罪事件引起了公众对现行司法制度中被害人权利保障的担忧,严重破坏了司法的公信力,政府在反思下制订了一系列被害人保护法案,而被害人经济补偿法的产生就体现了通过刑事司法的手段来维护社会秩序的宗旨。

第三节 韩国死刑适用制度及其经济赔偿

中韩两国是位于东亚地区的近邻,文化交流的历史甚至可以追溯到隋、唐之前,传统的儒家文化对两国都产生了深远的影响。除了日本之外,韩国是另一个在文化传统、生活习惯等方面与中国较接近的、保留死刑的亚洲国家,分析韩国的死刑制度及其被害人经济赔偿对死刑的影响,也会对考察分析我国被害人经济赔偿在死刑执行选择中影响量子的研究提供一定的借鉴意义。

一、韩国死刑适用制度

韩国的死刑立法非常分散,立法形式包括刑法典、特别刑法和附属刑法。韩国的刑法典规定了18个死刑罪名,分为严重危害国家安全、严重危害公共安全、严重危害人的生命健康三类具体死刑适用条件。另外,《军刑法》《关于特定犯罪加重处罚法》《国家保安法》《有关暴力行为等处罚法》《文化财产保护法》《关于管理保健犯罪的特别措施法》《关于毒品类管理的法律》《关于防止毒品非法交易的特别例法》《不正当选举相关者处罚法》《关于对船舶及海上构造物的危害行为等的处罚法》《关于性暴力犯罪的处罚及被害人保护等的法律》《原子力法》《原子力设施等的保护及放射能防治对策法》《关于器官等移植的法律》《战斗警察队设置法》《韩国造币公司法》《航空法》《关于航空安全及保安的法律》《关于为禁止化学武器的管理制造、特定化学物质的制造与出口的法律》等中均规定了死刑罪名。① 由于韩国现有无期徒刑与死刑差距较大,这也是人民不能轻易接受以无期徒刑代替死刑的原因之一,所以,韩国至今仍然是保留死刑的国家之一。

但是,自 1997 年 12 月金泳三政府时期对 23 名罪犯执行死刑以后,直至 2007 年,韩国未执行死刑已有 10 年,成为了国际人权团体"大赦国际"规定的"事实上废除死刑的国家"。统计数据显示,停止执行死刑后杀人犯数量却有所增加。1994—1997 年未停止执行死刑的 4 年里,平均每年有 607 人因杀人罪而被起诉,2007 年有 63 名死刑犯处于待执行死刑状态②。但在暂停执行死刑的 1998—2007 年这 10 年里,平均每年有 800 人因杀人罪而被送上法庭,杀人犯数量增加了 32%。

由上可知,虽然韩国属于事实上废除死刑的国家,但是仍保留着死刑立法,也依然存在未被执行死刑的死刑犯,所以关注严重危害国家安全、公共安全、人的生命健康的死刑案件中被害人权利的保护是必须的。

二、韩国死刑适用中的经济赔偿制度

韩国的被害人经济赔偿制度建立时间晚于欧美和日本,因此其充分借鉴了欧美立法和日本的经济赔偿制度,同时结合了本国实际,因此其对被害人的经济赔偿已经实现了较为完善的法制化制度。

1987 年修订的《大韩民国宪法》以宪法权利规定了被害人的权利,其中第 30 条规定:"因他人的犯罪行为而受到生命和人身伤害的国民,均可根据法律的规定,从国家得到救济。"③由此,韩国以国家根本法的形式,确立了被害人国家补偿制度的基本原则。之后,韩国先后制订实施了《韩国犯罪被害者救助法》(1987 年 11 月 28 日法律第 3969 号)、《韩国犯罪被害者救助法施行令》(1988 年 7 月 7 日总统令第 12487 号)以及《韩国犯罪被害者救助法施行规则》(1988 年 7 月 18 日法务部令第 312 号)。为完善被害人保护体系,韩国在立法上做出了一系列努力。2004 年 9 月,韩国法务部发表了"强化被害人保护援助的综合对策";2005 年 12 月 23 日,制订了被害人权利典章性质的《犯罪被害者保护法》;2006 年 12 月,发表了被害人保护援助的基本计划。因为被害人保护支援制度和被害人救助制度的政策方向一致,为强化被害人保护制度,2010 年 5 月,韩国将《犯罪被害者保护法》和《犯罪被害者救助法》这两部法律结合起来,修订了《犯罪被害者保护法》(2010 年 5 月 14 日

---

① 郭健.韩国死刑制度改革及其对中国的启示[M].北京:中国人民公安大学出版社,2009:42-43.

② 许一泰.韩国死刑制度的过去、现在和将来[J].刑法论丛,2008,13(1):42-56.

③ 有学者指出"像韩国这样在国家宪法中规定被害人国家援助的例子很少,即便像美国这样的法制发达国家,也仅在州宪法中有关于被害人权利的规定。"

孙彩虹.亚洲犯罪被害人补偿法律制度比较研究[J].河北法学,2004(7):112-114.

法律第 10283 号)①,同时废止《犯罪被害者救助法》。

(一) 被告人经济赔偿

1981 年,韩国通过制订《诉讼推动法》确立了犯罪损害赔偿的民事诉讼制度。刑事法院可以根据被害人的请求或依职权对被告人做出民事判决,得以命令被告人向被害人支付损害赔偿金。2004 年 9 月,韩国法务部发布的《强化被害人保护援助的综合对策》,其主要内容包括:在刑事司法程序中强化对被害人的通知以及被害人陈述权,制订被害人参与扩大方案;制订被害人救助制度等恢复原状制度的改进方案。在最近几年里,韩国通过民事诉讼提出犯罪损害赔偿的案件数量在持续上升。2004 年,在各级法院提起的民事诉讼超过了 3000 件,其中大概有 20% 的诉求得到认可,每起案件获得的赔偿额平均达到了 7.4 万韩元。②

但是,根据 1981 年《诉讼推动法》的规定,被害人经济赔偿的民事诉讼只限于那些损害评估简单、不会过分拖延刑事诉讼的案件,而且该诉讼只限于被害人所遭受的直接损失及身体伤害的医疗费用,存在赔偿范围较小的缺点。因此,1981 年《诉讼推动法》在 2005 年时得到了修订,其内容包括:第一,被害人可以通过刑事诉讼中的民事诉讼而获得精神损害赔偿,以弥补其遭受的精神痛苦或精神疾病;第二,引入和解程序,即被害人与犯罪分子双方如果就其民事争议部分达成了和解,他们可以向法庭提交和解协议并在法庭记录在案的情况下共同要求刑事法庭暂停审理,该记录在案的和解协议具有与庭内调解相同的效力,如果被告人不履行和解协议,被害人无需损害赔偿的民事诉讼即可根据强制执行程序来实现其赔偿要求。

(二) 被害人经济补偿

虽然根据新修订的《诉讼推动法》,由被告人承担的被害人经济赔偿权利得到了一定保障,但是由于刑事被告人大多是没有资金能力的人,因此民事救济制度及赔偿命令制度在很多情况下没有实效性,存在无法从经济方面对被害人的物质生活提供保障的可能。

于是,依托于国家的被害人经济赔偿应运而生。根据韩国《宪法》第 30 条的规定,被害人补偿制度中的被害人救助请求权具有宪法基本权的性质,其为被害人获

---

① 2010 年《犯罪被害者保护法》主要修订内容包括:(1) 扩大救助对象的范围,即从原来的重障害扩大到障害及重伤害。(2) 救助金支付条件扩大,删除犯罪分子不明或无资力部分。(3) 提供对被害人及其亲属带来的身体与精神上的安定,尽量运营暂时性的保护设施及商谈、治疗活动。(4) 救助金从固定金额调整为按照被害人的薪资或实际收入计算。(5) 延长救助申请期限,即原来的规定是应当在其知道犯罪被害发生之日起一年内或者该犯罪被害发生之日起五年内提出,但修订后期限延长到三年内和十年内,等等。

② 太田达也,武小凤.刑事被害人救助与刑事被害人权利在亚洲地区的发展进程[J].环球法律评论,2009,31(3):145-160.

1. 被害人经济补偿的具体规定

如今,被害人获得经济赔偿的具体内容由 2010 年新修订的《犯罪被害者保护法》进行规定。现简要介绍如下①:

(1) 补偿组织。根据《犯罪被害者保护法》第二十四条的规定,韩国处理被害人国家补偿事务的专门机构是设立在地方检察厅内的犯罪被害救助地区审议会,负责审议、决定有关救助金给付事项的机构是设立在法务部内的犯罪被害救助本部审议会。

(2) 补偿对象。主要是故意犯罪被害死亡者的遗属和犯罪被害受重伤者本人。如果被害人或遗属是外国人,只有在其国籍国与韩国存在对等保护条约或协定的情况下,才有权获得韩国政府的补偿。

(3) 补偿范围。《犯罪被害者救助法》第一条规定"本法以救助害人命或身体之犯罪行为而死亡者之遗属或受重障碍者为目的"。补偿范围主要包括因犯罪的性质属于故意伤害他人身体或生命的暴力犯罪,而被害人身体出现障害、重伤、死亡,而犯罪分子不明、无资力赔偿;或被害人因犯罪发生而生计陷于困难;或被害人在自己及他人刑事案件的侦查、审判程序中提供、陈述有关证据资料或作证时导致被害。

(4) 补偿种类和方式。补偿种类分为遗属补偿金、障害补偿金、重伤害补偿金。遗属补偿金的补偿对象为死亡被害人的遗属,障害补偿金和重伤害救助金的补偿对象为遭受暴力犯罪伤害的被害人。补偿方式均为一次性支付。遗属补偿金支付给法定第一顺位的遗属,同一顺位的遗属有两人以上时,均分补偿金;障害补偿金支付给被害人本人。如果被害人与犯罪分子有亲属关系(包括事实婚姻关系)时,犯罪是由被害人引起、或对犯罪的发生被害人也负有一定责任时,其他依社会通念认为不支给救助金人全部或部分较为妥当时,以上三种情况则不支给补偿金之部分或全部。②

(5) 补偿标准。《犯罪被害者保护法》修订之后,补偿金额从固定金额调整为按照被害人的薪资或实际收入计算。根据《犯罪被害者保护法》第二十二条的规定,遗属补偿金参考遗族人数、年龄及维持生计状况,按照被害人死亡当时的薪资、实际收入、日用劳动者的平均工资来计算;障害补偿金及重伤害补偿金的设定金参考被害人的障害或重伤害的程度、抚养家族人数及维持生计状况,按照被害人受到

---

① 董文蕙. 犯罪被害人国家补偿制度基本问题研究[M]. 北京:中国检察出版社,2010.
朴志盛. 中韩犯罪被害人国家补偿制度比较研究[D]. 青岛:中国海洋大学,2011:25-32.

② 韩国被害人经济补偿的限制与日本赔偿给付金的排除对象比较相似,包括领取给付金的遗族顺序也与日本法律规定的顺序大致相同。

身体损伤当时的薪资、实际收入、日用劳动者的平均工资①来计算。为避免因被害人之间的收入差距而发生救助金规模的不平衡,将救助金总额定为不超过日用劳动者平均工资的 30 倍。被害人的遗族遗属补偿金最高可以达到 5400 万韩元,障害补偿金最高可以达到 4500 万韩元的救助金。如果出现因犯罪被害依国家赔偿法或其他法令得领受的金钱给付,或因犯罪被害已受领损害赔偿的给付的情况,则应扣除相应额度的经济补偿。

(6) 资金来源。韩国的被害人补偿的资金主要是以政府预算为财源的。另外,为减轻因补偿被害人而产生的政府财政压力,确保并给付被害人保护支援的资金,政府建立法务部长官运营管理犯罪被害者保护基金,并于 2010 年 5 月制订了《犯罪被害者保护基金法》,其第 3 条规定:"该基金的财源包括:罚金收入的一部分;审议会所代位行使损害赔偿请求权(即求偿权)而获得的求偿金;政府部门以外者捐助的现金、物品、其他财产;该基金的运营收入;等等。"代为行使的受救助人的损害赔偿请求权得就犯罪分子的劳作金行使之。

(7) 补偿救济程序。韩国法律并未规定不服救助决定的救济程序,因此,不服补偿决定的,应依一般行政救济程序请求救济。

2. 被害人经济补偿的理论依据

韩国《犯罪被害者保护法》基于国内重大犯罪造成的危害后果逐渐严重的现状,如果被害人的生命和身体受到了侵害,而犯罪分子不明或无资力,被害人不能得到任何金钱救济时,国家会给予被害人经济补偿,以此完善法律福利制度。韩国的犯罪被害者保护法以社会福祉理论为基础,将被害人救助看成对因犯罪引发生活困难的被害人的一种恩惠政策,因此韩国的被害人补偿制度比较接近于生活保障型。这种认为被害人可能无法从犯罪分子处获得应有赔偿而导致生活处境凄惨,应由国家伸出援助之手,给予这一特殊弱势群体起码的人道扶助的观念,符合人道主义及社会福利考量。韩国《宪法》第三十条也采用了"可以从国家得到救济"的句式,也说明韩国政府将对被害人予以补偿视为是增进人民福利的一项重要任务,而非基于被害人的权利。正如有学者指出的"保护被害者即是政府在行善,各项保护措施乃是立法或行政上之一种恩惠或施舍,并非被害人应有的权利"②。

在国家垄断了刑事追诉权、刑事审判权、刑事处罚权的情况下,韩国的被告人经济赔偿和被害人经济补偿制度具有国家因预防犯罪、镇压犯罪不利对被害人做出补偿的制度性质,同时也是作为体现社会国家理念的社会政策的一环来保障被害人的最低生活水平的刑事政策。

---

① 平均工资是指每年 6 次以上定期公布工资统计的工资调查机关调查所得出的全国男女普通工人日用劳动工资。

② 黄富源,张平吾. 被害者学新论[M]. 台北:台湾铭传大学出版社,2008:255.

第四节　印度死刑适用制度及其经济赔偿

与我国相同，印度也是世界人口大国，而且印度在立法和司法上都持一定的保留死刑的态度。印度同我国一样是保留死刑的人口大国，在这种相似国情下，对印度死刑制度和经济赔偿对死刑的影响进行考察，有利于我国经济赔偿在死刑执行选择中影响量子的实证分析对比和理论研究借鉴。

一、印度死刑适用制度

印度刑法的最初源头可以追溯到公元前的《吠陀经》《摩奴法典》。《吠陀经》(Smritis)有相关规定，侵犯国家组成部分、伪造皇室法令等可判处死刑。《摩奴法典》根据《吠陀经》与传统习惯制订，其内容主要是雅利安人(印欧语系的人)和非雅利安人的宗教、哲学、习俗以及惯例。① 《摩奴法典》中的条文体现了报应思想，其中涉及死刑的条文有16个，主要是对威胁王权的国事犯罪、侵犯(婆罗门)种姓制度犯罪、部分风俗和财产犯罪采取死刑。《摩奴法典》中的报应观念和死刑制度成为了印度死刑立法的历史来源，也是当代印度死刑观念的文化积淀。

到近代，英国殖民者凭借坚船利炮和超强国力征服了印度，英属印度的经历使得印度法从此走向了英美法系。现行1861年《印度刑法典》②就起源于英属印度，是现当代印度最重要的刑事法律。1861年《印度刑法典》共计511个条文，其中391条分则条款中只有10个条文规定有死刑，这10个条文中有8个是涉及生命权的犯罪。印度著名学者哈日·辛·郭尔(Hari Singh Gour)认为，死刑罪名实际上只有两个，即叛国和谋杀。③ 由于种种原因，死刑在印度无法被废除，但立法机关一直在努力缩小死刑适用范围。1973年颁布的《刑事诉讼法》中将死刑作为异常刑罚，并要求法官给出选择死刑的"特殊原因"。④ 1978年颁布的《印度刑法典(修正)法案》和《印度刑事诉讼法(修正)法案》，将死刑限制在仅对特定的谋杀罪予以惩罚。法庭多数还认为："对于人的尊严真正且宽容的关怀要求对以法律工具剥夺

---

① See Dr. Sir Hari Singh Gour's Penal Law of India, Vol. 1, Diamond Jubilee-10th Edition, Law Publishers, Allahabad, 1982, P. 7.

② 赵炳寿，向朝阳，杜利. 印度刑法典[M]. 成都：四川大学出版社，1988.

③ See Dr. Sir Hari Singh Gour's Penal Law of India, Vol. 1, Diamond Jubilee-10th Edition, Law Publishers, Allahabad, 1982, P. 410.

④ Section 354(3), CrPC 1973.

生命进行抵抗。死刑只有在替代刑被毫无疑问地排斥掉的少之又少的案件中才适用。"①最高法院还表示,考虑到杀人犯杀人后的自责、悔罪或者忏悔的法庭判决是符合目前的刑罚学趋势以及刑事诉讼法提出的判决政策的。1982年印度最高法院规定,死刑只能用于"少之又少的案例"。

虽然印度立法和司法上都持一致的赞成死刑态度,但是死刑的(最终)执行机构却对死刑进行着沉默的抗拒。"近年来,印度判处死刑的人数与这个国家庞大的人口基数相比,仍然是很少的——在1996年至2000年的五年间只有49人"②。2004年8月14日,达南约·查特吉(Dhananjoy Chatterjee)在西孟加拉邦加尔各答一座监狱被执行死刑,③这是加尔各答州13年来首次执行死刑,也是印度1997年以来首度执行的死刑。有学者由此指出"印度有着相对保守的死刑立法、争议的死刑司法、审慎的死刑执行制度"④。

根据印度媒体进行的民意测验显示,死刑得到公众较广泛的支持,接受测验的人中有75%—80%赞同死刑,印度政府以及一些诸如印度国家人权委员会和印度法律委员会之类的表面上独立的团体也保持相似的立场。⑤

二、印度死刑适用中的经济赔偿制度

在亚洲,印度是较早引入被害人学的国家之一。早在1965年便有印度学者发表过关于补偿令的文章,而且在1969年召开的一次关于刑法与现代社会变化的研讨会中,出现了对被害人进行补偿的专题。1973年,于以色列召开的第一届被害人学国际研讨会上,有印度代表就被害人补偿问题做了发言。⑥

1995年,印度的泰米尔纳杜邦建立了被害人救助基金,作为对暴力犯罪被害人的支援基金,规定一些暴力犯罪被害人有资格获得邦政府的财政支援。根据印度的泰米尔纳杜邦的制度,死亡、重伤害和强奸的被害人都是邦政府经济补偿的对象;被害人补偿的裁定机关是在地区和市设置的,由警察和检察官等组成的被害人

---

① Dr. Y. S. Chitale, Senior Advocate, at751, indicated inS. Muralidhar, "hang them now, Hnag them not: India's, Travails with the Death Penalty", Vol. 40, Journal of the India Law Istitute(1998), p. 4.
② 罗吉尔·胡德. 死刑的全球考察[M]. 刘仁文,周振杰,译. 北京:中国人民公安大学出版社,2005:86.
③ 根据"大赦国际"2005年年度报告的内容以及印度国内大量报道,犯罪分子查特吉因1990年3月在加尔各答强奸并杀害了一名14岁女童被判处死刑,其在监狱服刑14年后被执行死刑。
④ 蔡桂生. 死刑在印度[J]. 刑事法评论,2008,23(2),266-317.
⑤ 巴克拉. 印度的死刑:问题与视角[J]. 刑法论丛,2008(1):57-58.
⑥ 太田达也,武小凤. 刑事被害人救助与刑事被害人权利在亚洲地区的发展进程[J]. 环球法律评论,2009,31(3):145-160.

支援委员会。①

印度在全国范围仅确立了恢复令和补偿令的惯例，即法院可以命令已定罪的犯罪分子弥补被害人损失，或以此来替代刑罚处罚。②"但该制度没有法律上的根据，只是作为以警察为中心的行政上的制度"③，这也并非全国性的补偿制度，而只能在该邦领域内予以适用。况且，在印度许多死刑审判的被告人是穷人和文盲，即使个人能够支付法律代表的费用，往往也没有能力去支付给予被害人的经济赔偿。所以，死刑案件的经济赔偿制度在印度缺乏广泛的适用。

第五节 有关域外经济赔偿制度对我国死刑适用的启示

美、日、韩三国是目前发达国家中为数不多的依然保留有死刑罪名的国家，印度作为保留死刑的国家之一，在地域和人口上与我国相似，这四国立法虽然保留了死刑罪名，但原则上均坚守了死刑只适用于最严重的暴力犯罪的底限，并且司法实践中的死刑判决和实际执行率很低。而四国的经济赔偿制度则在一定程度上显示了司法控制在死刑适用方面的社会保障作用。在我国，基于死刑罪名和执行率均较高，被害人经济赔偿制度不发达的现状，如何借鉴他国经验，从刑事政策角度避免"花钱买刑"现象的产生具有紧迫的现实意义。

一、建立符合国际趋势的多元化经济赔偿制度

通过上文对美、日、韩、印四国死刑制度和经济赔偿的立法及判例的介绍分析可以看出，虽然四国的国情、法系、文化各不相同，但其设置的被害人补救制度体系均由被告人的经济赔偿和国家对被害人的经济补偿共同构成。这种被害人保护的多元化方式符合国际趋势。

在国际上，1948年《世界人权宣言》、1966年《公民权利和政治权利国际公约》、1984年《禁止酷刑公约》等国际规范公约中都规定了保护被害人权利问题。1983年，欧洲理事会通过《欧洲暴力犯罪被害人赔偿欧洲公约》，直接规定了对暴力犯罪被害人给予经济赔偿的内容。1985年8月26日至9月6日，联合国经济及社会理

---

① 孙彩虹.亚洲犯罪被害人补偿法律制度比较研究[J].河北法学，2004(7):112-114.

② 太田达也，武小凤.刑事被害人救助与刑事被害人权利在亚洲地区的发展进程[J].环球法律评论，2009，31(3):145-160.

③ 孙彩虹.亚洲犯罪被害人补偿法律制度比较研究[J].河北法学，2004(7):112-114.

事会在意大利米兰举行的第七届联合国预防犯罪和罪犯待遇大会上,也将"被害人的保护"列入大会议程,联合国大会于同年11月29日正式通过了"犯罪被害人人权宣言","犯罪被害人人权宣言"制订的目的是"支持政府和社会为审判、犯罪被害人和权力滥用被害人提供援助",规定了保障被害人待遇的最低标准,如规定被害人应获得同情和尊重(compassion and respect)、能在法庭上发表意见(presentation of views to court)等内容。其中与经济赔偿有关的标准包括所受损失能得到犯罪分子的赔偿或补偿(restitution/compensation by offender)和国家的补偿(compensation by the state)两类内容。该宣言成为了被害人保护运动的基准,也成为各国制订国内被害人保护政策改善与否的指标。[①]

1993年,联合国秘书长加利针对联合国"犯罪被害人人权宣言"原则的遵循情况,对联合国成员国进行了统计调查,44个国家提交了报告书。接受调查的所有国家都规定刑事犯罪分子应对被害人进行公正合理的赔偿,被害人获得损害赔偿的方式为返还财产、赔偿损失、返还因被害引发的费用。而对于无法从犯罪分子处获得经济补偿的被害人,其中1/3的国家会运用国家财政进行补偿,有23个国家的被害人正在接受物质援助。[②]

我国目前对于被害人的经济赔偿制度十分单一,诉讼流程具有复杂滞后性,难以解决被害人的燃眉之急。尽管我国新刑事诉讼法确立了刑事和解制度,但仍面临很多困境,特别是无法解决死刑案件中的经济赔偿问题。而且,中国作为已经签署《联合国公民权利与政治权利国际公约》的联合国常任理事国,理应立志为推进世界和平、尊重和保障人权作出贡献。因此,通过建立被告人的经济赔偿和国家对被害人的经济补偿共同构成的多元化经济赔偿制度来完善和控制死刑适用的刑事政策方式,值得中国学习借鉴。

二、完善经济赔偿被害人诉讼制度

虽然针对被害人的经济赔偿除被告人经济赔偿之外,还有民事救助、保险、损害赔偿命令制度等多种救助方法。但是,一方面,只是通过司法程序对被害人进行救助,在经济赔偿方面无法达到预期的效果,大部分的犯罪被害人通过这些方法并没有得到有效的补偿。另一方面,由于现行的被害人救助制度并没有什么实效性,所以迫切需要国家、社会对被害人进行有效的救助。于是,人们提出应该大力发展被害人补偿制度的意见。

通常恢复犯罪损害最自然的办法就是要求犯罪分子对自己造成的损害进行赔偿,而我国采用的也正是以犯罪分子赔偿为中心的传统刑事司法程序。这种传统

---

① 朴志盛.中韩犯罪被害人国家补偿制度比较研究[D].青岛:中国海洋大学,2011:6-8.
② 朴志盛.中韩犯罪被害人国家补偿制度比较研究[D].青岛:中国海洋大学,2011:6-8.

刑事司法程序下设置的被告人经济赔偿制度容易产生被害人无法对犯罪分子的不赔偿行为采取有效对策的情况，而且被害人在传统刑事司法过程中一直处于被无视的地位状态。因此，我国应由现有的忽视被害人权利的传统刑事司法，转向设置增加保护被害人内容的现代刑事司法程序。其首要的步骤就是完善被害人获得经济赔偿的相关诉讼制度，使被害人能够积极参与到死刑案件的诉讼中来。

美、日、韩均通过立法设立了被害人参与诉讼的具体内容与程序。以美国为例，设置了被害人获得经济赔偿的相关诉讼制度，使被害人作为案件量刑信息提供主体能够积极参与死刑案件的裁判。首先，无论是在立法还是在司法实践中，被害人能提供影响性陈述以便法官作为量刑时的考量因素之一，其可能导致被告人量刑加重或减轻的结果。其次，美国辩诉交易和VOM等程序机制的设计，提供了被告人与被害人交流的机会，而辩诉交易和VOM等程序中被告人对被害人的经济赔偿，也为影响死刑适用提供了现实可能性，更好地体现了国际人权的内涵。不过，出于美国的定罪与量刑分离模式，经济赔偿并不能对死刑的定罪产生影响，而被害人即使接受了被告人的经济赔偿也不一定会提供有利于被告人的影响性陈述，况且被害人影响性陈述只是死刑量刑情节中的众多考虑因素之一。因此，虽然被害人参与诉讼、获得经济赔偿具有影响量刑的可能，但并没有判例可以证明这一点，而更多地体现为对程序正义原则的尊重和平等对抗观念的影响。

日本和韩国也受到美国影响，日本不仅像美国一样重视被害人的影响陈述，还直接以立法形式赋予被害人量刑影响陈述权，在韩国，被害人陈述权不仅是刑事诉讼法上的诉讼权利，更是宪法规定的基本权利。同时，日、韩两国还规定被害人既可以直接要求犯罪分子个人进行赔偿，又可以通过依托于民事诉讼的被害人救助、依托于保险的被害人救助、依托于损害赔偿命令制度的被害人救助等获得经济赔偿。日、韩两国被害人均可以向法庭陈述其因犯罪而遭受侵害的情况及对于被告人的处罚意见等，但是与美国一样，该陈述只是作为众多量刑考量因素之一，并不必然影响量刑。而赔偿令制度是在定罪判决之后对被害人进行救助的措施，更不会影响量刑。

印度虽然也设置了全国范围性的恢复令和补偿令惯例，但该制度没有法律上的根据，死刑案件的经济赔偿制度在印度缺乏广泛的适用，是制度与适用相对脱节的典型。

而在我国，被害人基本只是以作证陈述的方式来参与刑事诉讼程序的，被害人的意见是否被法庭采纳，取决于被害人陈述的证据属性，被害人既不能向美国一样能够积极参与量刑程序，更无法完整阐述犯罪为自己生活、精神等各方面所造成的影响，不能提出对被告人处刑的意见。因此，本书主张，我国刑事诉讼法应当提升被害人的诉讼地位，并借鉴美国诉讼过程中被害人影响性陈述的规定，从而保障被害人在量刑方面积极参与死刑案件的诉讼。这是保障被害人获得被告人经济赔偿和避免空判的有效路径。

三、建立刑事被害人国家补偿制度

由于犯罪分子的贫穷、诉讼的耗费时日以及诉讼成本高昂等原因,被害人通过诉讼来寻求经济补偿的努力绝大多数都是徒劳无功的,于是被害人经济补偿立法成为世界性趋势。美、日、韩、印都逐渐引入了被害人经济补偿制度。美国从国际人权保障和宪法第八修正案的角度进行被害人经济补偿制度的设置,其具体内容与该国诉讼制度相符。而日本、韩国之所以能设立比较完善的被害人国家补偿制度有两个方面的原因:一是因为法律制度受西方先进的法律观念,特别是美国影响较大;二是对20世纪80年代开始的经济腾飞导致的犯罪率上升的现实的回应。因此,日本和韩国的补偿制度体例和内容大致相似。印度虽然没有设置全国范围的被害人国家补偿制度,但是个别邦政府已经开始适用。

从被害人经济补偿的理论依据来看,与国际公约和惯例不同的是,四国均未将国家对被害人的经济补偿认为是基于被害人权利的。例如,美国的多数州认为是基于道义责任;日本认为通过被害人经济补偿能够维护社会秩序,体现了刑事政策的功用性;韩国则认为被害人经济补偿体现了社会福祉理论。说明各国是根据本国的国情来具体设置被害人经济补偿制度的。我国目前设置的被害人经济赔偿制度十分单一,被害人受到的重大人身伤害只能通过诉讼向被告人要求赔偿。尽管我国新刑事诉讼法确立了刑事和解制度,但仍面临很多限制,特别是无法解决死刑案件中的经济赔偿问题,而整个刑事诉讼的流程具有复杂和滞后性,难以解决被害人的燃眉之急。况且在案件判决之后,即使被害人具有了向被告人索取经济赔偿的法律凭据,但在很多案件中,由于被告人自身经济能力无法赔偿、诉讼成本高昂,或被判处死刑的被告人不愿意赔偿等原因,通过诉讼为被害人争取被告人给予的经济赔偿存在很大程度上的不确定性,特别是死刑案件这种空判现象尤其明显。

而从美国的经济赔偿制度来看,其从国际人权保障和宪法第八修正案的角度设置国家对被害人经济赔偿的制度。美国对暴力犯罪的被害人给予的补偿,虽有物质救助的成分,但是只将暴力犯罪引起的生命财产损害纳入补偿范畴的立法缘由,也体现出政府对被害人补偿的根本宗旨是救济。因此,美国诉讼后被害人获得的经济赔偿属于国家补偿,其更多地代表着国家对被害人及其遗属的精神抚慰和人文关怀。这种国家给予的经济补偿并不会对死刑案件的定罪和量刑产生直接影响,但是这一制度却因为能够为被害人的生活提供法律上的经济保障,从而完善了VOM调解模式,避免了在诉讼中出现"花钱买命"的现象。

因此,我国也应该建立被害人国家补偿制度。而从被害人国家补偿的理论依据来看,与国际公约和惯例不同的是,美国未将国家对被害人的经济补偿认为是基于被害人的权利,说明其是根据本国国情来具体设置被害人经济赔偿制度的。因此,虽然同为保留死刑的国家,但中国有自己的国情,借鉴国外先进制度要慎重地取而用之,切忌全盘移植,应该建立中国特色的被害人国家补偿制度。在有关补偿对象、补偿方式、补偿金额、补偿机关和程序等方面,需要设置适合中国国情,便于在司法实践中操作的被害人补偿制度。

陈兴良教授认为"司法裁量对于限制死刑意义重大"[11]。我国近些年来也在寻找限制死刑的司法途径,但是由于屡屡出现"偿命不赔钱"与"赔钱不偿命"的案件,导致以命案和解为代表的重罪案件和解得不到台面上规则的承认。而美、日、韩、印四国虽然均在立法上保留了死刑,但却没有因为在诉讼中设置被告人经济赔偿的程序而导致"花钱买刑"现象的产生,其原因何在?

上述四国虽然均保留了死刑制度,但对于死刑的判决与执行都有严格控制。比如,美国通过宪法和司法裁量限制死刑,日本暂缓执行死刑制度使死刑犯几十年都不被执行,韩国已成为事实上废除死刑的国家,在印度执行死刑的数据少之又少(1996—2000 年只有 5 人)①。而我国的执行数量,据大赦国际查明在 2002—2007 年共执行了 7836 人②。我们认为,严格限制死刑判决和死刑执行也许正是杜绝产生"花钱买刑"现象的原因之一。因此,并不是通过制订完善的司法制度才能限制死刑,而是先确立限制死刑的原则,再以此为基准来设置保护被害人的司法裁量制度,如设置被害人影响陈述等被害人参与诉讼的具体规定,并且通过设置被害人国家补偿制度作为司法裁量的补救措施。虽然国家对被害人的经济补偿不会对死刑的定罪量刑产生影响,但是也正是因为国家补偿制度对被害人的保护,才既能增进被害人符合人性尊严的生活价值,又能够逐渐消除民众对被告人的报应观念。

---

① C·瑞·库玛(C. Raj Kumar)为提供这些数据进行了调查。
罗吉尔·胡德. 死刑的全球考察[M]. 刘仁文,周振杰,译. 北京:中国人民公安大学出版社,2005:86-87.
印度司法部长在 1997 年(基于《公民权利与政治权利国际公约》而建立的)人权理事会上陈述道,1991 年判决 24 人死刑,仅 4 人被执行,总统介入了约 75%的(死刑)案件。1992 年执行 6 人,1994 年执行 1 人,1995 年执行 2 人。
② 资料来源于[英]罗吉尔·胡德:《当今世界死刑的地位与使用问题的发展》,载于《死刑改革的全球考察及对亚洲经验的借鉴:中欧死刑项目启动学术座谈会》论文集(2007 年 6 月 20 日-21 日,北京),第 10 页;以及大赦国际 2008 年年度报告。

第四章　海南省死刑适用与经济赔偿影响量子的实证分析

研究经济赔偿在死刑案件中的适用,首先应当明确死刑可以适用的具体案件范围,即哪些犯罪通常会被判处死刑立即执行;其次应当弄清经济赔偿因素对死刑适用的具体影响,即在被告人本应当被判处死刑立即执行的案件中,因为经济赔偿而使被告人得以免死,不被判处死刑立即执行。死刑立即执行和死刑缓期二年执行作为广义上死刑的两种执行方式,对被告人的影响却存在天壤之别。换言之,被告人被判处死刑缓期二年执行的,就意味着一般可以不死,而被判处死刑立即执行的,则是必死无疑。可见,为了更好地说明经济赔偿在死刑案件中的具体作用,对经济赔偿影响死刑执行类别的适用进行实证分析,无疑是比较理想的研究路径。基于本研究的负责人及主要成员都位于海南省区域范围内,而且为了提高引用案件的新颖性及说服力,将主要的调研对象明确为2011—2015年海南省的各中级人民法院和海南省高级人民法院审理的相关案件。

第一节　死刑立即执行及死刑缓期执行案件的具体适用

死刑作为最严厉的刑罚手段,在当前各国刑事司法中的适用普遍受到严格的限制甚至禁止。纵观我国刑事立法关于死刑的立法规定可以看出,死刑在我国的刑事犯罪中可以适用的空间越来越小。这不仅表现在立法规定上可以适用死刑的罪名在减少,而且司法机关适用死刑的情况也受到严格控制。其中一个重要的控制手段,就是尽可能以死刑缓期执行代替死刑立即执行的适用。刑法理论上,影响死刑执行类别适用的因素有很多,通过分析具体的司法案件可以发现,经济赔偿作为酌定量刑情节,对死刑执行类别适用的影响越来越大。

一、死刑立即执行的适用情况

我国刑法中所讲的死刑,包含死刑立即执行和死刑缓期二年执行两种刑罚方式。本章主要通过分析死刑立即执行和死刑缓期二年执行在各种犯罪当中的适用情况,从而分析死刑的适用与经济赔偿的关系问题。在对海南省高级人民法院的调研中发现,虽然刑法仍保留了46种罪名的死刑规定,但对于大部分仍保留死刑的罪名,司法机关仍然极少判处甚至不判处死刑立即执行。通过分析已有案例可知,死刑主要适用于故意杀人案件、毒品犯罪案件、抢劫致人死亡案件、故意伤害致人死亡案件。如前文所述,非暴力犯罪死刑罪名不在本书的研究范围内,据此,根据现有的调研案件,在海南省选择的属于暴力犯罪、可能因经济赔偿而影响死刑执行类别的罪名为:故意杀人罪、故意伤害罪、抢劫罪。

(一) 死刑立即执行在故意杀人案件中的适用

我国刑法将故意杀人罪放在侵犯公民人身权利、民主权利犯罪的第一位,这是因为故意杀人罪在此类犯罪中是最严重的犯罪,这不仅表现在故意杀人通常在客观上会造成被害人死亡的严重后果,具有极其严重的社会危害性,而且犯罪分子在主观上以剥夺他人生命权为目的,相较于其他侵犯人身权利、民主权利的犯罪而言,犯故意杀人罪的犯罪分子的主观恶性最为恶劣,犯罪分子的人身危险性相对更大。在调研中我们发现,故意杀人犯罪造成被害人死亡的案件中,被告人被判处死刑的数量占据了较大的比例。

案例 1　海南省海口市中级人民法院审理的梁某故意杀人罪一案①

2013年12月21日凌晨4时许,被告人梁某伙同阿五、阿明(均在逃,另案处理)从海口市汽车西站窜至海口市秀英区海港路海口港西北小区,准备盗窃电动车电池。因盗窃未得逞,梁某便准备从海口市人民医院海港分院(以下简称海港分院)回家。为避免被人发现盗窃行迹,梁某将身上所带的钳子、铁棍等盗窃工具藏放在该医院三楼走廊的一个消防箱上。海港分院值班保安梁某某在医院保安岗亭通过监控视频发现梁某形迹可疑,立即到三楼控制梁某,并将其带到一楼大厅盘问,一同值班的保安王某乙(本案被害人,殁年33岁)也赶到一楼协助控制梁某。当梁某某返回三楼巡查时,发现了梁某藏放在消防箱上的盗窃工具,便电话告知王某乙。王某乙得知梁某是涉嫌盗窃的犯罪嫌疑人后,在该医院的北门保安岗亭抓住欲逃跑的梁某,两人遂在岗亭处扭打起来。在扭打过程中,梁某挣脱逃跑,王某乙赶至海港分院北门附近,再次抓住梁某。梁某遂从左后裤袋内掏出一把折叠匕

---

① 海南省海口市中级人民法院刑事附带民事判决书(〔2014〕海中法刑初字第39号)。

首朝王某乙乱捅乱刺,划伤王某乙的左侧颞部、左耳、面部、左、右手腕、右肘窝、右膝部等多处部位,捅刺王某乙的左胸部三刀。王某乙被捅伤倒地后,梁某逃离现场。当逃至海口市秀英区港丰市场(以下简称港丰市场)附近一车棚时,梁某将身上染血的浅灰色毛衣和捅刺王某乙的折叠匕首扔在路边,随后逃回居住的秀英区海南省五建宿舍×××房换下沾血的黑色长裤。王某乙被捅伤后经抢救无效死亡。法院查明,被告人曾于2004年8月5日因犯贩卖毒品罪被海口市龙华区人民法院判处有期徒刑二年,2006年4月15日刑满释放。2010年8月18因犯贩卖毒品罪被海口市秀英区人民法院判处有期徒刑十一个月,2011年1月20日刑满释放。2012年7月19日因犯贩卖毒品罪被海口市秀英区人民法院判处有期徒刑七个月。

法院审理认为,被告人梁某为吸毒而盗窃,被安保人员发现控制后,为逃避抓捕而持刀故意捅刺被害人王某乙左胸等要害部位多刀,致王某乙当场死亡,其主观恶性极深,人身危险性极大,犯罪手段残忍,后果严重;被告人梁某因犯贩卖毒品罪,曾被3次判处有期徒刑,且第三次刑罚执行完毕后未满一年零二个月又犯应当判处有期徒刑以上刑罚之罪,是累犯,依法应予严惩。据此,法院最终判处被告人死刑立即执行。

案例2 海南省三亚市中级人民法院审理刘某祥犯故意杀人罪一案①

被告人刘某祥与被害人周某于2010年4月相识,5月确定恋人关系,后周某及家人要求刘某祥与其妻子离婚。2012年4月,刘某祥回湖南老家办理离婚手续,但未办成,同年9月,周某向其提出分手,刘某祥表示很难过,要周某再给他一次机会,周某未同意。9月22日22时30分许,被告人刘某祥携带水果刀等物来到三亚市建设街与和平路交汇处等候被害人周某下班回家,要再与周某谈谈。约23时许,刘某祥发现周某在路口下车往市医药公司宿舍方向走去,便尾随其后并进入市医药公司宿舍小区内。当走到距楼梯约10米处左右时,周某发现刘某祥跟在其后面,便问:"你来干什么?"刘某祥回答:"咱们先上楼,到上面再说。"便向楼梯方向走去,周某便站在他面前拦住他,不让他上楼。二人随即发生拉扯。当二人撕扯着走到一楼楼梯上时,周某仍试图阻拦刘某祥上楼,并不停地推刘某祥。刘某祥很生气,产生了"自己不活、大家就都别活"的想法,遂从随身携带的塑料袋中拿出一把水果刀,不顾周某的反抗,向着周某的身体连刺数刀,然后迅速逃离现场。周某被刺后转身扶着楼梯扶手向楼上跑去,回到六楼家中后便倒在客厅地板上,后经抢救无效死亡。

经检验鉴定,被害人周某系生前前胸部被锐器刺伤造成心脏裂创致失血性休克死亡。三亚市中级人民法院审理认为,被告人刘某祥无视国家法律,故意非法剥

---

① 海南省三亚市中级人民法院刑事附带民事判决书〔2013〕三亚刑初字第19号。

夺他人生命,致人死亡,其行为已构成故意杀人罪。刘某祥被抓获后,如实交代犯罪事实,系坦白。刘某祥持刀刺被害人头、胸、颈等要害部位,致被害人死亡,其犯罪行为手段残忍,性质恶劣,罪行极其严重,虽有坦白情节,亦不足以对其从轻处罚,依法应判处死刑立即执行。一审判决后,被告人提出上诉,二审法院海南省高级人民法院审理认为,上诉人刘某祥在原有婚姻未能解除时,提出与被害人继续交往的不合理要求遭到拒绝后,持刀将被害人杀死,非法剥夺他人生命,其行为已构成故意杀人罪,依法应予惩处。刘某祥到案后能如实供述主要犯罪事实,但一审宣判后推翻原有供述,认罪态度较差。刘某祥的作案手段残忍,后果严重,社会危害性大,依法对其不予从轻处罚。二审法院随裁定维持原审死刑立即执行判决。

案例3　海南省三亚市中级人民法院审理于某龙犯故意杀人罪、强奸罪一案[①]

(1) 2014年3月12日10时50分许,被告人于某龙在三亚市金泉海景公寓501室乐星音乐工作室调试架子鼓、推挪钢琴位置时,因声音较大,该工作室的钢琴授课教师——被害人于某馨与其发生争执、厮打,后被告人持水果刀捅刺被害人于某馨颈脖、肩部、腹部、背部数刀。在于某馨倒地向门外爬行欲求救时,被告人抓住于某馨脚部进行回拖,并用脚踢于某馨头面部。于某馨不动弹后,被告人逃离现场。经鉴定,被害人于某馨系生前颈左侧被单刀锐器刺伤,致颈部大血管破裂致失血性休克死亡。

(2) 2014年3月9日16时许,被告人于某龙来到三亚市创业大厦B座304室DG街舞工作室,向前台工作人员吉某某咨询报名相关问题,要求吉某某带其参观练习室。在参观过程中,其以厕所的水龙头坏了需要查看为由,诱骗吉某某进入厕所,持刀威胁,划伤了吉某某脸部,并将吉某某强奸。

三亚市中级人民法院审理认为,被告人于某龙持刀故意杀害被害人于某馨,其行为已构成故意杀人罪;于某龙违背妇女意志,持刀威胁,强行与被害人吉某某发生性关系,其行为已构成强奸罪,均应依法惩处。于某龙一人犯数罪,应数罪并罚。于某龙因琐事与被害人于某馨发生争执、厮打,后持水果刀捅刺于某馨多刀,尤其在已受伤倒地的于某馨向外爬行求救时,于某龙抓住于某馨脚部进行回拖,并用脚踢头部至其不动弹后才逃离现场,其犯罪行为性质恶劣,手段残忍,并造成了被害人死亡的恶果。另外,于某龙短短几天内实施两起严重侵犯人身权利的暴力犯罪,表明其主观恶性深,人身危险性大,虽然其归案后坦白认罪,但不足以对其从轻处罚。据此,三亚市中级人民法院数罪并罚判处被告人死刑立即执行。被告人上诉后,二审法院海南省高级人民法院依法维持原判。

上述案例表明,因故意杀人罪被判处死刑立即执行的,其犯罪都具有极其较大

[①] 海南省三亚市中级人民法院刑事判决书(〔2014〕三亚刑初字第29号)。

的社会危害性,犯罪分子具有严重的人身危险性。主要表现在,犯罪造成了至少1人以上的死亡后果;犯罪手段极其残忍,多次指向被害人要害部位,故意致使被害人死亡的目的表现得十分突出;存在累犯或惯犯等从重情节,等等。在这种情况下,有些犯罪分子虽然存在自首、坦白等从轻处罚情节,但仍不足以对其从轻处罚。值得注意的是,在这些被判死刑立即执行的故意杀人案件中,均不存在被告方赔偿或积极赔偿被害方损失的情况。

(二) 死刑立即执行在故意伤害案件中的适用

海南省各中级人民法院及海南省高级人民法院的案件调研结果显示,法院对于故意伤害案件的犯罪分子判处死刑立即执行的情况比较少。某法院一位刑事审判庭工作人员表示,死刑作为最严厉的刑罚,在司法实践中受到越来越严格的限制,对于具体个案,能够判无期徒刑的,就不会判死刑缓期执行;能够判死刑缓期执行的,就不会判死刑立即执行。对于故意伤害案件,除非造成了多人死亡的极其严重后果的,否则都不会判处被告人死刑立即执行。在故意伤害犯罪被判处死刑立即执行的案件中,其特点表现为大多数情况下犯罪导致了至少2人以上死亡的严重后果,且较之于一般故意伤害案件,犯罪手段更为残忍。

案例4　海南省海口市中级人民法院审理的李某某犯故意伤害罪一案①

2013年9月7日凌晨2时许,被告人王某朝欲将电动自行车推进其居住的海口市龙华区龙华二横路好而惠大厦时,与因避雨而坐在楼道中吃烧烤、喝酒的被害人林某某(男,殁年27岁)、王某某(男,殁年26岁)发生争执,林某某欲上前殴打王某朝,被王某某及烧烤摊摊主许某某劝阻。王某朝心存不忿,回到×××房后,向同室的被告人李某某、赵某某提出一起去教训林某某、王某某,二人均表示同意。王某朝在×××房门口拿起一根约1 m长的木棒,李某某自己携带一把单刃匕首藏在腰间,后三人乘电梯来到大厦一楼门口。王某朝持木棒打向林某某、王某某,二人起身用夜宵摊的桌子和塑料椅抵挡,李某某持携带的匕首捅刺王某某左侧腰背部,王某朝持木棒、赵某某持塑料椅追打林某某。后三人追打林某某、王某某至马路对面的大众干洗店门前人行道处,李某某持匕首追打、捅刺王某某,王某朝持木棒、赵某某持塑料椅殴打林某某、王某某,王某某受伤倒地后,李某某上前向其腰、腿部猛踢几脚,又与王某朝等追打林某某,并持刀捅刺林某某胸、腹、臀部。林某某受伤后沿龙华二横路向西逃跑至神州水果行门口处倒地,王某朝、李某某、赵某某见状遂停止追打并逃离现场。被害人林某某系因锐器作用于右胸部(贯通腹腔)导致肝脏、肾脏破裂引起多脏器功能衰竭合并失血性休克;被害人王某某左胸腹部符合锐器伤特征,该损伤导致肺、脾、胃、肾破裂引起多脏器功能衰竭合并失血

---

①　海南省海口市中级人民法院刑事附带民事判决书(〔2014〕海中法刑初字第28号)。

性休克,二人经抢救无效于当日死亡。

对于被告人李某某的情况,法院审理认为,被告人李某某仅仅因王某朝与被害人一点点的琐事之争,便在王某朝的召集下,在公共场所持刀捅刺2名被害人,当一被害人逃跑时,又追赶并捅刺,致2名被害人死亡,尽管李某某到案后,基本能如实供述自己的罪行,构成坦白,但鉴于其犯罪手段残忍,犯罪情节恶劣,犯罪后果特别严重,社会危害性特别大,应依法严惩,故不予从轻处罚。据此,法院最终判处被告人死刑立即执行。

案例5 海南省海口市中级人民法院审理刘某良犯故意伤害罪一案①

2011年10月1日21时许,被告人刘某良与吉某才、符某进(均另案处理)、吉某翁在位于海口市解放西路的九九歌城七楼810号包厢唱歌喝酒,至次日凌晨2时许准备离开。四人在乘坐电梯时与谢某科、翁某胜、李某雄等人因进电梯时的身体接触而发生口角。离开电梯后,因谢某科、翁某胜阻挠刘某良等人乘坐出租车离开,双方再次发生冲突。在刘某良等人行至解放西路原海口市文化宫附近时,谢某科、翁某胜持木屐、凳子等物袭击刘某良等人,刘某良、符某进、吉某才随即分别持匕首、电棒、塑料凳等物与对方扭打在一起。在扭打过程中,刘某良持匕首先朝谢某科的右大腿、左上腹捅刺了两刀,后又朝翁某胜的右胸部、上腹部捅刺了两刀。谢某科、翁某胜被刀捅伤后逃跑时倒地,当场死亡。被告人刘某良及吉某才、符某进则逃离现场。

法院审理认为,被告人刘某良持刀故意伤害他人身体,致2人死亡,其行为已构成故意伤害罪。本案虽是被害人一方先挑起事端,并主动追打刘某良等人,在案发起因上具有一定过错,刘某良到案后亦如实供述了犯罪事实,但其随身携带匕首,持匕首捅刺谢某科2刀后,又持刀捅刺翁应胜,在翁某胜逃跑时又继续追赶捅刺翁的要害部位,致使谢、翁二人当场死亡,罪行极其严重,故对其不予从轻处罚。据此,法院最终判处被告人死刑立即执行。

故意伤害罪与故意杀人罪的最大区别就在于,故意伤害罪的主观方面表现为故意造成被害人身体受到伤害,而故意杀人罪的主观方面则表现为故意造成被害人死亡。故意伤害罪的主观恶性要比故意杀人罪的主观恶性浅很多,因此,在造成同样的危害后果条件下,故意伤害罪的刑罚应当轻于故意杀人罪。通过上述案例可知,因故意伤害罪被判死刑立即执行的,行为的客观方面所造成的危害结果通常都是非常严重的,即便是被告人存在自首、坦白、被害人过错等从轻处罚情节,也不足以对被告人从轻处罚。上述案例中,被告人因故意伤害被判处死刑立即执行的,同样没有赔偿或积极赔偿被害方损失的行为。

---

① 海南省海口市中级人民法院刑事附带民事判决书(〔2012〕海中法刑初字第45号)。

(三) 死刑立即执行在抢劫犯罪案件中的适用

抢劫犯罪不仅侵犯了公私财产权,还侵犯了他人的生命健康权。正因如此,抢劫罪也属于典型的暴力犯罪,刑法对其规定了死刑。通过司法案例可知,抢劫犯罪案件中犯罪分子抢劫的对象大多都是普通民众,这就意味着与大部分经济犯罪相比,抢劫犯罪过程中所获取的财物数量相对比较小。因抢劫罪被判处死刑立即执行的犯罪分子,一般都具有造成被害人死亡的严重结果,并且具有其他从重处罚的情节。

案例 6 海南省第二中级人民法院审理蔡某光犯抢劫罪一案①

2014 年 8 月 29 日 19 时许,被害人曾某婷(女,殁年 26 岁)乘坐中巴车回儋州市中和镇家中,途经儋州市木棠十字路口时,在此载客的被告人蔡某光见曾某婷下车,便驾驶三轮摩托车上前提出载其回家,双方在商谈乘车价格时,蔡某光看见曾某婷手上带有金戒指,便起意抢劫。之后蔡某光将曾某婷载至中和镇附近煤气站路段,将车拐入一偏僻小路内,对其实施抢劫。遭到曾某婷反抗时,蔡某光先后采取捂口鼻部、手掐、绳勒颈部的方式至其死亡。蔡某光当场劫取曾某婷手上的金戒指、随身携带的茶叶和挎包内的钱包、手机等财物,并将曾某婷放置在路边的草丛内,返回家中。当晚蔡某光准备了石块、电线及铁丝等物,用三轮摩托车连同曾某婷的尸体一起运至北门江新龙沙场段岸边,之后用电线及铁丝等物将曾某婷的尸体与石块捆绑在一起,投入北门江。经鉴定,曾某婷系生前被他人捂口鼻部、勒压颈部导致机械性窒息死亡,并死后被沉尸于北门江。

海南省第二中级人民法院审理认为,被告人蔡某光以非法占有为目的,使用暴力手段劫取他人财物,在实施抢劫过程中,为压制被害人曾某婷反抗,采取捂口鼻部、勒压颈部等方式致其死亡,共劫得被害人曾某婷财物价值人民币 2000 余元。被告人蔡某光的行为已构成抢劫罪。被告人蔡某光在抢劫过程中杀害被害人曾某婷并沉尸,其犯罪手段特别残忍,犯罪情节十分恶劣,犯罪后果极其严重,依法应予严惩。据此判处被告人死刑立即执行。本案被告人的犯罪行为不仅造成了被害人死亡,而且其杀害被害人的手段极其残忍,因此而被处以极刑。

案例 7 海南省海口市中级人民法院审理张某国犯抢劫罪一案②

(1) 2009 年 7 月 30 日 12 时许,被告人张某国预谋抢劫后窜至海口市美兰区蓝天路汇亘大厦 1501 房被害人韩某的住处,谎称是物业管理员要查看水表,骗韩某打开门后进入房间。张某国用随身携带的水果刀胁迫韩某,并用拳头殴打其头

---

① 海南省第二中级人民法院刑事附带民事判决书(〔2015〕海南二中刑初字第 27 号)。
② 海南省海口市中级人民法院刑事附带民事判决书(〔2014〕海中法刑初字第 76 号)。

部,抢走韩某现金 800 元及铂金项链 1 条后逃离现场。

(2) 2009 年 10 月 19 日 10 时许,被告人张某国预谋抢劫后窜至海口市龙华区龙华路大骅商厦 914 房被害人兰某霞的住处,谎称是物业管理员要检查漏水,骗兰某霞打开房门后进入房间。张某国趁兰某霞不备,用手勒住其颈部,持随身携带的水果刀威胁,又用尼龙绳反向捆绑兰某霞的双手和颈部,逼迫兰某霞交出现金、银行卡并说出银行卡密码,抢走兰某霞现金 500 余元及白金项链 1 条后,解开兰某霞身上的尼龙绳,改用房间里的衣物将其捆绑,之后,携带该尼龙绳逃离现场。

(3) 2009 年 11 月 10 日 12 时左右,被告人张某国预谋抢劫后窜至海南省三亚市商品街十巷十九号海悦度假公寓 603 房被害人郝某(女,殁年 34 岁)的住处,谎称是楼下住户要查看洗手间漏水情况,骗郝某打开门后进入房间。张某国用手勒住郝某的颈部,用事先准备好的白色尼龙绳反向捆绑郝某的手脚,逼迫郝某交出银行卡并说出密码后,又用尼龙绳勒住其颈部,致郝某机械性窒息死亡。张某国抢走郝某 2000 元及银行卡 1 张后逃离现场。

(4) 2009 年 11 月 25 日 18 时许,被告人张某国预谋抢劫后窜至海口市龙华区国贸北路都市阳光 602 房被害人王某的住处,谎称是楼下住户要检查下水道漏水情况,骗王某开门后进入房间。张某国趁王某不备,用手勒住其颈部,持随身携带的水果刀威胁,并用屋内的衣物捆绑住王某的手脚,抢走现金 310 元、港币 10 元、美元 40 元、邮政储蓄卡 2 张、信用卡 1 张,并胁迫王某说出银行卡密码。当日 18 时 44 分,张某国在海府路 11 号光大银行博爱鞋城自助取款机上取走王某银行账户内的 4200 元,赃款全部被其挥霍。

(5) 2009 年 11 月 30 日下午,被告人张某国预谋抢劫后窜至海口市美兰区海秀路银达商务大厦 1622 房被害人张某(女,殁年 41 岁)的住处,以做客为由敲开房门,并假意与张某聊天使其放松警惕。当晚 20 时许,张某国趁张某不备用手臂勒住其脖子,同时用事先准备好的绳子捆绑张某的手脚,逼迫张某交出银行卡并说出密码。后将张某拖进洗手间,用事先准备好的绳子从背后勒住其颈部,致张某因窒息而死亡。张某国抢走张某的七仙女玉器 7 件、银行卡 2 张及手机 1 部,离开现场时将捆绑张某手脚的尼龙绳带走。当晚 20 时 47 分,张某国在建设银行文明东路支行取走张某银行账户内的 10900 元。所抢的七仙女玉器销卖得款 1000 元,以上赃款全部被其挥霍。

(6) 2010 年 1 月 3 日 18 时许,被告人张某国预谋抢劫后窜至海口市龙华区龙华路金都大厦 11B3 房被害人兰某梅(女,殁年 34 岁)的住处,谎称查看漏水情况,骗取兰某梅开门后进入房间。张某国趁兰某梅不备,在洗手间内用手勒住其颈部,用事先准备好的尼龙绳反向捆绑兰某梅的手脚,将兰某梅挟持到卧室床上,逼迫兰某梅交出银行卡并说出密码,后用电线和电脑网线勒住其颈部,致兰某梅因机械性窒息而死亡。张某国抢走兰某梅宏基笔记本电脑 1 台及建设银行卡 1 张,并将捆绑兰某梅手脚的尼龙绳带走。次日凌晨 1 时 15 分,张某国在中国农业银行琼苑广场分理处取走被害人兰某梅银行卡内的5200元,将抢来的笔记本电脑以800元的价格卖给海口市大英路的天信电脑店。

海口市中级人民法院审理认为,被告人张某国以非法占有为目的,以捆绑、持刀威胁等暴力手段劫取他人财物,其行为已构成抢劫罪。被告人张某国多次入户抢劫,抢得人民币23910元、港币10元、美元40元、玉器7件、手机1部、电脑1台、铂金项链和白金项链各1条等财物,并在抢劫过程中致3人死亡,情节特别恶劣,后果和罪行极其严重,在被抓获之前,又因实施强奸犯罪行为被判刑,其人身危险性和社会危害性极大,应依法惩处。本案被告人不仅存在多起抢劫的犯罪行为,而且属于累犯,因此依法被判处死刑立即执行。

我国刑法将抢劫罪规定为侵犯财产罪的第一个罪名,一方面,说明通常情况下抢劫罪主要侵犯的是公私财产所有权——抢劫罪的主要客体,虽然其侵犯了人身权,但该客体属于次要客体,一般抢劫犯罪中对被害人人身权的侵犯不大。另一方面,说明抢劫罪是财产犯罪中最严重的犯罪,其他财产犯罪最高刑通是无期徒刑,但是抢劫罪的最高刑是死刑。这是因为抢劫犯罪中可能包含了故意伤害和杀害被害人的情节,即抢劫罪在犯罪构成上可能包含了故意伤害罪和故意杀人罪。通过上述案例可知,因抢劫罪被判处死刑立即执行的,一般都具有故意造成被害人死亡的严重后果,而且故意造成被害人死亡的情节与立即执行故意杀人罪类似,犯罪手段极其残忍,故意致使被害人死亡的主观表现十分明确,存在累犯、惯犯等情形。虽有坦白、自首等从轻处罚情节,但仍不足以从轻处罚。经济赔偿作为酌定量刑情节,在上述案例中也没有得到体现。

二、死刑缓期执行的适用情况

严格来讲,死刑只应当适用于罪行极其严重的犯罪,即死刑的适用不仅要求犯罪具有严重的社会危害性,而且犯罪分子还要具有严重的人身危险性。即便如此,对于一些犯罪后果非常严重、具有严重社会危害性和人身危险性的犯罪分子,司法机关也并非当然选择适用死刑立即执行,而是尽可能考虑一些可以从轻或减轻处罚的情节,给犯罪分子一个免死的机会。研究人员在对海南省司法机关的相关判决进行调研时发现,对于可能被判处死刑的案件,除了犯罪情节极其严重的外,法院一般会判处被告人死刑缓期执行,以避免死刑立即执行的适用。

(一) 死刑缓期执行在故意杀人案件中的适用

死刑缓期执行与死刑立即执行虽然都属于死刑的执行类别,但死刑缓期执行的严厉性毕竟要小于死刑立即执行。因故意杀人被判处死刑缓期执行的案件,首先说明犯罪的性质极其恶劣,一般表现为造成被害人死亡的结果;其次也说明犯罪分子罪不至死,仍有一定的从轻处罚的情节,如犯罪分子存在自首、坦白、积极赔偿被害人及其亲属损失等从轻处罚情节,或被害人存在过错等。通过案例分析可知,因故意杀人被判死刑缓期执行的案件中,经济赔偿也是一个重要的从轻处罚法律依据之一。

案例8 海南省第一中级人民法院审理符某故意杀人罪一案①

2013年1月16日上午9时许,被告人符某因怀疑被害人方某静(系符某前妻)经常在网上散播攻击他的信息,产生了杀死方某静的念头。于是,符某从家里拿了一把钩刀放在身上,乘坐摩托车到文昌市文城镇称意宾馆开了203房间。符某进入房间之后,将钩刀放在床上的枕头下面,接着打电话叫方某静到该房间。当天上午10时30分许,方某静来到称意宾馆203房间。符某问方某静是否在网上散播攻击他的信息,方某静否认,双方因此发生争执。符某便从枕头下拿出钩刀,猛砍方某静的头部、颈部、上肢等部位。方某静被砍后往房间门口跑,符某紧跟其后,方某静便跑进卫生间并关门,符某强行将门推开,冲进去持刀朝方某静的身上乱砍,将方某静砍倒在地。后符某用手机拨打110报警,并在称意宾馆203房间等候公安民警直至被抓获。经法医鉴定,方某静身体创口多达51处,因失血过多致心力衰竭死亡。法院另查明,案发后,被害人方某静的丧葬费用已由被告人符某家人支付;被告人符某的父亲符某仁另行向附带民事诉讼原告人方某成、邓某兰(即被害人的父母)赔偿了10万元人民币。附带民事诉讼原告人方某成、邓某兰出具了收条及《处理意见书》,希望司法机关对被告人符某从轻处理。

法院审理认为,被告人符某无视国法,因怀疑被害人散播信息对其攻击,持刀故意杀人,致1人死亡,其行为已构成故意杀人罪。被告人符某在作案后主动投案,如实供述罪行,有自首情节,且被告人亲属对被害人家属积极地进行了赔偿。据此,对被告人符某判处死刑,缓期二年执行。

案例9 海南省第二中级人民法院审理被告人符某安犯故意杀人罪一案②

2010年9月23日零时许,被告人符某安在"金港湾"歌厅下楼时与被害人陈某强发生口角,进而引发打架行为。被告人符某安遂回到自己所在的818号包厢,纠集符某龙、符某、符某(以上3人已判刑)等10余人教训被害人陈某强。之后被告人符某安等人来到"金港湾"歌厅侧门前,从符某贵(另案处理)的轿车后备箱内取出刀具,在"金港湾"歌厅南侧远洋路上将被害人陈某强围住,被告人符某安持刀捅被害人陈某强背部两刀,符某龙、符某持刀、符某持啤酒瓶追打被害人,将被害人陈某强打倒在地,后送往医院抢救无效死亡。经鉴定,被害人陈某强系单刃刺器刺中

---

① 海南省第一中级人民法院刑事附带民事判决书(〔2014〕海南一中刑初字第12号)。
② 海南省第二中级人民法院刑事判决书(〔2014〕海南二中刑重字第5号)。

后背部致肺破裂、脾破裂、肾破裂导致失血性休克死亡。案发当日,符某智(已判刑)明知其弟弟符某安参与杀害被害人陈某强,仍出资人民币900元给被告人符某安,并驾驶轿车将被告人符某安送出洋浦,帮助其逃匿,之后被告人符某安逃至广西贺州市。2010年9月30日,公安机关将其抓获。

一审法院海南省第二中级人民法院认为被告人符某安构成故意杀人罪,并判处死刑立即执行。法院案件上诉后,海南省高级人民法院维持了一审判决,并报请最高人民法院核准死刑。最高人民法院以案件事实不清、证据不足为由发回重审。海南省第二中级人民法院重审过程中,被告人符某安的辩称理由包括:被告人符某安的亲属已代交赔偿款30万元,请求对被告人符某安从轻处罚。最终,海南省第二中级人民法院重审判处被告人符某安死刑,缓期二年执行。

案例10　海南省海口市中级人民法院审理被告人王某芳犯故意杀人罪、非法持有枪支罪一案①

2013年12月27日20时30分许,海口市秀英区石山镇岭西村委会美贯村村民王某乙(本案被害人,殁年24岁)、王家某某前往同村105号王某芳家里索要工钱,双方发生争执、互殴。互殴期间,被告人王某芳持一把匕首,朝王某乙左胸部捅刺一刀,后持一把火药枪朝王某乙、王家某某、王某甲射击,将王家某某、王某甲击伤。在王某乙、王家某某、王某甲三人逃离现场后,被告人王某芳又持另一把火药枪,出门追赶王某乙等人,后同随后赶来的被害人王某乙的亲属王某庚、王某丙二人互殴,王某芳持刀刺伤王某庚。次日,被告人王某芳到海口市公安局石山派出所投案。法院另查明,2014年6月12日,被告人王某芳亲属赔偿王某乙亲属王某庚、王家某某、王某甲损失共计11万元,但各被害人及其亲属不予谅解。

法院审理认为,被告人王某芳因琐事持长达32 cm的匕首捅刺被害人王某乙的要害部位,致王某乙死亡,且持枪朝王家某某、王某甲要害部位射击,致王家某某轻微伤,王某甲轻伤,还在被夺刀过程中持刀刺中王某庚,致王某庚轻微伤,其行为构成故意杀人罪;被告人王某芳不符合配置枪支条件,违反枪支管理规定,擅自持有2支枪支,其行为亦构成非法持有枪支罪,且属情节恶劣的情形。公诉机关指控罪名成立,应予支持。被告人王某芳1人犯数罪,应当数罪并罚。被告人王某芳持刀故意杀死王某乙,致王某庚轻微伤,又持枪致1人二级轻伤,2人轻微伤,其人身危险性极大,犯罪情节特别恶劣,犯罪后果特别严重,本应予从严惩处。但是,鉴于被告人王某芳犯罪后向公安机关主动投案,并如实供述基本犯罪事实,系自首,且王某芳家属在诉讼中积极赔偿被害人损失,可以对其从轻处罚。据此,法院最终判处被告人王某芳死刑,缓期二年执行。

---

① 海南省海口市中级人民法院刑事判决书(〔2014〕海中法刑初字第49号)。

上述案例中,被告人的故意杀人行为均造成被害人死亡的严重后果,犯罪情节特别恶劣。案例10存在数罪并罚的情况,案例9中的被告人在杀人后潜逃出省,后被抓捕归案,可见被告人主观恶性极深,理应被判处死刑。与前文因故意杀人罪被判处死刑的案例1、2、3相比,本部分案例的犯罪情节的严重性有过之而无不及,尤其是远胜于案例2的犯罪情形。但是,这些被告人均被判处了死刑缓期执行,其从轻处罚理由都包含了被告人亲属积极赔偿被害方损失的情节,而且赔偿的数额都比较大。就案例9而言,一审法院海南省第二中级人民法院判决被告人符某安死刑并经海南省高级人民法院报请最高人民法院核准死刑,再由最高人民法院发回重审这一段期间内,该案的原有犯罪事实均不存在变化,所有从轻或从重量刑情节也无任何变化。但是在海南省第二中级人民法院重审期间,被告人符某安的亲属代交赔偿款30万元,这是唯一增加的与原审判决认定的量刑情节不同的地方,重审法院最终改判被告人死刑缓期执行,无疑与该30万元赔偿款具有重要关联。可见,被告方的经济赔偿在被告人的从轻量刑中发挥了重要作用,甚至是原判为死刑立即执行被告人得以改判死刑缓期执行的关键所在。

(二)死刑缓期执行在故意伤害案件中的适用

从犯罪的主观方面而言,与故意杀人罪不同,故意伤害罪的犯罪分子在主观上不具有剥夺他人生命权的故意,因此,犯故意伤害罪的犯罪分子主观恶性比故意杀人罪相对较浅。但从犯罪所造成的后果上看,故意伤害罪也包括致使被害人死亡的情形,在这种情况下,故意伤害罪与故意杀人罪就具有相同的社会危害性。与故意杀人案件一样,近年来的司法实践表明,即便是故意伤害案件的犯罪分子造成被害人死亡的,如果犯罪分子有从宽处罚情节的,一般不会判处犯罪分子死刑(包括死刑缓期执行)。这些从宽处罚情节,主要包括犯罪分子存在自首、积极赔偿被害人损失、被害人有过错等因素。

因犯故意伤害罪而被处以死刑缓期执行的案件,意味着被告人可以不被立即执行死刑,即给予了被告人免死的机会。虽然死刑包含死刑缓期执行与死刑立即执行两种刑罚方式,但从刑罚的严厉性来看,死刑缓期执行弱于死刑立即执行的严厉刑罚。就故意伤害罪而言,适用死刑缓期执行的案件通常也都表现为犯罪已造成被害人死亡的严重后果。与被告人被判处无期徒刑或较重的有期徒刑的情形的不同在于,被告人虽然可能存在自首、坦白、积极赔偿被害人损失、被害人存在过错等从轻或减轻处罚的情节,但犯罪分子也具有更为严重的人身危险性,或犯罪手段更为恶劣等可能从重处罚的因素。这就意味着,犯罪分子的故意伤害行为造成了被害人死亡的严重后果,综合案情考虑,犯罪分子具有一定改造的可能,情节比应当判处死刑立即执行的要轻,但判处无期徒刑及以下刑罚又偏轻,即应当被判处死刑,但是可以不立即执行。

案例 11　海南省第一中级人民法院审理的王某剑犯故意伤害罪一案①

2013年2月12日晚上20时许,被告人王某剑与吕某、范某鑫等人骑摩托车途经琼中县湾岭镇加章村委会与海榆中线公路交叉路口时,被人用石头扔打,三人怀疑是加章村委会黄竹埇村村民所为,便骑摩托车返回黄竹埇村。王某剑来到黄竹埇村吴某武的小卖部时,看见黄竹埇村村民在台球桌上玩"大小",便掏出随身携带的折叠尖刀拍打台球桌,大声责问是谁扔打了石头。在场的黄竹埇村村民没有搭理他们。王某剑掀掉台球桌桌布,跳上台球桌,再次责问在场的村民。被害人吴某叫王某剑不要闹。王某剑从台球桌上跳下,持刀朝吴某左胸部捅刺一刀。在场的黄竹埇村村民见状上前围打王某剑并夺刀。双方在争夺过程中,王某剑又持刀刺中吴某的腹部等部位。之后,王某剑被黄竹埇村村民打倒在地。吴某被刺中后伤势严重,因心脏损伤导致失血性休克死亡。法院另查明,2013年2月13日,被告人王某剑的父亲王某雄代王某剑赔偿给被害人吴某亲属丧葬费1万元。法院审理认为,被告人王某剑因琐事持刀故意伤害他人身体,致1人死亡,其行为已构成故意伤害罪。被告人王某剑犯罪的情节恶劣,后果严重,其主观恶性深,依法应予严惩;鉴于被告人王某剑归案后如实供述罪行,有坦白情节,依法可以从轻处罚。因此,法院最终对被告人王某剑判处死刑,缓期二年执行。

案例 12　海南省第一中级人民法院审理的刘某犯故意伤害罪一案②

2013年2月16日零时许,屯昌县高坡村村民符某卿等人与枫木村村民吴某兴等人所驾驶的摩托车在屯昌县城百乐基餐厅门口发生剐蹭,引发纠纷。同日凌晨1时30分,被告人刘某驾驶一辆白色丰田面包车载着邱某亲、吴某和吴某甫从枫木村出来,途中,接到枫木村村民吴某含(另案处理)电话,得知高坡村多名青年持刀到枫木村找人后极为不满,当即掉转车头寻找高坡村青年。在屯昌县中建路城南砖厂煤气站附近,刘某再次接到吴某含的电话,得知高坡村青年已从枫木村出来。此时,高坡村青年王某坚、王某、陈某文、谢某等人分乘四辆摩托车过来,刘某见状,当即开车撞向王某、陈某文乘坐的摩托车,随后而来的吴某含也驾驶一辆小轿车撞向王某坚、谢某乘坐的摩托车。王某经抢救无效死亡。经鉴定,王某系钝性外力作用致闭合性腹腔损伤、肝脏破裂急性出血性休克死亡,陈某文、谢某的损伤均为轻微伤。法院查明,刘某曾于2002年8月被强制戒毒十个月;因吸食毒品于2004年12月被劳动教养三年;因犯盗窃罪于2008年2月1日被判处有期徒刑一年三个月,2009年3月12日刑满释放;因吸食毒品于2009年4月被强制戒毒二年;因涉嫌犯非法持有爆炸物罪于2012年11月21日被海口市龙华分局刑事拘

---

① 海南省第一中级人民法院刑事附带民事判决书([2014]海南一中刑初字第6号)。
② 海南省第一中级人民法院刑事附带民事判决书([2014]海南一中刑初字第3号)。

留,2012年12月3日被取保候审。法院另查明,案发后,被告人亲属已赔偿给被害人亲属丧葬费1万元。

对于刘某的故意伤害行为,法院审理认为,其造成1人死亡、2人轻微伤的严重后果,且因故意犯罪被判处有期徒刑,刑罚执行完毕后,在五年内再犯应当判处有期徒刑以上刑罚之罪,系累犯,应当从重处罚。综合案件情节考虑,法院最终判处被告人刘某死刑,缓期二年执行。

因为故意伤害罪的主观恶性不及故意杀人罪深,因此,司法实践中,除非犯罪的后果极其严重,被告人的犯罪手段极其残忍,犯罪情节极其恶劣,否则一般情况下判处死刑的比较少。上述两个案例,犯罪均造成了被害人死亡的严重后果,案例12中的被告人刘某的故意伤害行为还造成了被害人1人死亡、2人轻微伤的严重后果,且被告人之前曾因故意犯罪受过刑事处罚,构成累犯,尚有一罪仍在取保候审中,还存在吸毒等违法行为,被告人具有极其严重的人身危险性,依法应被判处死刑。这两个案例中的被告人亲属在案发后均代被告人积极赔偿了被害人亲属经济损失,虽然赔偿数额不大,但由于两位被告人家庭经济状况十分窘迫,已经积极赔偿的数额能够表明被告人具有积极悔罪的表现,这对于被告人被判处死刑缓期执行显然具有一定的影响。

(三)死刑缓期执行在抢劫案件中的适用

在调研中我们发现,海南省有关法院审理的抢劫犯罪案件中,判处死刑立即执行的案件数量较少,且因抢劫被判处死刑缓期执行的案件中,一般都有造成被害人死亡的严重后果,但因被告人具有坦白、自首、初犯、经济赔偿等从轻处罚情节,从而判处死刑缓期执行。对于未造成被害人死亡的,法院一般会判处无期徒刑以下刑罚。在因抢劫被判处死刑缓期执行的案例中,经济赔偿也是法院据以做出判决的一个重要考量因素。

案例13 海南省海口市中级人民法院审理符某鹏、雷某良犯抢劫罪一案①

2010年5月4日,因没有找到工作,经济拮据,被告人符某鹏提议抢劫,被告人雷某良表示同意。5月6日下午18时许,两名被告人在位于海口市滨海大道的滨海公园内发现在小山丘上拜佛的郑某兴,遂决定对郑某兴实施抢劫。符某鹏手持砍刀、雷某良手持匕首从小山丘的前后包抄至郑某兴身边,向其索要钱财。在抢得一部三星手机(经鉴定,价值人民币540元)后,符某鹏手持砍刀、雷某良手持匕首朝郑某兴头部、手部、腰腹部乱砍乱捅,致使郑某兴倒地并失去反抗能力。后二人从郑某兴身上搜出车钥匙,打开郑某兴的车(车牌号:琼AN0132),翻找财物,从车

---

① 海南省海口市中级人民法院刑事附带民事判决书(〔2011〕海中法刑初字第51号)。

内劫走一件白色外套和两包"芙蓉王"香烟后逃离现场。郑某兴后被送往医院抢救无效死亡。经法医尸体检验鉴定,郑某兴系被他人用单刃锐器刺击胸部致心包破裂血液填塞心包死亡。被告人雷某琴在明知道被告人符某鹏、雷某良参与了打架并可能将对方打死的情况下,仍通过电话联系朋友为符某鹏、雷某良提供住处,并将符某鹏、雷某良劫得的三星手机藏匿,将自己的一部手机交给符某鹏使用,且向符某鹏提供现金200元,向雷某良提供现金1100元,帮助二人逃匿。在法院庭审确定的证据中,包含1份被害人亲属出具的谅解书,证明被告人符某鹏的家属代被告人符某鹏赔偿被害人亲属人民币4万元(其中1万元是庭审后赔偿),被告人雷某良的亲属代被告人雷某良赔偿被害人家属人民币1万元(庭审后赔偿),被害人亲属请求对两名被告人在量刑时从轻处罚。

  法院审理认为,被告人符某鹏、雷某良以非法占有为目的,事先经过商量预谋抢劫,并为实施抢劫购买了刀具,采用暴力手段,在公共场所公然持刀劫取公民财物,且在实施抢劫的过程中将被害人砍伤致死,其行为已构成抢劫罪,犯罪情节恶劣,后果严重,依法应予严惩。在共同犯罪中,两名被告人地位作用相当,不宜区分主从犯。两名被告人归案后认罪态度较好,可酌情从轻处罚。两名被告人积极赔偿被害人亲属的部分经济损失,确有悔罪表现,并取得了被害人亲属的谅解,可酌情从轻处罚。被告人雷某琴明知符某鹏、雷某良是犯了罪的人,仍提供财物资助二人逃跑,其行为已构成窝藏罪,情节严重,依法应予惩处。据此,法院判处被告人符某鹏、雷某良死刑,缓期二年执行,被告人雷某琴有期徒刑三年。

  上述案件中,两名被告人因经济拮据,抢劫素不相识的被害人,并分别用砍刀和匕首多次刺杀被害人要害部位,造成被害人死亡,犯罪情节特别恶劣,不仅侵犯了被害人的财产权,还侵犯了被害人的生命权,危害后果极其严重。我国刑法规定,抢劫致使他人死亡的,可以判处死刑,根据该案的案情,两名被告人完全可以被判处死刑。但两名被告人的亲属分别代为赔偿了被害人亲属4万元和1万元,并获得了被害人亲属的书面谅解,被害人亲属主动请求法院对两名被告人从轻处罚。虽然赔偿数额不高,但对于家庭经济状况十分困难的两名被告人亲属而言,已经是竭尽所能。在具体量刑时,法院正是考虑到两名被告人亲属积极赔偿了被害人亲属的部分损失,并获得了书面谅解,据而从轻处罚,判处两名被告人死刑缓期执行。显然,经济赔偿因素在本案的判决中起到了十分重要的影响。

第二节 经济赔偿影响死刑适用的实证分析

  为便于区分,可以将影响死刑适用的因素分为从重处罚因素和从轻处罚因素两个方面。从重处罚因素主要是指司法机关据以适用死刑的因素,如被告人犯罪手段极其恶劣、累犯、惯犯、无悔改意识等,这些因素都可能使司法机关在具体案件的量刑中从重处罚,适用死刑。从轻处罚因素是指司法机关据以不适用死刑的因素,通过前文的案例分析可知,影响死刑适用的从轻处罚因素很多,概括起来主要包括三部分:一是被告人存在从轻、减轻处罚情节,如被告人在案件中存在自首、立功、坦白、积极赔偿被害人损失、积极救助被害人等因素;二是被害人存在过错,这主要是指被害人对于犯罪结果的发生具有一定的过错,这在故意杀人、故意伤害等案例中出现得比较多;三是犯罪尚未造成严重的危害后果,如故意杀人案件中未造成被害人死亡的后果,毒品犯罪案件中涉案毒品尚未流入社会等。经济赔偿作为影响死刑适用的从轻处罚因素,在一些案件中也发挥着重要作用。由于本书主要研究经济赔偿对死刑执行类别的影响,在此主要讨论经济赔偿在死刑立即执行改判死刑缓期执行案件中的具体体现。在罪名的选择上,虽然海南省毒品犯罪案件适用死刑的案件比较多,但由于毒品犯罪是没有具体被害人的犯罪,不存在经济赔偿问题,因此,这里仅讨论故意杀人罪、故意伤害罪、抢劫罪这几类司法实践相对适用死刑较多的案件。

一、经济赔偿对故意杀人罪死刑适用的影响

在调研中我们发现,因故意杀人罪一审被判处死刑立即执行,而二审改判死刑缓期执行的案件比较多,在这些改判的案件法律依据中,就包括一些因被告人积极赔偿被害方损失而改判死刑缓期执行的情况。

案例14 一审法院海南省第一中级人民法院审理何某斯犯故意杀人罪、吉某伟犯故意伤害罪一案①

2009年12月31日下午,被告人何某斯、吉某伟在洗澡时,因踢打洗澡间与小便间的隔挡板,被同在定安中学高中部新建教学楼工地打工的龙某荣(被害人,殁年42岁)责骂而发生口角,被人劝阻后离开。2010年1月3日,被告人何某斯、吉某伟吃晚饭喝酒时商量要殴打龙某荣。当晚9时许,何某斯和吉某伟一起到龙某荣睡觉的工棚,在工棚外,何某斯从地上随手拿了一根螺纹钢筋,何某斯把扣住门的铁丝拉开,二人冲进工棚后,何某斯看到龙某荣和宋某生夫妇睡在床上,便持螺纹钢筋殴打龙某荣头面部、胸部及四肢等多处,同时也打伤宋秋生的头部、手部等部位。事后,何某斯、吉某伟逃离现场。龙某荣经送医院抢救无效死亡。经鉴定,龙某荣生前头面部、胸部及四肢受到长条状钝器外力作用,造成颅脑损伤并发肺气肿致死亡;宋某生受轻伤。

一审法院海南省第一中级人民法院审理认为,被告人何某斯手持钢筋连续猛

---

① 海南省高级人民法院刑事判决书([2011]琼刑一重字第5号)。

击被害人龙某荣的头、胸部等多处要害部位,造成被害人龙某荣死亡,其行为已构成故意杀人罪。被告人何某斯在殴打龙某荣的过程中,同时也将被害人宋某生打致轻伤,其行为还构成故意伤害罪,属一种行为触犯两个罪名,应按照重罪吸收轻罪的原则,判被告人何某斯犯故意杀人罪。被告人吉某伟明知被告人何某斯前往殴打他人,积极参与,但其并没有与被告人何某斯预谋杀人,因此,其行为仅构成故意伤害罪。被告人何某斯在共同犯罪中起主要作用,是主犯,且其手段非常残暴,情节非常恶劣,罪行极其严重,应当从重处罚。被告人吉某伟在共同犯罪中,起次要作用,是从犯,可从轻处罚。据此,一审法院判处被告人何某斯死刑立即执行,被告人吉某伟有期徒刑十二年。后案件经最高院复核发回重审,海南省高级人民法院重审查明,上诉人何某斯的亲属自愿赔偿被害方经济损失人民币6万元,并取得了被害人亲属的谅解。重审法院认为,鉴于何某斯归案后能如实供述犯罪事实、认罪态度好,被告人亲属积极赔偿了被害人亲属部分经济损失,并取得了被害方的谅解。对其判处死刑,可不立即执行。据此,最终判处被告人何某斯死刑,缓期二年执行。

本案一审中,法院依法判处被告人何某斯死刑立即执行,而案件经过最高院复核发回重审后,海南省高级人民法院改判了被告人何某斯死刑缓期执行。在一审作出判决后到重审判决期间,除了增加了经济赔偿因素外,案件的其他情节基本没有变化,因此,重审改判的最重要依据就是被告方对被害方进行了经济赔偿。本案的判决表明,案件的其他情节不变的情况下,经济赔偿的有无往往就决定了死刑执行类别的适用。调研中,我们也发现,自此案件起,之后在一审被判死刑的案件,二审中因经济赔偿因素而改判死刑缓期执行的情况以成为一种司法趋势。

案例15 一审法院海南省第二中级人民法院审理符某善、符某辉犯故意伤害罪一案①

2012年6月2日下午2时30分许,被告人符某善9岁的儿子符某山与被害人符某海(男,殁年33岁)10岁的儿子符某聪在玩耍时打架。符某善知道后到符某海家理论,继而发生争执。符某善打电话给其大哥符某辉,说其和符某海相约打架。之后符某善回家取了一把长柄钩刀和一把尖刀,和符某辉一起到村前学校的大榕树下等候符某海。符某善把长柄钩刀放在其身旁矮围墙上,把尖刀插在身后的围墙角石头缝中。当天下午3时许,被害人符某海骑电动车来到大榕树下时,符某善持长柄钩刀欲砍符某海,符某海见状转身便跑,符某善持长柄钩刀在后面追赶。当跑到文祖村文化室前的水泥路十字路口时,符某海转身抱住符某善,与其抢夺钩刀,此时符某辉拔出符某善插在围墙内的尖刀追过来,持刀威胁符某海,符某海便松手欲逃跑,符某善持钩刀砍中符某海头部一刀,符某海随即倒在地上,符某善大喊"砍死你",并继续砍符某海左右小腿及左臂各一刀,符某辉见状拦了一下,

---

① 海南省高级人民法院刑事判决书(〔2013〕琼刑一终字第90号)。

两名被告人随即逃离现场。被害人符某海被送往医院抢救,于次日死亡。经法医鉴定,符某海被人持锐器砍中头部致硬膜下血肿、蛛网膜下腔出血、颅脑损伤死亡。2012年6月3日,被告人符某善到临高县公安局投案;同年6月6日,被告人符某辉到临高县公安局投案。

一审法院海南省第二中级人民法院审理认为,被告人符某善、符某辉因琐事非法剥夺他人生命,其行为均已构成故意杀人罪。被告人符某善在共同犯罪中准备作案工具,在实施犯罪中不顾他人劝阻当众杀人,持刀连续砍击被害人致死,是主犯,且手段特别残忍,情节特别恶劣,后果特别严重,人身危险性大,虽有自首情节,亦不足以对其从轻处罚。符某辉在共同犯罪中起次要作用,系从犯,且有主动投案和劝阻被告人符某善的情节,依法予以从轻处罚。据此,一审法院判处被告人符某善死刑、符某辉有期徒刑十二年。两名被告人在提起上诉的辩护意见中称:案发后,符某善和符某辉的亲属共代为赔偿被害人亲属人民币2000元;在二审审理期间,符某善的亲属积极代为赔偿被害人亲属人民币4万元。二审法院海南省高级人民法院审理认为,原审被告人符某善、符某辉因琐事非法剥夺他人生命,致1人死亡,犯罪手段恶劣,后果严重,其行为均已构成故意杀人罪,依法应予严惩。在共同犯罪中,符某善起主要作用,系主犯,其犯罪后主动投案,如实供述自己的犯罪行为,构成自首,依法予以从轻处罚,其积极赔偿被害人亲属,认罪态度较好,可酌情从轻处罚;符某辉起次要作用,系从犯,依法予以从轻处罚,其案发后主动投案且有劝阻符某善的情节,可酌情从轻处罚。据此,二审法院改判符某善死刑缓期执行,符某辉有期徒刑八年。

研究人员对本案进行阅卷后得知,本案的二审审理期间,符某善的亲属代为赔偿了被告方经济损失4万元,相比较一审中符某善与符某辉的亲属共赔偿被害方家属2000元而言,在赔偿数额上高出了20多倍。而且对比一审的案件情节,二审中除了赔偿数额增加了4万元之外,其他量刑情节并未发生变化。由此可见,二审法院据以改判被告人符某善死刑缓期执行的重要依据,就在于二审期间符某善的亲属代为进行的较大数额的经济赔偿。

案例16 一审法院海南省第一中级人民法院审理王某彬犯故意杀人罪、抢劫罪、盗窃罪一案①

2006年,被告人王某彬因与黄某州斗殴时砍伤卢坚等人被判刑入狱,为此对黄某州等人怀恨在心,谋划伺机报复。王某彬出狱后,于2013年6月底计划将出租车司机骗至琼中县境内,抢劫并杀人练胆,后将抢劫来的车辆作为对黄某州等人实施报复的交通工具。2013年7月1日,王某彬在澄迈县金江镇搭乘被害人王某强驾驶的轿车时,预留了王某强的手机号码。同年7月5日,王某彬决定实施劫车

---

① 海南省高级人民法院刑事判决书(〔2014〕琼刑一终字第150号)。

杀人计划,遂乘坐班车从琼中县至澄迈县金江镇,途经澄迈县文儒镇时,从文儒镇凤凰手机专营店购买一张手机卡准备用于作案。同年7月6日上午,王某彬在澄迈县金江镇又购买两把匕首和两个车牌套等作案工具,用新手机卡拨打王某强的手机,以租乘王某强轿车去琼中县为借口,谋划在途中抢劫后杀死王某强。之后,王某彬携带挎包、匕首、车牌套等作案工具乘坐王某强驾驶的比亚迪轿车从金江镇驶往琼中县,行至琼中县黎母山镇水上墟村水泥路口处时,王某彬持匕首威胁王某强,用腰带、驾驶座位安全带和挎包带捆绑王某强双手,将王某强控制在后排座椅上,接着用车牌套套住轿车车牌。之后,王某彬驾车驶往白沙县方向,途中欲选择僻静地点杀害王某强未果。王某彬又用王某强的腰带捆绑王某强双脚,用毛巾堵住王某强嘴巴。同日下午14时许,王某彬驾车至琼中县加钗农场五队王清富鱼塘旁空地处,用匕首割断副驾驶座位安全带,用安全带套住王某强颈部,将王某强勒死在轿车内。之后,王某彬驾车至加钗农场十队2号橡胶林段空地,将王某强尸体搬至汽车后备厢里,拿走王某强放在车内的现金1500余元。当晚20时许,王某彬开车到琼中县县城环城东路路段,将王某强尸体埋在公路左侧斜坡下。同月11日,王某彬将抢来的王某强轿车抵押给王某德(另案处理),得款1.2万元。破案后,该轿车已被追回发还给被害人王某强妻子。经估价,被抢车辆价值4.686万元。

一审法院海南省第一中级人民法院审理认为,被告人王某彬以非法占有为目的,采用暴力手段劫取被害人王某强的财物,抢劫数额巨大,实施抢劫后,为灭口还杀害被害人王某强,其行为已分别构成抢劫罪和故意杀人罪。被告人王某彬犯数罪,依法应当数罪并罚。被告人王某彬因犯故意伤害罪被判处有期徒刑的刑罚执行完毕后,五年内又故意犯罪,且系应当判处有期徒刑以上刑罚之新罪,依法认定为累犯,应当从重处罚。被告人王某彬实施抢劫后杀人灭口,其犯罪手段极其残忍,情节极其恶劣,主观恶性极深、社会危害性极大,罪行极其严重,应予以严惩,即使被告人王某彬归案后如实供述罪行,具有坦白情节,也不足以从轻处罚。据此,一审法院判处被告人王某彬犯故意杀人罪,判处死刑立即执行,犯抢劫罪,判处有期徒刑十五年,数罪并罚,决定执行死刑立即执行。二审法院海南省高级人民法院审理查明,本案一审期间,被害人亲属与王某彬亲属自行达成赔偿和解协议,并出具请求法院对王某彬从轻处罚的谅解书。海南省第一中级人民法院出具的预交案款通知单、专用票据证实:本案一审期间,王某彬亲属已将和解协议确定的赔偿款全额存入一审法院账户代管。二审法院审理认为,鉴于王某彬到案后能如实供述犯罪事实,当庭表示悔罪、认罪;王某彬亲属与被害人王某强亲属达成赔偿协议,钱款已支付到账,取得被害人亲属的谅解;且本案被害人王某强被害后,家庭失去主要经济来源,父母年迈,两个子女尚未成年,生活确有困难,被害人亲属希冀获得赔偿的愿望,法庭应予认可。据此,二审法院改判被告人死刑,缓期二年执行。

本案二审法院审理期间,案件的犯罪事实与一审期间无异。具体而言,一审法院做出死刑立即执行判决所依据的主要量刑情节有:① 累犯;② 抢劫后杀人灭口,罪行极其严重;③ 归案后具有坦白情节。一审法院明确指出,虽然被告人归案后具有坦白情节,但不足以从轻处罚,因而判处死刑立即执行。二审法院改判死刑缓期执行所依据的主要量刑情节有:① 累犯;② 抢劫后杀人灭口,罪行极其严重;③ 归案后具有坦白情节;④ 被告人亲属与被害人亲属达成赔偿协议,钱款已到账,且取得了被害人亲属谅解。对比一、二审判决的量刑依据可以发现,二审改判死刑缓期执行所依据的量刑情节,仅仅比一审做出死刑立即执行所依据的量刑情节多出了经济赔偿因素,而其他量刑情节则没有任何区别。很显然,经济赔偿在本案二审改判死刑缓期执行中,起到了关键性的作用。

二、经济赔偿对故意伤害罪死刑适用的影响

因故意伤害罪二审被改判死刑缓期执行的案例,在司法实践中所占比例也比较大。一般而言,对于绝大多数故意伤害案件,除非具有造成多人死亡或手段极其残忍等从重处罚情节,判处死刑立即执行的情况很少。而在诸多改判死刑缓期执行的理由当中,经济赔偿也是法院改判所要考虑的非常重要的因素。

案例17　一审法院海南省第二中级人民法院审理刘某兴犯故意伤害罪、盗窃罪一案①

(1)故意伤害犯罪事实。① 被害人谢某俊的母亲李某花做卖鱼生意,与同行的文某有摩擦,被告人刘某兴为帮朋友文某,起意殴打谢某俊,以恐吓李某花。2000年9月16日晚8时许,被告人刘某兴伙同陈某(已判刑)骑一辆摩托车到昌江县石碌镇鸿昌商场门口,刘某兴下车走进商场内的桌球室,把被害人谢某俊叫出来,坐上陈某驾驶的摩托车后,将谢某俊带到矿建机电安装公司门口附近,对谢某俊进行殴打。谢某俊逃跑,刘某兴、陈某见状骑车追赶,刘某兴用石头扔打谢升俊,追上后将谢升俊打倒在地。陈某骑摩托车撞压谢某俊的脚,刘某兴则用1把匕首朝谢某俊身上捅了几刀,然后二人开车逃离现场。被害人谢某俊经送医院抢救无效死亡。② 2008年1月4日中午,被告人刘某兴等人与被害人刘某清等人在海口市府城镇培龙市场旁的快餐店喝酒时发生争执,刘某兴等人被刘某清等人殴打。当日16时许,刘某兴等人携带菜刀,叫上陈某龙、刘某求等人(均另案处理)一起到海口市琼山区府城镇琼山办证中心对面的旧别墅里找到刘某清。刘某兴和陈某龙等人将刘某清拉到别墅旁的草丛中,刘某清的女朋友王某梅见状跑到外面,准备用手机报警,被刘某求追上、夺下手机。刘某兴等人持菜刀往刘某清身上猛砍,随后逃离现场。刘某清被砍伤的左手损伤为重伤,右手损伤为轻伤。

(2)盗窃犯罪事实。① 2009年7月7日凌晨1时许,被告人刘某兴等人窜至

---

① 海南省高级人民法院刑事判决书(〔2011〕琼刑一终字第45号)。

海口市滨廉村四里陈某成家门口处,将陈某成停放在该处的一辆力帆牌正三轮摩托车盗走。经海口市价格认证中心鉴定,被盗的摩托车价值320元。② 2009年9月2日凌晨2时许,被告人刘某兴伙同刘某光、洪某建等人(均另案处理)窜至海口市府城镇河口路25号楼梯口处,将吴某兴停放在该处的一辆嘉隆牌二轮摩托车盗走。经海口市价格认证中心鉴定,被盗的摩托车价值1440元。③ 2009年9月8日凌晨,被告人刘某兴伙同刘某光、洪某建、刘某良(另案处理)等人窜至海口市府城镇河口路春风学校一间教室内,将蔡某的1辆铃光阳木牌富丽鸽二轮电动车和张某兵的一辆欧米加牌二轮电动车盗走。经海口市价格认证中心鉴定,被盗的铃光阳木牌富丽鸽电动车价值935元,被盗的欧米加牌电动车价值780元。

一审法院海南省第二中级人民法院审理认为,被告人刘某兴持刀伤人,致1人死亡,后果严重;在潜逃期间,又持刀致1人重伤,还实施多次盗窃,主观恶性极深,依法应从严惩处。据此,判处被告人刘某兴犯故意伤害罪,判处死刑;犯盗窃罪,判处有期徒刑二年,决定执行死刑立即执行。二审法院海南省高级人民法院查明,一审期间,刘某兴亲属交代赔偿款2.95万元。二审期间,刘某兴亲属交代赔偿款23.6325万元,上述款项均已交至法院指定账户。被害人亲属对上诉人刘某兴表示谅解。二审法院认为,上诉人刘某兴归案后能够如实供述基本犯罪事实,认罪态度较好,有悔罪表现,其亲属已代为赔偿了一审判决认定附带民事诉讼原告人的全部损失,并得到了被害人谢升俊亲属的谅解。综合考虑本案的犯罪事实和量刑情节,对上诉人刘某兴可以从轻处罚。据此,二审法院改判被告人死刑,缓期二年执行。

分析本案可知,被告人刘某兴亲属在案件的一审和二审期间均对被害方进行了经济赔偿,但在赔偿数额上相差悬殊,二审期间的赔偿数额为23.6325万元,几乎是一审期间赔偿数额的8倍,并取得了被害人亲属的谅解。由此可以表明,二审期间被告方给予被害方的高额赔偿款,无疑对被告人能够在二审被改判为死刑缓期执行起到了主要作用。

案例18 一审法院海南省第一中级人民法院审理陈某誉、符某麦、黎某瑞、蓝某雄、杨某坤、董某波、符某林犯故意伤害罪一案①

2010年11月8日晚,被告人陈某誉、蓝某雄、杨某坤、符某林和林某军(另案处理)在陵水县英州镇钱庄夜总会喝酒。其间,符某林等人到舞池跳舞时,与他人发生摩擦。陈某誉便打电话给被告人黎某瑞,让黎某瑞叫人并带刀到钱庄夜总会砍对方,并告诉了符某林、林某军等四人,说要殴打对方。林某军也打电话叫被告人符某麦赶到钱庄夜总会。黎某瑞带上七把砍刀后叫上被告人董某波一起赶到钱庄夜总会,符某麦也赶到。被告人陈某誉等人在钱庄夜总会门口集中商量后,陈某誉、符某麦、黎某瑞、蓝某雄等人持刀守候在夜总会门口两侧,杨某坤、董某波、符某

---

① 海南省高级人民法院刑事判决书(〔2012〕琼刑一重字第1号)。

林等人骑摩托车守候在附近小卖部处。次日凌晨0时许,黄某、李某英(被害人,男,殁年16岁)骑摩托车到夜总会大门处时,林某军指认李某英就是他们要殴打的人。符某麦先冲上持刀砍中李某英乘坐的摩托车车头,黄某和李某英弃车分头逃跑,李某英被陈某誉、林某军、黎某瑞、符某麦、蓝某雄等人持刀追砍,杨某坤、董某波、符某林等人也骑车追赶李某英。李某英跑到钱庄花园酒店附近的农田后,董某波等人用摩托车车灯照向李某英。陈某誉、符某麦、蓝某雄等人追上李某英后,持刀乱砍李某英,杨某坤也对李某英拳打脚踢。陈某誉等人逃回响水村篮球场集中后,收好砍刀并交由陈某誉、黎某瑞藏匿。当日上午6时许,李某英被发现死在钱庄花园酒店附近农田处。经鉴定,李某英身上有深及肌层创口34处,系全身多处被锐器砍伤引起大出血致失血性休克死亡。案发后,符某林、董某波于2010年11月26日、蓝某雄于2010年12月6日,分别到陵水县公安局投案。符某林的亲属赔偿5000元。

一审法院海南省第一中级人民法院审理认为,被告人陈某誉、黎某瑞、符某麦、蓝某雄、杨某坤、董某波、符某林因琐事而结伙持刀伤害他人,致人死亡,其行为均已构成故意伤害罪。在共同犯罪中,陈某誉、黎某瑞、符某麦、蓝某雄是伤害行为的提议、纠集、积极实施者,在共同犯罪中起主要作用,均系主犯,杨某坤、董某波、符某林是伤害行为的一般参与者,在共同犯罪中起次要作用,均系从犯,依法应从轻或减轻处罚。蓝某雄、董某波、符某林犯罪后自动投案,如实供述其犯罪事实,系自首,依法可从轻或减轻处罚。七名被告人乱伤无辜,且手段残忍,情节恶劣;陈某誉、黎某瑞庭审时避重就轻,认罪态度不好;黎某瑞在被羁押期间还向陈某誉传递纸条,企图串供,为陈某誉开脱罪责;庭审后符某林的亲属向本院交来赔偿款5000元。上述各个情节,在对各被告人处刑时均应予以酌情考虑。根据本案的事实和情节,决定对蓝某雄、杨某坤、董某波从轻处罚,对符某林减轻处罚。据此,一审法院判处陈某誉死刑立即执行,其他被告人分别被判处无期徒刑、有期徒刑等相应刑罚。案件上诉后,海南省高级人民法院裁定维持了原判,并报请最高人民法院核准陈某誉死刑判决,最高人民法院撤销了海南省高级人民法院对陈某誉的死刑裁定,发回海南省高级人民法院重审。海南省高级人民法院重审查明,案件进入重审阶段之后,被告人陈某誉的亲属代为赔偿了被害人亲属经济损失15万元。海南省高级人民法院重审认为,上诉人陈某誉系犯意的提出者和共同犯罪的纠集者,又直接实施了持刀追砍被害人的行为,是致被害人死亡的凶手之一,在共同犯罪中起主要作用,系主犯,陈某誉的罪行极其严重,主观恶性深,依法应当判处死刑立即执行。鉴于陈某誉亲属对被害人亲属进行了一定的经济赔偿,并取得被害人亲属的谅解,陈某誉有一定的悔罪表现,对其判处死刑,可不立即执行。据此,二审法院改判陈某誉死刑,缓期二年执行。

本案被告人陈某誉及其亲属在一审期间,并未积极赔偿被害方经济损失,加之其犯罪情节极其恶劣,一审法院据此判处其死刑。而在案件经最高人民法院发回海南省高级人民法院重审期间,陈某誉亲属代为赔偿了被害人亲属高额赔偿款 15 万元,二审法院的判决理由中也明确指出了这一酌定量刑情节,反映出陈某誉具有一定的悔罪表现,因而改判其死刑缓期执行。可见,该 15 万元赔偿款在法院认定陈某誉存在悔罪表现,并据此改判死刑缓期执行的事实上,发挥了关键性的作用。

三、经济赔偿对抢劫罪死刑适用的影响

经济赔偿在抢劫罪中的意义,主要体现在抢劫行为造成被害人死亡时,犯罪分子及其亲属积极赔偿被害人亲属的损失,从而获得被害人亲属的谅解,使得法院对犯罪分子可以从轻处罚,判处死刑时可以不立即执行。一些二审改判死刑缓期执行的抢劫案件中,改判理由就包括犯罪分子及其亲属的经济赔偿。

案例 19 一审法院海南省海口市中级人民法院审理胡某、肖某军、李某琼、李某雄犯抢劫罪一案①

2002 年 11 月至 12 月期间,被告人胡某、肖某军、李某琼、李某雄及同案犯王某军(已判刑)相互勾结,在海口市秀英区西海岸假日海滩一带多次持刀抢劫在海滩休闲的情侣。具体事实如下:

(1) 2002 年 11 月 3 日凌晨 0 时许,被告人胡某、肖某军、李某琼三人骑摩托车窜至海口市秀英区滨海大道西秀海滩附近的斜坡处,发现被害人谭某敏、王某燕后,三人持刀威胁谭某敏、王某燕,并用绳将两名被害人捆绑,抢走谭某敏铃木王 GS125 型红色摩托车一辆(车牌号:琼 A03248,发动机号:350737,车架号:350609,价值 1800 元)。得手后,三人迅速逃离现场。随后,胡某、肖某军将抢来的摩托车骑回万宁市和乐镇,经肖某军联系以 1300 元的价格卖给冯某山,所得赃款由三人瓜分后,各自挥霍。2003 年 1 月 16 日,该车被公安人员追回并发还给被害人谭某敏。(2) 2002 年 11 月 21 日晚 24 时许,被告人肖某军、李某琼、李某雄及同案犯王某军骑摩托车窜至海口市秀英区滨海大道创业路对面假日海滩一草坪处,发现被害人颜某康、洪某妹后,四人持刀威胁颜某康、洪某妹,并用绳将两名被害人捆绑,抢走颜某康铃木王 GS125C 型红色摩托车一辆(车牌号:琼 CW6138,发动机号:198134,车架号:197323,价值 4500 元)。得手后,四名被告人迅速逃离现场。随后,李某琼、李某雄、王某军连夜将抢来的摩托车骑回万宁市和乐镇,经王某军联系以 1250 元的价格卖给吕某清,所得赃款由四人瓜分后,各自挥霍。2003 年 1 月 16 日,该车被公安人员追回并发还给被害人颜某康。

(3) 2002 年 11 月 23 日凌晨 4 时许,被告人肖某军伙同他人窜至海口市秀英区滨海大道西秀海滩烧烤园处,发现吴某军、秦某娜后,持刀威胁吴某军、秦某娜,

---

① 海南省高级人民法院刑事判决书(〔2014〕琼刑一终字第 88 号)。

并用绳将两名被害人捆绑,抢走吴某军森科 SK125-3 型红色摩托车一辆(车牌号:琼 C3N427,发动机号:SK156FM10113124500,车架号:LGVSHK30X1ZE07019,价值 3680 元)。得手后,迅速逃离现场。后来肖某军将抢来的摩托车留给其哥哥肖某永使用。2003 年 1 月 5 日该车被公安人员追回并发还给被害人吴某军。

(4)2002 年 12 月 3 日凌晨 1 时许,被告人胡某、肖某军、李某琼骑摩托车窜至海口市秀英区假日海滩西秀晚霞景点附近草坪时,发现被害人王某辉、林某材后,胡某、李某琼各持一把西瓜刀上前,李某琼控制住林某材,胡某与肖某军控制王某辉欲实施抢劫。随后,王某辉反抗并挣脱胡某、肖某军的控制往海边方向跑去,肖某军追赶并徒手拉扯王某辉,胡某则持刀在身后追砍。在追砍过程中,胡某误伤到肖某军右手手指,肖某军受伤后便跑回停放摩托车的地方查看伤情,胡某则继续追砍王某辉直至将其砍倒在地,王某辉因系被利器砍切颈部及肢体致失血当场死亡。李某琼从被害人林某材处抢到 60 元钱。随后,三人骑摩托车逃离现场。在逃跑途中,胡某与李某琼将作案时使用的两把西瓜刀丢弃在海口市秀英区港澳大道东侧原海宏花木公司入口北侧的花圃中。

一审法院海口市中级人民法院审理认为,被告人胡某、肖某军、李某琼、李某雄无视国法,伙同他人持刀胁迫劫取他人财物,其行为均已构成抢劫罪,其中肖某军参与抢劫 4 次,致 1 人死亡,李某琼参与抢劫 3 次,致 1 人死亡,胡某参与抢劫 2 次,致 1 人死亡,依法应予惩处。在共同实施抢劫犯罪行为中,被告人中有人持刀控制被害人,有人对被害人进行捆绑,均积极实施抢劫行为,不存在主从犯之分。在抢劫被害人王某辉的过程中,王某辉挣脱控制逃跑,胡某持刀在身后追砍,致王某辉失血死亡。胡某虽到案后能如实供述自己的罪行,构成坦白,但其 2 次持刀参与抢劫,追砍被害人王某辉 33 刀之多,有 17 刀砍在头部、面部和颈部等要害部位,且造成王某辉失血死亡,并在知道王某辉死亡后仍潜逃 11 年之久才被抓获,足见其犯罪主观恶性深、犯罪手段残忍、犯罪后果特别严重、社会危害性极大,依法应予严惩,不予对其从轻处罚。被告人李某琼、李某雄案发时系未成年人,依法可对两名被告人从轻处罚。被告人李某琼案发后最终能主动到公安机关投案,并如实供述自己的罪行,构成自首,依法可对其减轻处罚。被告人李某雄到案后能如实供述自己的罪行,构成坦白,依法可对其从轻处罚。被告人李某琼的亲属能积极赔偿附带民事诉讼原告人的经济损失,取得了被害人的谅解,依法可对其酌情从轻处罚。据此,一审法院判处被告人胡某死刑立即执行,其他被告人分别被判处无期徒刑、有期徒刑。二审法院海南省高级人民法院审理认为,鉴于上诉人胡某到案后能如实供述自己的罪行,积极赔偿附带民事诉讼原告人的经济损失,取得了原告人的谅解,可对其从轻处罚。据此,二审法院改判被告人胡某死刑,缓期二年执行。

本案一审判决中,被告人胡某没有对被害方进行经济赔偿,在其犯罪手段极其残忍、危害后果极其严重的情况下,法院对其判处了死刑立即执行。二审期间,胡某亲属积极赔偿了被害方经济损失,并取得了被害方谅解,二审法院最终改判胡某死刑缓期执行。可见,二审法院之所以能对胡某进行从轻改判,经济赔偿这一酌定量刑情节无疑发挥了直接作用。

第三节 死刑适用与经济赔偿的倾向

司法实践中,影响法院在具体案件中是否判决死刑的影响因素很多,理论上这些影响因素可以区分为从重处罚情节和从轻处罚情节。根据适用条件不同,从轻处罚情节又可以分为法定从轻和酌定从轻处罚情节,法定从轻处罚情节主要包括:已满14周岁不满18周岁的人犯罪的、从犯、辨认或者限制刑事行为能力的精神病人造成危害结果的、未遂犯、被教唆的人没有犯被教唆的罪的教唆犯、自首、立功、聋哑人或者盲人、预备犯等。酌定从轻处罚情节主要体现在犯罪构成四要件当中:

(1)犯罪客体方面,如没有造成危害结果或者危害结果较轻的;积极采取措施消除或者减轻危害结果的;积极退赃款赃物的;主动赔偿经济损失的;犯罪分子与被害人有特殊关系需要从轻处罚的;防卫中侵害第三人的;"大义灭亲"行为造成的犯罪;被害人对犯罪的发生有一定责任的。(2)犯罪客观方面,如危害行为持续时间较短的;犯罪时间特殊,反映出社会危害程度较轻的;犯罪地点特殊反映出社会危害程度较轻的;犯罪方法、手段反映社会危害程度较轻的;违法情节较轻的;特定义务来源特殊、反映出社会危害程度较轻的;防卫不适时的;避险不适时的;避险中的自救行为。(3)犯罪主体方面,如偶犯、初犯;老年人犯罪;一般残疾人犯罪;先天发育不良或后天疾病影响而智力低下、控制力弱的;犯罪前表现一贯良好的。(4)犯罪主观方面,如间接故意较直接故意为轻;疏忽大意过失较过于自信过失为轻;激于义愤的犯罪;犯罪目的、动机特殊,反映主观恶性程度较轻的;对犯罪无违法性认识的;假想防卫;假想避险;坦白交代罪行的(非自首犯);认罪态度较好的。[①] 依此说法,经济赔偿属于客观方面的内容,本质上反映出报告人以实际行动减小犯罪造成的社会危害性。此外,笔者认为,经济赔偿也是被告人真诚悔罪的积极表现,反映出了被告人主观恶性的减小。

一、国内视野下经济赔偿对死刑执行类别的影响

为便于更直观地说明经济赔偿对于海南省暴力性犯罪刑事案件量刑改判中的

[①] 方熙红.简论刑法上的"从轻处罚"[J].人民检察,2006(19):47-48.

直接影响，笔者对近五年来海南省高级人民法院刑事审判一庭①改判案件的情况进行了统计，这能够在一定程度上有效说明经济赔偿影响量刑的实际情况。具体统计信息如表4.1所示。

表4.1　2011—2015年海南省高级人民法院刑事审判第一庭改判情况统计表

年　度	审结案件数（件）	改判案件数（件）	改判占比	因经济赔偿而改判（件）	因经济赔偿改判占比
2011	251	46	18%	6	13%
2012	210	12	6%	1	8%
2013	258	16	6%	7	44%
2014	203	18	9%	7	39%
2015	198	39	19.6%	5	12%

分析此表可知，以2011年为例，2011年海南省高级人民法院第一审判庭共结案251件，改判46件，改判率为18%，其中因经济赔偿而改判的为6件，占所有改判案件比为13%。2012—2015年，在改判的案件中因经济赔偿而改判的案件分别占比为8%、44%、39%、12%。据该院相关司法工作人员表示，在具体的办案当中，一般只要被告方积极给予了被害方经济赔偿，结合被告人的悔罪态度，除非极少数犯罪情节极其严重、被告人的悔罪确实不足以从轻处罚之外，大多数情况下法院都会考虑从轻处罚。值得一提的是，虽然此表所反映的因经济赔偿而改判的占比波动较大，如2012年仅为8%，但并不能说明法院在具体案件改判中没有考虑经济赔偿因素，而是很多案件的被告方没有积极对被害方进行经济赔偿，法院只能依据其他从轻处罚情节进行裁判。由此也说明，一方面，司法机关在量刑过程中，通常都会考虑经济赔偿在对被告人从轻量刑上的影响，并根据具体案情所反映出的被告人悔罪态度而做出相应判决；另一方面，经济赔偿在影响量刑中的作用尚且没有受到刑事案件被告方足够的了解和重视，这不仅对被告人悔罪不利，而且不利于积极恢复犯罪行为所造成的被告方与被害方的矛盾社会关系。

实际上，不仅在海南省，国内其他地方的司法实践也表明，因经济赔偿而改判被告人死刑缓期执行的案例，已经为越来越多的司法机关所认可。基于本书体量考虑，且为了尽可能对全国的司法形势进行较为全面的概括，在此特别以地域因素为标准，选取几个具有地域代表性的省份的相关案例进行论证。

案例23　一审法院北京市第二中级人民法院审理被告人纪某超犯故意伤害罪一案

被告人纪某超于2011年8月18日1时许，在北京市怀柔区北京世迪文化传

---

① 司法实践中，涉及刑事案件经济赔偿的问题，主要发生在故意杀人罪、故意伤害罪、抢劫罪等这些常见的暴力犯罪中，而这些案件主要由海南省高级人民法院刑事审判一庭审理，因而以此为调研对象。

播有限公司"九点"迪厅舞池内跳舞过程中,因感觉有人故意挤靠自己而心生气愤,遂持磕碎的啤酒瓶对被害人张某甲(男,殁年17岁)、齐某进行殴打,纪某超先持酒瓶刺伤齐某的右眼部,又刺伤张某甲的颈部,致张某甲左颈总动脉断裂,急性失血性休克而死亡,致齐某轻伤(偏重)。纪某超作案后被当场抓获归案。

北京市第二中级人民法院审理认为,被告人纪某超遇事不能正确处理,在公共场所持其磕碎的酒瓶故意伤害他人身体,造成1人死亡、1人轻伤(偏重)的特别严重后果,其行为已构成故意伤害罪,且所犯罪行极其严重,社会危害性极大,依法应予惩处。北京市人民检察院第二分院指控纪某超犯故意伤害罪的事实清楚,证据确实、充分,指控的罪名成立。纪某超的犯罪行为给各附带民事诉讼原告人造成的经济损失,依法应予合理赔偿。故认定纪某超犯故意伤害罪,判处死刑立即执行。二审法院北京市高级人民法院审理查明,在一审审理期间,纪某超的亲属代其交纳附带民事赔偿款人民币2万元。在二审审理期间,纪某超的亲属代其交纳附带民事赔偿款人民币12万元。二审法院认为,上诉人纪某超故意非法伤害他人身体,造成1人死亡、1人轻伤(偏重),其行为已构成故意伤害罪,且罪行极其严重,依法应予惩处。鉴于本案的具体情节,对纪某超所犯故意伤害罪,判处死刑,可不予立即执行。据此,二审法院最终改判上诉人纪某超死刑,缓期二年执行。①

分析本案可知,上诉人纪某超的亲属在一审审理期间仅赔偿被害人亲属2万元,但在二审审理期间,再次赔偿被害人亲属12万元,赔偿数额大幅增加。法院最终改判上诉人纪某超死刑缓期执行,显然是基于充分考虑到了经济赔偿这一酌定量刑情节。

案例24 一审法院湖北省武汉市中级人民法院审理被告人周某华犯故意杀人罪一案

被告人周某华与刘某荣自2000年开始同居。2011年初,周某华与他人同居后,中断与刘某荣的同居关系。2012年4月11日,周某华在刘某荣家中因不同意再保持同居关系,与刘某荣发生争吵。次日凌晨2时许,周某华与刘某荣前往武汉市硚口区利济东街203号金马头宾馆登记入住8513房后,二人继续争吵,周某华恼羞成怒,双手掐刘某荣颈部,又用包带猛勒其颈部,致其当场死亡。经法医鉴定,被害人刘某荣系因机械性窒息致呼吸循环衰竭而死亡。随后,周某华打"110"报警投案,并在金马头宾馆门口等待公安人员将其抓获。归案后,周某华如实供述了作案经过。

一审法院认定被告人周某华犯故意杀人罪,判处死刑立即执行。二审法院湖北省高级人民法院审理查明,一审期间,周某华的亲属自愿代为赔偿被害方经济损失2万元。二审期间,周某华的亲属自愿代为赔偿被害方经济损失8万元。二审法院认为,周某华作案后打电话报警,并等待公安人员将其抓获,归案后如实供述

---

① 北京市高级人民法院刑事附带民事判决书(〔2012〕高刑终字第372号)。

了主要犯罪事实,具有自首情节,依法可以从轻处罚。周某华犯罪手段残忍,后果严重,论罪应当判处死刑立即执行。但鉴于其有自首情节,其亲属积极代为赔偿被害方经济损失,可不立即执行死刑。据此,二审法院改判周某华死刑,缓期二年执行。①

与案例23一样,本案二审法院据以改判上诉人周某华死刑缓期执行的依据,除了其具有自首的从轻量刑情节外,另一重要因素就是其亲属分别在一审与二审期间代其赔偿了被害方较大数额的经济损失。在赔偿数额上,二审期间被告人亲属代为赔偿了8万元,而一审期间支付的赔偿数额为2万元。在其他案件事实和量刑情节没有发生变化的情况下,二审期间的较高经济赔偿显然直接影响了改判。

案例25 一审法院黑龙江省鹤岗市中级人民法院审理被告人王某成犯故意杀人罪、抢劫罪一案

2012年8月31日18时许,被告人王某成给其女友被害人杨某某打电话约其见面,被杨某某拒绝,王某成便认为杨某某最近疏远自己,之前和自己在一起是为了骗钱。王某成在萝北县凤翔镇开心超市购买了一把水果尖刀后,来到杨某某和其丈夫被害人王某某的住处。王某成潜入其住处后趁二人睡觉时,用尖刀捅床北侧那个人腹部三刀、心脏一刀、右膝一刀。杨某某听到声响打开灯,王某成发现捅的人是王某某,便准备逃跑。因携带现金不多,持刀从杨某某处抢得人民币800余元后逃离现场。王某某系被他人用单刃锐器刺破心脏,大出血死亡。所抢赃款已返还给杨某某。2012年9月1日,王某成在黑龙江省宝泉岭农场某旅店被公安机关抓获。

一审法院鹤岗市中级人民法院审理认为,被告人王某成故意剥夺他人生命,致1人死亡,其行为构成故意杀人罪;以非法占有为目的,以暴力、胁迫为手段劫取他人财物,其行为构成抢劫罪。王某成如实供述犯罪,但其故意杀人情节特别严重,不予从轻处罚。据此,一审法院最终判处被告人王某成死刑立即执行。宣判后,被告人王某成及其辩护人以主观上没有杀人的故意,其行为构成故意伤害罪,能积极赔偿被害人亲属的损失,获得了被害人亲属的谅解,一审量刑过重为理由提出上诉。二审法院黑龙江省高级人民法院审理认为,上诉人王某成故意非法剥夺他人生命,其行为构成故意杀人罪;采取暴力手段劫取他人财物,其行为构成抢劫罪。王某成持刀刺王某某要害部位数刀,并在杨某某要求其施救的情况下拒绝施救,王某成积极追求被害人死亡的后果,主观上具有明显的非法剥夺他人生命的故意。但王某成归案后认罪态度好,有悔罪表现,其亲属代为赔偿被害人亲属的损失(注:具体赔偿数额未在判决书中体现),且获得被害人亲属的谅解,对其判处死刑,可不

---

① 湖北省高级人民法院刑事附带民事判决书(〔2013〕鄂刑一终字第00103号)。

立即执行。据此,二审法院改判上诉人王某成死刑缓期执行。①

本案一审判决中,一审法院没有考虑被告人的经济赔偿并获得被害人亲属谅解这一情节,被告人也以此为由提出上诉。二审法院的判决充分考虑了经济赔偿及被害人亲属谅解这一酌定量刑情节,最终依法改判原审被告人死刑缓期执行。案件在一、二审期间,所有被认定的犯罪事实和量刑情节都没有发生任何变化,区别仅仅在于二审法院将经济赔偿这一影响量子认定为死刑可以不立即执行的依据,充分肯定了经济赔偿对死刑执行类别的影响。

案例26 一审法院湖南省长沙市中级人民法院审理被告人朱某斌、陆某文、夏某某犯抢劫罪,朱某斌犯盗窃罪一案

2005年10月18日凌晨,被告人朱某斌、陆某文、夏某某以租车为名,从长沙市迎宾路中天大酒店门口搭乘周某戊驾驶的湘AT1143出租车,行至朱某斌曾就读的长沙市星沙镇境内的湘警学院附近一偏僻处时,依照事先策划好的抢劫方案,朱某斌暗示陆某文动手,并和陆某文掏出携带的水果刀威胁周某戊。三人将周某戊拖到后座上后,朱某斌驾车,陆某文、夏某某在后座上用事先准备好的尼龙绳将周某戊的手脚捆绑,用塑料胶带将周某戊的嘴巴封住,抢走周某戊身上的200余元现金和一台诺基亚手机。朱某斌驾驶出租车行至星沙镇星螺公路阳高村瓦窑组地段时,三人将周某戊拖下车,准备将周某戊丢弃在路边。周某戊挣扎,朱某斌用刀抵住周某戊的脖子,威胁其不要反抗,用刀刺伤周某戊喉部,然后用力将周某戊推到路边斜坡下。后三人驾车逃往岳阳方向,并在途中将作案工具等物丢弃。三人因车主几次拨打车载电话,担心抢劫罪行败露,将出租车开到湖南省汨罗市大荆镇周斌饭店内后潜逃。2005年10月28日,周某戊被人发现已死亡。被抢出租车价值7.9439万元。此外,2009年12月29上午8时许,朱某斌在四川省成都市站北西横街盗窃价值1362元的电动摩托车一台。朱某斌推着摩托车离开盗窃现场不远,被巡防队员抓获。夏某某犯罪时不满18周岁。朱某斌归案后提供了陆某文的网名。陆某文、夏某某亲属已分别代为赔偿被害人亲属经济损失2万元、9万元,并取得被害人亲属的谅解。

一审法院最终认定被告人朱某斌犯抢劫罪和盗窃罪,判处死刑,其他两名被告人被认定犯抢劫罪,分别判处无期徒刑和有期徒刑十年。二审法院湖南省高级人民法院审理查明,二审期间,朱某斌母亲陈某某已代为赔偿被害人亲属经济损失10.5万元。周某戊的女儿周某甲向法院出具书面材料,请求对朱某斌予以从轻处罚。二审法院认为,朱某斌在共同抢劫犯罪中的地位和作用十分突出,并直接致1人死亡,是罪责最为严重的主犯;在抢劫犯罪潜逃期间又两次犯罪,人身危险性极大,朱某斌是罪行极其严重的犯罪分子,依法应当适用死刑。鉴于朱某斌归案后能

---

① 黑龙江省高级人民法院刑事判决书(〔2013〕黑刑二终字第81号)。

坦白认罪，其亲属能积极代为赔偿经济损失，并取得了被害人亲属的谅解，对朱某斌判处死刑不是必须立即执行，可以判处死刑同时宣告缓期二年执行，同时根据朱某斌的犯罪性质、犯罪情节，决定对其限制减刑。①

本案在一审期间，被告人朱某斌及其亲属没有给予被害人亲属经济赔偿，一审法院依法判处被告人死刑。二审期间被告人朱某斌亲属代为赔偿了被害人亲属经济损失10.5万元，并获得了被害人亲属的谅解，且被害人亲属书面请求二审法院从轻处罚朱某斌。二审法院也依据经济赔偿这一从轻处罚情形，改判朱某斌死刑缓期执行。

案例27 浙江省杭州市中级人民法院审理被告人赵某虎犯故意杀人罪

2013年底，被告人赵某虎在江苏省昆山市务工时，通过QQ聊天结识了在浙江省临安市高虹镇务工的重庆籍被害人王某（女，殁年30岁），并发展成情人关系。2014年1月20日晚，赵某虎从昆山市包车到临安市高虹镇与被害人王某见面，并住在王某租住的临安市高虹镇高乐村曙光路50号203室。同月22日中午，两人在该住处内因情感问题发生吵打。赵某虎持厨房的菜刀砍击王某双手、头面部数刀，又用接线板电线缠绕王某的颈部，使王某因颈部遭绳索勒缢致机械性窒息而死亡。而后，赵某虎窃取了王某的黑色手包，包内装有两部手机及金手链等物品，价值人民币2803元。案发后，赵某虎用被害人王某的手机与他人联系，制造王某仍然活着的假象。

一审法院杭州市中级人民法院认定被告人赵某虎犯故意杀人罪，并判处死刑立即执行。二审法院浙江省高级人民法院审理查明，二审期间，被告人赵某虎亲属自愿代为赔偿10万元，并已缴至该院。二审法院审理认为，被告人赵某虎因感情纠葛，采用持刀砍切、电线勒颈的方式杀害他人，其行为已构成故意杀人罪。鉴于本案被告人赵某虎认罪态度较好，二审期间被告人赵某虎亲属自愿代为赔偿被害人方一定的经济损失等具体情况，对被告人赵某虎判处死刑，可不立即执行。据此，二审法院浙江省高级人民法院最终改判被告人赵某虎死刑缓期执行。②

本案一审中，被告人赵某虎及其亲属未对被害方给予经济赔偿，一审法院直接根据犯罪事实判处了被告人死刑。二审期间，被告人亲属则自愿代为赔偿被害方经济损失10万元，二审法院的判决依据中认为被告人认罪态度较好，并明确指出了该经济赔偿，最终改判被告人死刑缓期执行。毋庸置疑，被告人亲属在二审期间支付的经济赔偿，直接决定了被告人可以被改判死刑缓期执行的结果。

案例28 一审法院云南省昭通市中级人民法院审理被告人何某贵犯故意伤害罪

2013年5月16日凌晨2时许，被告人何某贵与其女友张某某在昭通市昭阳区

---

① 湖南省高级人民法院刑事判决书（〔2011〕湘高法刑二终字第53号）。
② 浙江省高级人民法院刑事判决书（〔2014〕浙刑一终字第228号）。

××街吵打,赵某某、王甲、王乙三人聊天经过何某贵旁边,何某贵认为赵某某等人说话声音过大,便辱骂赵某某等人,后双方发生争吵,何某贵持刀将赵某某刺伤,致赵某某送医院抢救无效而死亡。经鉴定,被害人赵某某系锐器刺伤胸部致左右胸腔积血、心脏破裂合并失血性休克死亡。

庭审后,何某贵亲属代为交来民事赔偿款5000元。一审法院根据案件情况,认定被告人何某贵犯故意伤害罪,并判处死刑立即执行。二审法院云南省高级人民法院审理查明,一审庭审后,何某贵的亲属代为交纳赔偿款5000元。二审庭后,何某贵的亲属与原审附带民事诉讼原告人赵某某、王某某达成赔偿协议,由何某贵亲属共计赔偿赵某某、王某某亲属10万元(包括已支付的5000元),原判确定由何某贵赔偿赵某某、王某某经济损失4.5万元的判决视为已履行,赵某某、王某某亲属对何某贵的犯罪行为表示谅解。二审法院审理认为,何某贵不能正确处理矛盾,在与赵某某等人因琐事发生口角纠纷时,动辄持刀行凶,捅刺赵某某胸腹部及背部共两刀,致赵某某经抢救无效而死亡,且作案后潜逃外地,后被公安机关抓捕归案,其犯罪性质恶劣,后果严重。何某贵归案后,能够如实供述犯罪事实,具有坦白情节,依法可从轻处罚。二审期间,何某贵亦能真诚悔罪,其亲属积极代为赔偿被害人亲属经济损失共计10万元,取得被害人亲属的谅解,对何某贵可从轻处罚。根据何某贵的犯罪事实、犯罪性质和情节,以及认罪态度和履行民事赔偿的情况,对何某贵判处死刑,无需立即执行。据此,二审法院改判何某贵死刑缓期执行。①

本案一审期间,被告人何某贵的亲属在庭审之后代为交纳赔偿款5000元,而这5000元远不够支付法院判决的赔偿款4.5万元。一审法院根据案件情况最终判处被告人死刑立即执行。二审庭审之后,被告人何某贵亲属与被害人家属达成赔偿协议,代为赔偿被害方经济损失10万元(含已支付的5000元)。不难发现,此次支付的赔偿款在数额上为一审法院判决应当支付的赔偿款的两倍有余。而在二审期间,被告人除了由家属代为多赔偿了赔偿款之外,并没有其他可以从轻处罚的情节出现。二审法院最终改判被告人死刑缓期执行,显然完全取决于被告方与被害方达成的经济赔偿。

综合上述案例可以发现,一审均对犯罪情节最严重的被告人判处了死刑立即执行,二审均做出改判死刑缓期执行的判决。这些案件的一审和二审在认定犯罪事实上并没有差异,被判处死刑的被告人在一审和二审期间的各项量刑情节(除了经济赔偿外)也不存在什么变化。而二审改判死刑执行方式的理由,无不与经济赔偿有着直接关系,要么是一审期间不存在积极的经济赔偿而二审期间被告方积极进行了经济赔偿,要么是二审期间增加了经济赔偿,且在数额上远远大于一审期间的经济赔偿。这就使得一审被判处死刑立即执行的被告人之所以能够被改判为死

---

① 云南省高级人民法院刑事判决书(〔2014〕云高刑终字第809号)。

刑缓期执行,与经济赔偿的有无或多少形成了影响与被影响的关系。可见,经济赔偿在这些案件死刑执行类别的适用中,凸显出了决定性的作用。

二、经济赔偿影响死刑执行类别的实然分析

司法实践表明,经济赔偿是影响量刑的重要依据之一,在严重的暴力性犯罪中,对于死刑执行类别产生着非常重要的影响。然而,对于经济赔偿是否应当成为死刑执行类别的影响量子,理论界众说纷纭。笔者认为,经济赔偿作为酌定量刑情节,在对被告人从宽处罚的影响乃至死刑执行类别的选择适用上应当予以充分肯定,司法实践中,应当更加重视并发挥好经济赔偿在影响死刑执行类别中的作用。

(一)经济赔偿影响死刑执行类别的正当性

经济赔偿之所以能够成为影响死刑执行类别适用的重要因素,不仅在现实意义上具有充足的司法判例可以证实,而且在法律依据和刑法理论上也具有充分的理由可以予以说明。

一方面,就法律层面而言,一些规范性法律文件为经济赔偿影响死刑执行类别的适用提供了有利的法律依据。例如,我国《刑法》第六十一条规定:对犯罪分子决定刑罚的时候,应当根据犯罪的事实、性质、情节和对社会的危害程度,依照本法的有关规定判处。根据该条文的规定,犯罪事实、犯罪性质及大部分的犯罪情节都是在犯罪发生时已然形成的事实,无法改变。但此处所规定的"情节",不仅应当包括犯罪客观方面所反映出的已然的定罪和量刑情节,也应当包括犯罪发生之后,犯罪分子的事后行为所反映出的量刑情节,如自首、坦白、立功等。而犯罪后是否积极进行经济赔偿作为酌定量刑情节,当然也应当包括在这其中。[①] 言下之意,法院对犯罪分子决定刑罚的时候,也应当根据经济赔偿这一"情节"进行判处。不仅如此,该条文所规定的"社会的危害程度"之所以能够决定具体的刑罚,就在于它直接反映了犯罪的社会危害性,即犯罪行为对社会所造成的危害大小。[②] 就经济赔偿而言,能够在很大程度上减少犯罪给被害方所造成的经济损失和精神损失,有利于缓和被害方与犯罪分子的矛盾关系,由此必然能减轻犯罪行为对社会所造成的危害。从这个方面讲,经济赔偿显然也有理由成为刑罚适用的法律依据。

除此之外,最高人民法院针对刑事司法问题出台的相关司法解释,也为经济赔偿影响死刑执行类别的适用提供了法律依据。最高人民法院于1999年10月颁布的《全国法院维护农村稳定刑事审判工作座谈会纪要》关于刑事附带民事诉讼问题

---

① 中国人民大学刑事法律科学中心.明德刑法学名家讲演录(第一卷)[M].北京:北京大学出版社,2009:237.

② 彭新林.酌定量刑情节限制死刑适用研究[M].北京:法律出版社,2011:368.

中指出:被告人的民事赔偿情况可作为量刑的酌定情节。最高人民法院于2000年12月颁布的《关于刑事附带民事诉讼范围问题的规定》第四条规定:被告人已经赔偿被害人物质损失的,人民法院可以作为量刑情节予以考虑。当然,该《规定》在当时的司法环境下主要适用于对轻罪的从轻处罚,对死刑案件尚没有考虑经济赔偿的影响。但这也为之后经济赔偿进一步影响死刑适用创造了良好的开端,最高人民法院于2007年9月颁布的《关于进一步加强审判工作的决定》中规定:要正确处理严格控制和慎重适用死刑与依法严厉惩罚严重刑事犯罪的关系……案发后真诚悔罪积极赔偿被害人经济损失的案件等具有酌定从轻情节的,应慎用死刑立即执行。自该《决定》出台后,因经济赔偿取得被害人亲属谅解而不判处死刑立即执行的案件开始增多。司法实践也从此逐步开启了经济赔偿影响死刑执行类别的新里程。孙某铭犯以危险方法危害公共安全罪一案,则是该《决定》规定的经济赔偿影响死刑适用的代表性案例。① 最高人民法院于2010年2月出台的《关于贯彻宽严相济形势政策的若干意见》第二十三条规定:被告人案发后对被害人积极进行赔偿,并认罪、悔罪的,依法可以作为酌定量刑情节予以考虑。2011年12月最高人民法院发布的《关于发布第一批指导性案例的通知》指导案例4号明确指出:因恋爱、婚姻矛盾激化引发的故意杀人案件,被告人犯罪手段残忍,论罪应当判处死刑,但被告人具有坦白悔罪、积极赔偿等从轻处罚情节,同时被害人亲属要求严惩的,人民法院根据案件性质、犯罪情节、危害后果和被告人的主观恶性及人身危险性,可以依法判处被告人死刑,缓期二年执行,同时决定限制减刑,以有效化解社会矛盾,促进社会和谐。2014年1月1日起正式施行的《最高人民法院关于常见犯罪的量刑指导意见》第三部分"常见量刑情节的适用"中,强调量刑时要充分考虑各种法定和酌定量刑情节,并分别列举了七种酌定量刑情节,其中就明确规定了"积极赔偿被害人经济损失"。② 就具体的经济赔偿范围而言,最高院《关于刑事附带民

---

① 详见四川省高级人民法院刑事判决书(〔2009〕川刑终字第690号)。被告人孙某铭于2008年5月购买车牌号为川A43K66的别克牌轿车后,长期无证驾驶,并有多次交通违法记录。2008年12月14日16时许,孙某铭醉酒驾驶该车从成都市成华区万年场"四方阁"酒楼送其父母去火车北站后,又继续驾车沿成龙路前往龙泉驿区。17时许,孙某铭驾车在成龙路"蓝谷地"路口从后面撞上正常行驶的川A9T332比亚迪轿车尾部后继续向龙泉驿方向高速行驶,行至成龙路"卓锦城"路段时,越过道路中心双实线,猛烈冲撞对面正常行驶的川AUZ872长安奔奔轿车,接着又先后撞上川AK1769长安奥拓轿车、川AVD241福特轿车、川AMC337奇瑞QQ轿车。致川AUZ872长安奔奔轿车内驾驶员张某某,乘客尹某某、金某某、张成某死亡,代某某重伤,造成公私财产损失达5万余元。一审法院认定孙某铭犯以危险方法危害公共安全罪,被判处死刑立即执行。二审法院查明,案发后,孙某铭委托其父变卖名下财产筹款,其父亲亦全力筹款,倾力赔偿被害人的经济损失,协议赔偿被害人经济损失100万元,被害人及其亲属已出具谅解书。

② 这七种酌定量刑情节分别是:当庭自愿认罪,退赃、退赔,积极赔偿被害人经济损失,取得被害人或其亲属谅解,有犯罪前科,犯罪对象为弱势人员,在重大自然灾害、预防、控制突发传染病疫情等灾害期间犯罪。

事诉讼赔偿范围问题》(法办〔2011〕159号)的答复规定:关于刑事附带民事诉讼赔偿范围问题,我院的倾向性意见是:附带民事诉讼案件依法只应赔偿直接物质损失,即按照犯罪行为给被害人造成的实际损害赔偿,一般不包括死亡赔偿金和残疾赔偿金,但经过调解,被告人有赔偿能力且愿意赔偿更大数额的,人民法院应当支持……这些司法解释都充分肯定了经济赔偿对于从宽量刑的影响,法院在具体的办案过程中,完全可以依据此类规定,对被告人从轻处罚。因此,因经济赔偿而改判被告人死刑缓期执行,在我国已经具有了充足的法律依据,法院据此对死刑做出的改判决定的合法性毋庸置疑。

另一方面,从刑法理论上讲,经济赔偿影响死刑执行类别的适用,也具有充分的理论依据。

其一,经济赔偿反映了被告人人身危险性和社会危害性的减小。依据刑法的有关规定,对于"不是必须立即执行的"死刑犯罪,应当判处死刑缓期执行。而所谓"不是必须立即执行",通常是指犯罪分子罪行极其严重,罪该处死,但因犯罪分子具有某些特定从宽情节,不需要立即执行死刑。① 而这里所讲的特定从宽情节,在本质上则取决于被告人人身危险性和犯罪所造成的社会危害性的大小。被告人自己或通过其亲属积极给予受害方经济赔偿,说明被告人对于自身犯罪行为及所造成的危害后果具有深刻的认识,经济赔偿所反映的不仅是单纯的物质给予,更是被告人积极悔罪的表现,其充分说明了被告人人身危险性的降低。而且,一些暴力犯罪给被害人所造成的直接影响在于经济和精神方面受到双重伤害。而经济赔偿的直接作用就是弥补被害人的经济损失和精神损失,在一定程度上减少了被害人实际受到的伤害。被害人因犯罪受到的伤害减少了,则意味着犯罪所造成的社会危害性减少。因经济赔偿而对被告人从宽处罚,对本应当判处死刑立即执行的被告人改判死刑缓期执行,当然就具有合理性。

其二,经济赔偿体现了宽严相济刑事政策的重要内涵。宽严相济刑事政策是刑事立法与司法过程中应当遵循的重要准则,其内涵的一个重要方面就是宽与严的区分并非绝对与僵化的,而是协同共济的,即使是犯罪罪行严重,但有法定或者酌定的从轻情节,则该从宽处罚,而即使罪行较轻,但有法定从重情节的,则该从严处罚。② 在本应当被判处死刑立即执行的暴力犯罪案件中,被告人真诚悔罪,通过其本人或亲属积极对被害人进行经济赔偿,属于酌定从轻量刑情节,依据宽严相济刑事政策的内涵,属于犯罪罪行严重但存在酌定从轻情节,因而应当从宽处罚。宽严相济的刑事政策不仅体现在立法当中,也表现与司法过程中。就立法层面而言,如前文所述,经济赔偿属于法律明文规定的酌定量刑情节,因经济赔偿而对被告人不适用死刑立即执行,具有明确的法律依据。司法层面上,酌定量刑情节实际上赋

---

① 赵秉志.死刑个案实证研究[M].北京:中国法制出版社,2009:27.
② 卢建平.刑事政策与刑法完善[M].北京:北京师范大学出版社,2014:76.

予了司法者一定的自由裁量权,对本应当判处死刑立即执行的被告人因经济赔偿而从宽处罚,即是司法者自由裁量权的行使,也符合刑罚轻缓化刑事政策的应有之义。

其三,现阶段,认可经济赔偿的作用有利于构建和谐社会。党的十六届六中全会明确将构建社会主义和谐社会作为新时期的主要政治任务。刑法的适用不仅要体现出对犯罪本身的惩治和预防,也要实现一定的社会效应,修复受损的社会法律关系,促进社会和谐发展。在暴力性犯罪中,被告人与被害人之间因犯罪而产生了严重的矛盾关系,该矛盾不仅存在于被告人与被害人之间,而且是双方两个家庭甚至不同家族之间的矛盾关系,因此,缓和或修复因犯罪而产生的此种矛盾关系,是维护社会稳定、促进社会和谐发展的必然要求。经济赔偿在体现出被告人积极悔罪的基础上,能够在很大程度上减轻被害方因犯罪而遭受的损失,尤其是对于一些以被害人为家庭主要经济支柱的被害方,犯罪对被害人的侵害,往往会使得被害方整个家庭面临生活严重困难的困境。而此时被告人及其亲属给予的经济赔偿则能够极大缓解甚至解除这一困境,这也是被告人在被害方面前积极悔罪的有效方式,被害方因此对被告人的责难或憎恨而有所减少,司法实践中,被告人得到被害方的谅解一般也都是在经济赔偿的基础下达成的。即便是少数不接受经济赔偿的被害方,对被告人判处死刑立即执行虽然满足了被害方的一时之快,但对被告人亲属的损害却是极其重大的,一些被告人通常是家庭的顶梁柱,或是亲属的精神寄托,当其被处以极刑后,只会使被告方与被害方的矛盾升级,增加被告方对被害方的憎恨、对司法的不满、对社会的抱怨,久而久之,就可能引发诸多社会不稳定因素。而不判处被告人极刑,虽然会引起被害方的不满,但这种"意气用事"相对于极刑给被告方亲属造成的伤害而言,通常只是短暂的,而且因被告方经济赔偿所体现出的真诚悔罪可以逐渐促进谅解。

(二) 经济赔偿的本质思考

对于经济赔偿是否可以成为对被告人从轻处罚的法律依据,有否定观点认为,在赔钱可以减刑的前提下,无论是积极赔偿而被从宽处罚的被告人,还是没有赔偿的被告人,都极易使被告人变得心安理得,忏悔之心和愧疚之情骤减。刑事和解容易触碰到"贫富不均"这根敏感的神经,从而成为新社会问题的制造者。如果因为有钱人做出赔偿,得到被害人的"宽恕"和"谅解",进而"消化"了刑罚,而无力支付此种"代价"的穷人,只能接受刑罚的制裁的话,则会引发人们心理上的极大不平衡。当"赔钱减刑"变成一种交易,反而会使刑事和解运行不畅。如此机制,会在客观上形成有钱人"花钱买刑"的情况,法律面前一律平等的宪法宣言在此变成一句空话。[①]

---

① 杨会新."被害人保护"与"刑罚轻缓化":刑事和解不能承受之重[J].西北政法大学学报,2011,29(6):88-95.

对于此问题,笔者也专门进行了相关的问卷调查,问卷调查的对象为随机选取的普通民众,问卷共计1000份。问卷主要涉及的问题是:你能接受赔钱就可以保命的司法行为吗?调查的最终结果如下:① 不能。这就是"花钱买命",使法律丧失了公平、公正。该结果共计783票,占比为78.3%;② 根据具体情况判断,如犯罪分子具有悔罪的情况。该结果共计182票,占比为18.2%;③ 能。被害人已经死了,赔钱能够安抚被害人亲属。该结果共计35票,占比为3.5%。从民众的投票情况看,有78.3%的人认为"赔钱减刑"的司法行为不应当存在,这会导致法律失去公平和公正。可见,民众的主流观点对"赔钱减刑"是持反对态度的。

不难发现,反对经济赔偿影响死刑执行类别的观点,基本都存在对经济赔偿会引起"花钱买刑"的担忧。对此,笔者持有不同的看法。一是,经济赔偿在酌定从宽处罚中的作用,并不是唱"独角戏",如果被告人仅支付经济赔偿,而认罪态度不好,法院也不会对其从轻处罚。通常,被告人在支付经济赔偿的同时,还具有坦白、自首等其他从轻处罚情节,才有机会得到从宽处理。二是,经济赔偿的有无和多少不是影响量刑的唯一衡量标准。即便不存在经济赔偿,但被告人存在其他从宽处罚情节时,法院也会因此而在量刑时予以充分考虑。因非经济赔偿之外的其他从轻或减轻处罚因素而得以在量刑上从宽处理的案件,在司法实践中仍然占据了大多数。三是,经济赔偿并不是"花钱买刑"的交易筹码,而是被告人积极悔罪的具体表现方式之一,可以依法从轻处罚的经济赔偿,反映了被告人对自己犯罪行为和造成的危害结果的忏悔,有利于修复被犯罪行为所破坏的社会关系,与刑事和解的价值取向相一致。

"花钱买刑"的本质在于钱与刑之间的交易行为,即被告人或其亲属通过赔偿被害人及其亲属以重金,从而换取法院在量刑上从轻处罚的考量,对于应当判处死刑立即执行的被告人,因为存在"重金赎刑",从而对被告人判处死刑缓期执行甚至更轻的刑罚。无论是刑法中的法定量刑情节还是酌定量刑情节,其所规定的从轻处罚情节主要反映出被告人具有悔改表现,或是犯罪的社会危害性不严重,而单纯的"花钱买刑"只是被告人为了减轻刑事处罚而采取的一种无奈之举,被告人并非诚心愿意弥补被害人及其亲属的损失,在主观上更没有悔改的意思。显然,"花钱买刑"不仅与从轻处罚情节的应有之义相背离,而且还严重违背了刑法的罪、责、刑相适应原则,破坏了司法机关审理案件的公正性,有损司法权威,理应为刑事司法所禁止。但是,酌定量刑情节中的经济赔偿因素,是指被告人或其亲属通过积极赔偿被害人及其亲属的损失,从而弥补被告人的犯罪行为给被害人及其家庭所造成的伤害,本质上是被告人对自己的犯罪行为的一种真诚悔过,只是这种悔过的表达方式是通过经济赔偿予以了现实体现。而且,被告人的真诚悔过也不仅表现在经济赔偿方面,除此之外,被告人一般还存在其他从轻处罚情节,经济赔偿与其他从轻处罚情节共同说明了被告人的悔罪之心。换言之,如果被告人不存在其他悔罪表现,仅仅只有经济赔偿,这便与"花钱买刑"无异,法院也不会因此而对被告人从轻处罚。可见,经济赔偿作为酌定量刑情节,其存在具有合理性,并不会造成"花钱买刑"。

否定者的另一个误区,就是将经济赔偿等同于"花钱买刑"时,必然将其误认为是刑事和解。诚然,所谓刑事和解是指在刑事诉讼程序运行过程中,被告人同被害人及其亲属以认罪、赔偿、道歉等方式达成谅解与协议以后,国家专门机关不再追究被告人刑事责任或者对其从轻处罚的一种案件处理方式。① 如前文所言,在修复受损的社会关系层面上,经济赔偿与刑事和解具有相同的价值取向,但刑事和解只应当适用于轻微刑事案件,重罪不应当适用刑事和解,对于死刑案件更不可以适用刑事和解,这已为众多理论界和实务界人士所认可。② 本应当适用死刑立即执行,但因经济赔偿而改判死刑缓期执行的暴力犯罪案件,其本质也并非是刑事和解。这是因为,法院改判的依据是被告人及其亲属积极赔偿被害方损失,被告人真诚悔罪。这是对酌定量刑情节的依法适用,而不是以被告方与被害方达成了和解协议为前提。对于罪行极其严重、依法罪该处死的被告人,如果被告人认罪悔罪、积极赔偿,综合考虑基本犯罪事实、其他法定及酌定情节,认为还不是"必须立即执行死刑"的,根据《刑法》第四十八条的规定,我国司法裁判本来并且历来就应当依法从轻判处死刑缓期执行,根本无需通过刑事和解予以证成。③

实际上,如果被告人积极赔偿了被害方经济损失,真诚悔罪,即便是被害方不予谅解,即不存在所谓的"和解",法院仍然可以依法判处被告人死刑缓期执行。例如,前文所列举的案例10中王某芳故意杀人罪、非法持有枪支罪一案,被害方并未因被告方的积极赔偿与其达成谅解,但法院仍然考虑了被害方积极进行经济赔偿的悔罪表现,综合案情从宽处罚,最终判处被告人王某芳死刑缓期执行。显然,依据刑事和解的内涵,本案中被害方与被告方并没有达成谅解,"和解"不成,理应不适用刑事和解而从轻处罚,但法院最终在量刑时仍然考虑了经济赔偿。这种依法适用酌定量刑情节的做法,恰恰说明了经济赔偿与刑事和解的本质区别所在。

三、经济赔偿影响死刑执行类别的应然趋势

经济赔偿作为酌定量刑情节,在暴力犯罪案件中的准确适用,不仅能够有效修复受损的法律关系,缓解被告方与被害方双方的矛盾,有利于社会稳定,而且对于促进死刑改革的发展,减少死刑立即执行的适用,具有重要意义。就死刑执行类别的选择适用而言,应当肯定经济赔偿所产生的从宽处罚效果,同时也需要把握好并适用好经济赔偿这一影响量子。

---

① 陈光中.刑事和解再探[J].中国刑事法杂志,2012(2):3-9.
② 孙万怀.死刑案件可以并需要和解吗?[J].中国法学,2010(1):180-191.
③ 梁根林.死刑案件被刑事和解的十大证伪[J].中国法学,2010(4):3-21.

（一）经济赔偿影响死刑执行类别的肯定论

我国《刑法（现行）》规定的死刑罪名数量已经减少至 46 个，主要集中在暴力犯罪、危害国家安全和公共安全的犯罪领域。但是，基于我国基本国情和实际情况考虑，在现阶段尚且不能完全废除所有罪名的死刑规定，这是不争的事实。其合理的路径是，在司法上严格限制死刑立即执行在暴力犯罪中的适用；对一些非暴力犯罪的死刑设而不用，并通过刑法修正案的方式逐步予以废除。司法实践中，有效实现严格限制死刑立即执行适用，则可以通过尽可能不判处死刑立即执行，而代之以死刑缓期执行甚至无期徒刑，必要情况下可以严格限制减刑。而要在法律依据上实现这一目标，就需要充分发挥所有从轻量刑情节的综合运用。经济赔偿作为一种刑事酌定量刑情节，法院在具体案件的量刑中理应充分考虑其在死刑执行类别的选择中可以发挥的作用。这种司法结果也并非违背了罪、责、刑相适应原则，"罪、责、刑相适应原则不意味着量刑没有地域性、时间性与条件性的适当差异，相反，应当承认这种差异性"①。因此，经济赔偿所产生的适当量刑差异，于法于理均无可厚非。笔者通过调研发现，我国各高级法院在具体的二审改判死刑缓期执行的案件审理中，只要具体案件存在被告人及其亲属进行经济赔偿因素，一般都会考虑经济赔偿对量刑会产生的影响。相反，在一些没有经济赔偿的案件中，法院往往也会因此而认为被告人的悔罪态度不积极，从而依法予以严惩。例如，海南省海口市中级人民法院在审理的刘某华故意伤害案中指出，被告人"主观恶性深，人身危害性大，且其未对被害人亲属进行赔偿，依法予以严惩"。②

对于经济赔偿应否成为死刑执行类别的影响量子，研究人员也专门以法官、检察官、被告人亲属、被害人亲属以及被害人亲属的亲友展开了调查问卷，具体问卷内容为：在被告人应当被判处死刑的情况下，被告人及其亲属积极进行赔偿后，是否仍应当判处被告人死刑立即执行？理由是什么？

A. 应当　B. 不应当　C. 以赔钱多少判断　D. 根据具体案件性质判断

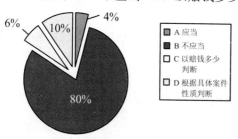

图 4.1　问卷调查结果（法官）

如图 4.1 所示，在对 50 位法官展开的问卷调查中，上述答案选择的人数及占比分别为：A. 2 人，4%；B. 40 人，80%；C. 3 人，6%；D. 5 人，10%。可以发现，绝大部分法官认为，被告人及其亲属积极进行经济赔偿后，不应当判处被告人死刑立即执行，多数法官给出的理由主要包括：在现有的法

---

① 张明楷. 刑法格言的展开[M]. 北京：北京大学出版社，2013：101.
② 海南省海口市中级人民法院刑事附带民事判决书（〔2015〕海中法刑初字第 9 号）。

律制度框架下,被害人的死亡往往会给被害人亲属造成较大的困境。当被害人作为农村家庭的"顶梁柱"时,被害人的死亡,就意味着一个家庭失去了经济来源。在城市家庭中,被害人的死亡使得原本单一的家庭成员更少。尤其是被害人作为独生子女时,被害人的死亡给一个家庭造成的负面影响就会尤为严重。经济赔偿对于这些家庭而言,不仅是一种经济和精神上的安慰,甚至是一个家庭其他成员能否继续生存的关键。从某种角度来讲,因经济赔偿而改判被告人死刑缓期执行也是司法机关的无奈之举。

如图3.2所示,在对50位检察官展开的问卷调查中,上述答案选择的人数及占比分别为:A. 7人,14%;B. 28人,56%;C. 4人,8%;D. 11人,22%。大部分检察官同样认为被告人亲属积极进行经济赔偿后,就不应当判处被告人死刑立即执行,其给出的具体理由也与法官的基本观点相似。极少数检察官认为,对于那些严重的暴力性犯罪案件,或者是犯罪手段极其残忍的案件,经济赔偿不应当影响死刑立即执行的适用。

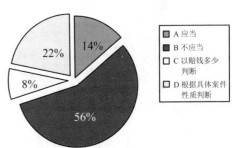

图4.2 问卷调查结果(检察官)

如图3.3所示,在对100位被告人亲属展开的问卷调查中,所有的被告人亲属均选择了B项,即他们一致认为给予了被害人及其亲属经济赔偿后,就不应当判处被告人死刑立即执行。具体理由主要为,他们给予被害人及其亲属赔偿的最主要目的,就是希望能够挽回被告人的生命。为此,他们当中的一些家庭不惜拿出所有的

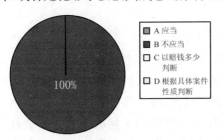

图4.3 问卷调查结果(被告人亲属)

家庭财产,甚至向亲戚朋友借钱,竭尽所能地赔偿被害人及其亲属。如果经济赔偿仍然不能使得被告人免于一死,他们就不会出这笔钱。

如图3.4所示,在对100位被害人亲属展开的问卷调查中,上述答案的人数及占比分别为:A. 9人,9%;B. 68人,68%;C. 20人,20%;D. 3人,3%。可见,大部分被害人亲属在接受经济赔偿后,都会同意不判处被告人死刑立即执行。理由主要为,在被害人已经死亡的情况下,即使被告人因此被执行死刑,也无法弥补被害人的死亡给他们带来的经

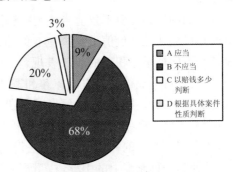

图4.4 问卷调查结果(被害人亲属)

济上的困难和精神上的创伤。接受被告人及其亲属的经济赔偿并非他们甘愿所为，而是主要考虑到经济赔偿能够解决他们生活上的困难，安抚他们痛失被害人的心灵。如果不是因为生活所迫，他们宁愿不接受被告人及其亲属的赔偿，而且也会考虑执意要求被告人杀人偿命，判处被告人死刑立即执行。此外，也存在极少数被害人亲属拒绝接受被告人及其亲属的经济赔偿，并执意要求判处被告人死刑立即执行。

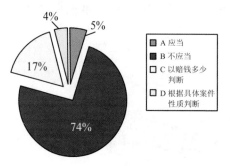

图 4.5　问卷调查结果（被害人亲属的亲友）

如图 3.5 所示，在对 100 位被害人亲属的亲友展开的问卷调查中，上述答案的人数及占比分别为：A. 5 人，5%；B. 74 人，74%；C. 17 人，17%；D. 4 人，4%。此项调研中，赞成被害人亲属接受经济赔偿后不判处被告人死刑立即执行的占据了绝大多数，他们主要认为，既然被害人已经死亡，对被告人判处死刑立即执行也无法改变既成的事实。接受被告人及其亲属给予的经济赔偿，能够解决被害人亲属的现实经济问题，而且也能给其精神上带来抚慰。不接受经济赔偿，即便判处被告人死刑立即执行，最多只能让被害人亲属对被告人的愤怒得以缓解，但现实上并没有多大意义。

从该问卷结果可以发现，法官和检察官中的绝大多数人认为，经济赔偿应当成为死刑执行类别的影响量子，"赔钱应当减刑"已经为大多数司法人员所认可。对于被告人亲属而言，"赔钱减刑"基本是他们愿意赔钱的前提条件，在他们看来，赔钱就是为了给被告人买命。而对于被害人亲属而言，除了极少数人坚持认为赔钱不可以减刑外，大多数被害人亲属还是同意接受经济赔偿来换取被告人不被判处死刑立即执行。被害人亲属的亲友则是以旁观者的身份，从现实意义上考虑到经济赔偿对于被害人亲属的意义，大多数人都认可经济赔偿可以使被告人免死。可见，经济赔偿成为死刑执行类别的影响量子，已经为大多数司法人员和当事人亲属及亲友所接受。

刑罚的最终价值不仅应当体现在法律价值上，即实现惩罚和预防犯罪的目的，同时还应当在社会价值上发挥应有的作用。经济赔偿在死刑案件中的适用，本质是被告方向被害方积极悔罪的表现，其在减少被害方的经济损失和精神创伤的同时，通常还可以获得被害方的谅解和宽恕，缓解双方之间的矛盾关系，因此有利于因犯罪而导致的社会矛盾的缓解或解决。相反，否定经济赔偿对于死刑执行类别的影响，不仅不会促使被告人积极赔偿悔罪，而且对于被害人的利益更是极为不利，因犯罪而产生的社会矛盾也无法得到缓解。

"作为一种制度上的引导，在量刑时考虑被告人是否赔偿被害人经济损失、是否退赃，是走出现实困境的需要，或者说是当前一种无奈的路径选择。如果坚持认为不管被告人是否进行赔偿,其刑事责任大小都不受影响,赔偿与不赔偿的结果都一样,试想一下,有多少被告人会良心发现、主动赔偿,实践中更多的则是故意转移或者隐瞒财产。肯定民事赔偿的情况影响到量刑,则会调动被告人及其亲属的积极性,主动加以履行,有利于被害人受损权益的恢复。[①]而且,就被害人亲属而言,实践中反对赔偿减刑更多的是因为"面子问题":虽然被害人亲属经济确实很困难,很希望得到被告人亲属的一笔赔偿费用,也愿意原谅被告人亲属,但是却害怕其他亲戚及周围的邻居与朋友说其只是为了钱、有仇不报,而不得不违心放弃与被告方的赔偿调解,错过了能拿到一笔赔偿的机会,事后常常会后悔。有些以拒绝要求赔偿而"成功"地使被告人被判处死刑、"报了仇"的被害人亲属,几年过后,面对着困难的家庭经济状况,又常后悔当初没有接受被害人亲属的赔偿款,甚至还不断上访,请求政府解决其生活困难,带来了很多社会问题。[②]

与早期刑罚单纯注重绝对报应刑相比,现代刑罚理论充分吸收了报应刑和教育刑等多种刑罚理论的合理成分,一味追求"以牙还牙",对犯罪分子处以最严厉的刑罚已经不是现代刑罚所追求的最终价值。可以肯定,被告方积极向被害方进行经济赔偿并真诚悔罪,体现出了被告人对自身犯罪行为的"恶"的充分认识,是其人身危险性减小的客观反映,法院据此而对其依法从轻处罚,不适用死刑立即执行,不仅是现代刑罚理念所追求的最好结果,也是有效减少死刑适用的有效途径,与限制适用死刑的司法目标相吻合。注重经济赔偿对于死刑执行类别的影响量子,充分体现了经济赔偿在死刑案件中的法律价值。正如学者所言,经济赔偿有利于在办理死刑案件中化解双方的矛盾,达成谅解,修复被破坏了的社会关系,促进社会和谐,实现法律效果和社会效果的统一。[③]

(二)经济赔偿影响死刑执行类别应注意的问题

在死刑案件中,肯定经济赔偿酌定量刑情节在死刑执行类别选择中的作用,并不是说一味夸大经济赔偿对于从轻处罚的影响,或者只要具体案件存在经济赔偿因素,就一定不可以对被告人判处死刑立即执行。从本质上来讲,经济赔偿既然属于酌定量刑情节,就意味着其与其他酌定量刑情节一样,是因为其在对具体案件的综合分析中,能够反映出被告人的悔罪表现,法院才可能因此在量刑上予以从宽处罚,不判处死刑。换言之,经济赔偿并不必然导致从宽处罚,一方面,如果被告人没有真诚悔罪,仅仅只想"花钱买刑",即便是被害方接受了被告方的财物,也不应当对被告人从宽处罚。另一方面,对于那些危害后果极其严重,犯罪手段极其残忍,具有极其严重的社会负面影响的犯罪,即便是被告方积极赔偿被害方损失,但综合

---

① 朱铁军. 刑民实体关系论[M]. 上海:上海人民出版社,2012:223.
② 孙中伟. 死刑改判在最高院[M]. 北京:法律出版社,2013:75.
③ 方晓春. 死刑案件中的民事赔偿与量刑问题思考[J]. 人民检察,2010(7):11-14.

案情考虑,也可能不足以对被告人从宽处罚。对此,有学者指出,对于以下几类案件,即便存在被告方进行经济赔偿,也不足以从宽处罚:一是黑恶势力犯罪;二是连续犯故意杀人等严重侵犯人身权利的暴力犯罪;三是被告人犯罪动机卑劣、手段特别残忍、社会危害极大、社会影响恶劣的案件;四是其他社会影响特别恶劣的严重危害公共安全的犯罪案件。① 笔者认为具有一定的合理性。

对于那些否定经济赔偿影响死刑执行类别的观点,固然存在一些问题,但我们更应当反思问题的本质。实践中也确实存在少数刑事案件,法院单纯注重被告人的经济赔偿对被害方的重要性而对被告人判处死刑缓期执行,虽然此举有利于最大程度维护被告人与被害人双方的各自利益,但其损害的是司法的公正性和权威性,使得刑罚成为了交易的筹码,确属"花钱买刑"。有学者将其定论为法院在处理民事赔偿与死刑适用关系上的一种困境。② 笔者认为,解决该困境,最关键的就是要正确定位经济赔偿在影响死刑执行类别时发挥何种作用。由于赔偿既具有弥补损失的功能,又具有一定的制裁功能,通过对被害人进行赔偿,被告人能更深刻、更直接地感受到自己的犯罪行为对被害人造成的损害后果,以及对自己家庭和社会所造成的不利影响,从而能真心悔罪,接受处罚。③ 经济赔偿影响死刑执行类别的本质,在于其反映了被告人真诚悔罪的积极态度,进而由法院依据自由裁量权决定是否从宽处罚,裁量的标准就在于经济赔偿是否能够在具体案情中影响量刑。我们可以形象地将这一标准表述为经济赔偿是否在整个量刑体系或构造内确实与案件的犯罪事实有着内在的关联性,是否能够直接影响对被告人的"过去罪责"和"将来预防"的评价。④ 也就是说,经济赔偿作为酌定量刑情节,应当将其放置于整个量刑体系进行考量,只有当其确实能够直接影响被告人的已然之罪,并能够预防其再次犯罪时,才能够对量刑发挥作用。而且,这种评价应当与被害方的态度相区别,"对被告人最终是否判处死刑并不以被害方是否接受了民事赔偿为转移"。⑤ 经济赔偿在影响死刑执行类别时,是法院依法裁量的结果,即便被害方对经济赔偿不予接受,也不应当影响法院客观公正地评价经济赔偿影响量刑的作用。

简言之,刑事审判中,人民法院应当注重案件的社会效果,注意发挥刑事审判在构建和谐社会过程中的作用,应当充分保护被害人的利益,积极促使被告人与被害人双方之间达成赔偿协议,争取取得被害方对被告人谅解,充分化解社会矛盾,构建和谐社会。经济赔偿是限制适用死刑的重要法律依据,是被告人真诚悔罪的

---

① 于天敏,田茜茜,李星.因被告人方赔偿而改判的死刑案件情况分析[J].人民检察,2009(8):26-28.

② 方文军.民事赔偿与死刑适用的平衡规则微探[J].法律适用,2007(2):19-23.

③ 朱铁军.刑民实体关系论[M].上海:上海人民出版社,2012:225-226.

④ 冯春萍.浅析我国死刑量刑体系中经济赔偿的合理性与局限性[J].法学杂志,2012,33(5):98-103.

⑤ 彭新林.酌定量刑情节限制死刑适用研究[M].北京:法律出版社,2011:374.

外在表现方式之一,是实现刑罚的法律效果和社会效果相统一的有效方式。[①] 在限制死刑的司法改革中,应当理性重视经济赔偿在死刑适用中的影响。但同时又不能过于高估经济赔偿在死刑适用中的能动作用,当被告人不仅存在经济赔偿因素外,还需要存在其他法定或酌定量刑情节时,综合考虑案件性质和被告人的悔罪表现,才可以对被告人从轻或减轻处罚。而且对于那些具有极其严重社会危害性、被告人具有极强严重人身危险性的犯罪,即便被告人存在经济赔偿等从轻处罚情节,也不能一律不适用死刑立即执行。

  本章主要通过实证分析的方法,研究经济赔偿在死刑执行类别中的影响量子问题。第一节分别研究了海南省常见暴力犯罪案件中死刑立即执行和死刑缓期执行的适用,通过对比可以发现,当案件性质相同、案情相似时,被告人进行了经济赔偿时往往就不会被判处死刑立即执行,而是可能从轻被判处死刑缓期执行。第二节则是通过分析海南省常见暴力犯罪案件的一、二审判决情况,体现出经济赔偿对死刑立即执行改判为死刑缓期执行的作用,说明经济赔偿的有无和大小,往往直接影响了很多暴力犯罪案件的死刑执行类别。第三节则分析了经济赔偿影响死刑执行类别的倾向,首先以国内各地司法审判情况为视角,充分说明经济赔偿影响死刑执行类别已经成为一种司法事实;其次分析经济赔偿影响死刑执行类别的正当性,并分析经济赔偿的本质问题,其不同于"花钱买刑",也不完全等同于刑事和解;最后则肯定了经济赔偿对死刑执行类别的影响量子,并明确经济赔偿在影响死刑执行类别时应注意的问题,即经济赔偿影响死刑执行类别是有条件的,两者不是必然关系。

---

① 孙中伟.死刑改判在最高院[M].北京:法律出版社,2013:64.

第五章 经济赔偿在死刑执行类别选择中影响量子的构造论

第一节 经济赔偿在死刑执行类别选择中影响量子的范畴归纳

死刑案件由于牵涉到人的生命,所以在其量刑过程中必然会有比其他普通的刑事案件更为复杂的影响量子,不同的死刑案件由于其内在的法定量刑情节和酌定量刑情节存在差异,所以法官在考虑影响量子及相互之间所产生的合力作用时更为谨慎,由此导致纳入裁判考量量子的多维性更甚于一般刑事案件。在死刑执行类别选择中,经济赔偿的关键要素在于其可以通过补偿的方式弥补受损的合法权益,修复犯罪行为所侵害的社会秩序和社会关系。对于被害人而言,就是受到的损失财产得以补偿和救济,受到摧残的身心受到慰藉;对被告人而言,则是心灵的救赎。[①] 死刑案件由于其社会危害性和人身危险性程度较高,所以对死刑案件的处理需要考虑的不仅仅是惩治犯罪,使犯罪分子受到应有的制裁,更为重要的是修复受损的社会秩序和社会关系,让被害人及其亲属在权利受到侵犯的情况下,通过特殊的法律渠道得到应有的救济。经济赔偿是体现被告人认识到自己犯罪行为的危害性、有所悔悟,并愿意对被害人及其亲属进行经济层面的赔偿,以此获得被害人及其亲属谅解的重要表现形式,但在实践操作中,经济赔偿并不是孤立的酌定量刑情节,其必须与其他影响量子相互作用,才可能具有死刑类别改变的可能性,否则将会导致经济赔偿这一影响量子无限扩大化,引发"花钱买命"等质疑。"如果犯罪分子犯罪后毫无悔意,仅仅是想通过花钱来换取从轻处罚,说明此人的人身危险性仍未消除或减轻,这种情况下绝对不允许死刑的改判[②]。"

"人民法院在对包括死刑案件在内的刑事案件进行量刑时,将被害人及其亲属等积极进行经济赔偿的行为作为酌定情节予以充分考虑,赋予经济赔偿具有一定

---

① 林东品.刑事和解的价值和局限[J].检察风云,2007(10):54-55.
② 赵秉志.关于中国现阶段慎用死刑的思考[J].中国法学,2011(6):5-22.

的量刑意义的做法,是我国刑法所规定的量刑体系的内在要求之一,具有刑法上的理论依据,合法合理①。"但是,从本质上来说,经济赔偿只是死刑案件裁判过程中酌定量刑情节的一种,并非法定情节,经济赔偿作为死刑案件量刑的影响量子之一并不必然导致减轻被告人的刑事责任结果,经济赔偿往往只有在与其他量刑影响量子共同作用时,才可能引发死刑执行类别重新选择的结果。在考察前文所列举的判决裁判理由时,我们可以对司法实践中法官选择的可能影响死刑类别选择的影响量子的范畴及种类进行归类,如表5.1所示。

表5.1 死刑类别选择影响量子的范畴和种类

案 件	死刑立即执行改判死刑缓刑执行影响量子之一	死刑立即执行改判死刑缓刑执行影响量子之二	死刑立即执行改判死刑缓刑执行影响量子之三
符某犯故意杀人罪(案例8)	被告人符某亲属赔偿被害方10万元,并支付丧葬费用	被告人符某在作案后主动投案,如实供述罪行,有自首情节	被害人方某静亲属表示谅解,并出具了收条及《处理意见书》,希望司法机关对被告人符某从轻处理
王某芳犯故意杀人罪、非法持有枪支罪(案例10)	王某芳亲属在诉讼中积极赔偿被害方损失11万元	被告人犯罪后向公安机关自动投案自首,并如实供述基本犯罪事实	
符某鹏、雷某良犯抢劫罪(案例13)	积极赔偿被害方的部分经济损失	归案后认罪态度较好,确有悔罪表现	被害人亲属表示谅解,请求对两名被告人从轻处罚
何某斯犯故意杀人罪、吉某伟犯故意伤害罪(案例14)	何某斯的亲属自愿赔偿被害方经济损失6万元	归案后能如实供述犯罪事实、认罪态度好	取得被害方的谅解
符某善、符某辉犯故意伤害罪(案例15)	主犯符某善积极赔偿被害方	犯罪后主动投案,如实供述自己的犯罪行为,构成自首	认罪态度较好

---

① 冯春萍.浅析我国死刑量刑体系中经济赔偿的合理性和局限性[J].法学杂志,2012,33(5):98-103.

案 件	死刑立即执行改判死刑缓刑执行影响量子之一	死刑立即执行改判死刑缓刑执行影响量子之二	死刑立即执行改判死刑缓刑执行影响量子之三
刘某兴犯故意伤害罪、盗窃罪（案例17）	被告人亲属已代为赔偿一审判决认定附带民事诉讼原告人的全部损失	归案后能够如实供述基本犯罪事实，认罪态度较好，有悔罪表现	得到了被害人亲属的谅解
胡某、肖某军、李某琼、李某雄犯抢劫罪（案例19）	积极赔偿附带民事诉讼被害人的经济损失	到案后能如实供述自己的罪行	取得被害人的谅解
周某华犯故意杀人罪（案例24）	被告人亲属积极代为赔偿被害方经济损失	被告人作案后打电话报警，并等待公安人员将其抓获，归案后如实供述了主要犯罪事实	
朱某斌、陆某文、夏某某犯抢劫罪，朱某斌犯盗窃罪（案例26）	被告人亲属积极代为赔偿被害方经济损失	被告人归案后能坦白认罪	取得了被害人亲属的谅解

其次，从 2009 年最高人民法院印发的《严格执行死刑政策依法不核准死刑的典型案例》《对依法可不判处死刑案件全力做好民事调解工作的典型案例》及《部分死刑复核案件典型案例》中，我们还可以归纳出全国指导性典型案例中与经济赔偿相关联的死刑适用的影响量子的范畴和种类，如表 5.2 所示。

表 5.2 与经济赔偿相关联的死刑适用的影响量子的范畴和种类

案 件	影响量子之一	影响量子之二	影响量子之三	影响量子之四	影响量子之五	影响量子之六	影响量子之七
范某某故意杀人案	被告人及其亲属积极赔偿，发回重审期间达成民事赔偿协议	因家庭内部矛盾引发，双方有亲属关系	被告人平时表现较好，孝顺父母	有悔罪表现，作案后呼叫救护车救治被害人，社会危害性相对较小			

续表

案件	影响量子之一	影响量子之二	影响量子之三	影响量子之四	影响量子之五	影响量子之六	影响量子之七
王某某故意杀人案	被告人亲属代为赔偿，并与被害方达成调解协议	因感情纠纷引发犯罪	被告人平时表现较好，开办幼儿园服务乡里	被害人有一定过错，拒绝被告人多次提出的断绝不正当男女关系的要求	被告人有悔罪表现，能坦白交代，如实供述，认罪态度较好	被害方对被告人表示谅解	当地1300多名村民联名上书，请求给其改过自新的机会
简某某故意杀人案	被告人亲属尽最大努力赔偿，并已支付部分赔偿款	被告人年满65周岁，人身危险性减弱	被害人有一定过错，长期与被告人丈夫通奸	被告人认罪态度较好	当地群众普遍同情被告人		
陈某某故意杀人案	被告人丈夫表示尽力赔偿	被告人文化水平低，因感情纠葛引发犯罪，被害人丈夫处理男女关系不当	有悔罪表现，认罪态度较好，企图自杀未成	当地群众认为可不判处死刑，不核准死刑面临的负面评价小			
王某某故意杀人案	被告人亲属积极代为赔偿	因感情纠葛引发犯罪，同居时被告长期支付被害人费用	有悔罪表现，认罪态度较好	取得被害人亲属的谅解			
陈某某故意杀人案	被告人亲属积极代为赔偿	因民间经济纠纷引发犯罪	被害人父辈对矛盾的形成激化有过错	被告人认罪态度较好	取得被害方的谅解		

第五章　经济赔偿在死刑执行类别选择中影响量子的构造论

续表

案　件	影响量子之一	影响量子之二	影响量子之三	影响量子之四	影响量子之五	影响量子之六	影响量子之七
邓某某故意杀人案	被告人亲属积极代为赔偿	因恋爱纠纷引发犯罪	有悔罪表现,被告人作案后积极协助抢救被害人	取得被害人亲属谅解			
邵某某故意杀人案	双方达成赔偿协议并已履行	因感情纠纷引发犯罪	被害人有一定责任,处理男女关系不当	被告人有悔罪表现	被害方对被告人表示谅解	案件在当地没有引起强烈的社会反应	
娄某某故意杀人案	被告人亲属积极代为赔偿	因民间矛盾引发犯罪	有一定悔罪表现,劝说他人将被害人送医救治	归案后认罪态度较好	取得被害人亲属谅解		
郭某某故意杀人案	被告人亲属积极代为赔偿	因恋爱纠纷引发犯罪,被告人系因恋爱受阻作案	犯罪动机并非极其卑劣	有悔罪表现,如实供述,认罪态度较好,作案后有自杀行为	当地舆论对被告人表示同情		

从前文所列举的典型案例中,我们可以看出,在死刑案件中,除了经济赔偿这一影响量子之外,其还往往与案件起因、犯罪对象、被告人平时表现、被害人过错、被告人认罪悔罪态度、被害人及其亲属是否谅解以及社会舆论等影响量子相互作用,最后导致死刑执行类别的重新选择。总体而言,在死刑改判案件中,经济赔偿只有在特定的条件下,才可能作为死刑类别选择的量刑要素:其一,经济赔偿与案件的"犯罪事实"有着内在关联性,本就属于该案件"定罪量刑"时的要素;其二,在与其他众多的量刑要素的相互关系中,被认定确实具有直接影响被告人的过去罪责(刑事责任)及其将来预防(再犯可能性)的意义的情况,并同时存在可以表明社

会危害性与人身危险性降低的酌定量刑情节。① 基于此,司法机关有可能在综合考虑全案的基础上对被告人不适用死刑立即执行,而将刑罚酌情减轻为死刑缓期执行或无期徒刑等刑罚。相反,如果无视上述两个前提,或不顾经济赔偿与案件的关联关系而漫无边际地承认其量刑意义的话,或抛开量刑体系或无视与其他量刑要素的关系而过分强调经济赔偿在量刑,尤其是死刑案件量刑中的意义的话,就会丧失其刑法理论根据,难免会引起"同案不同判""同命不同价"的质疑。②

第二节 经济赔偿在死刑执行类别选择中影响量子的因素构造

一、经济赔偿与社会情境相关联的影响量子

(一)公众舆论

死刑案件量刑效果的衡量,需要考虑不同群体对判决结果与效果的整体评价。结合中国国情,从当下的司法实践看,法律效果、社会效果、政治效果的"三效合一"是衡量死刑案件裁判量刑的关键原则和标准。这些价值判断应该成为量刑的标准和目标,也是制约量刑的重要理念。

在社会效果方面,法官在审判死刑案件的过程中经常会考量的一个因素是民意。所谓的民意是指"特定范围内的公众对与之相关的特定事项的意见与感受"③。一般来说,民意分为关系距离远和关系距离近的民意,前者一般指公共媒体和社会大众的意见与感受,后者一般指当地群众的意见与感受。《刑法》第六十一条规定:"对于犯罪分子决定刑罚的时候,应当根据犯罪的事实、犯罪的性质、情节和对于社会的危害程度,依照本法的有关规定判处。"这是我国刑法中关于决定刑罚结果的原则性规定。犯罪的事实、性质、情节和对于社会的危害程度等影响量子是量刑需要重点考量的因素,当然这些因素都是属于较为宽泛的概念,需要在具体司法实践中进行认定。除了目前我国刑法明文规定的法定量刑情节外,如犯罪的时间和地点、犯罪手段、犯罪前后的态度等都是司法审判过程中的酌定量刑情

---

① 冯春萍. 浅析我国死刑量刑体系中经济赔偿的合理性与局限性[J]. 法学杂志,2012,33(5):98-103.

② 冯春萍. 浅析我国死刑量刑体系中经济赔偿的合理性与局限性[J]. 法学杂志,2012,33(5):98-103.

③ Komhauser A. Public Opinion and Social Class [J]. the American Journal of Sociology,1950,55(4):333-345.

节。至于公众舆论,即民意、民愤等,法官一般认为其是体现犯罪行为"对于社会的危害程度"的重要指标。陈兴良教授认为:"威慑是刑罚预防目的的应有内容,而民愤正反映了这种威慑的必然性。在法律范围内考虑民愤,将民愤作为定罪量刑的依据之一,本身就是罪刑均衡的题中应有之义。"①

在司法实践中,由于死刑案件的犯罪结果、犯罪手段、犯罪情节的特殊性,其经常被公众关注和被新闻媒体作为重要议题进行宣传报道。尤其在互联网时代,死刑案件由于其特殊的属性,一旦经过传统媒体和新媒体的多层传播渲染后,极易引发广大人民群众的强烈反响,从而产生群体极化的舆论浪潮,形成可能会影响法院审判走向的公众舆论量子。有些群众可能会通过联名建议书、媒体网络舆论、集体抗议等形式表达自己的意见和感受,对法官开展审判工作造成极大的压力。以人情、民情、社情、舆论作为判决参考依据是我国政法体制下司法运作的隐形规律,随着裁判说理改革的推进,如今的死刑判决书上,此类判决理由出现概率已大幅减小,但在司法实践中,"不杀,不足以平民愤"仍然存在一定的制度惯性和路径依赖。但另一方面,"在现代法治社会中,法官被期待能够排除公众舆论以及政治势力的影响,从而以客观公正的立场来裁定刑罚。"②在当下中国,媒体、公众舆论与司法审判一直处在一个复杂的博弈状态,法官面对这一现状,极易陷入"两难境地"。从近些年来"民意"汹涌的林某浩案、药某鑫案等来看,公众舆论确实在一定程度上给司法机关施加了巨大的压力,即使存在经济赔偿影响量子,法官在"民意"和其他量刑情节的相互作用下,还是最终选择了判处死刑立即执行。

从相关研究就媒体因素对法官定罪量刑的影响的问卷调查的分析结果看,"中央级媒体、有权力介入的媒体、形成强烈舆论的媒体对定罪量刑产生的影响最大;地方级媒体、网络媒体对定罪量刑产生的影响次之;没有权力介入的媒体、未形成强烈舆论的媒体对定罪量刑产生影响最小。"③反观死刑案件,一旦媒体和公众舆论介入,法官在死刑执行类别的选择上多多少少会受到影响,其关键的区别在于介入的时间点、介入的深入程度、介入的舆论级别、传播的宽广度不同,其对法官审判的影响力也各不相同。存在经济赔偿量刑影响量子的死刑案件,由于公众本来就对"花钱买命""同命不同价""司法腐败"等问题存有诸多质疑,"死刑"和"经济赔偿"两大要素一结合,极易成为媒体捕捉的重要焦点,由此引发高度的关注。如果法官在裁判过程中不适当关注和考虑如何有效应对公众舆论,不考虑政治效果、法律效果、社会效果的有机统一,则可能引发舆论场域的群极化乱象,引发社会矛盾甚至是政治矛盾。在存在经济赔偿量刑影响量子的死刑案件中,有的法官会适当

---

① 陈兴良.刑法适用总论[M].北京:法律出版社,1999:336-338.
② 赵秉志,赵书鸿.公众舆论与量刑政策:影响模式和参与机制[J].法制与社会发展,2008(6):30-40.
③ 汪明亮.论定罪量刑的社会学模式[J].现代法学,2009,31(5):78-90.

倾听公众舆论、吸取公众意见与感受中的合理成分,并将其作为酌定量刑情节之一予以考虑。例如,王某艳故意杀人案,法官将"当地1300多名村民联名上书,请求给其改过自新机会"作为量刑情节予以考虑;陈某飞故意杀人案,法官除了考量被告人丈夫表示尽力赔偿以外,将"当地群众认为可不判处死刑,不核准的负面评价小"作为考量因素;郭某斌故意杀人案,法官将"当地舆论对被告人表示同情"作为不核准死刑的理由之一,等等。

二、经济赔偿与社会危害性相关联的影响量子

在死刑案件的裁判过程中,对犯罪行为具有的社会危害性及其程度进行认定,也是司法实践中一个至关重要的问题。法官对死刑案件的裁量,往往会综合考虑全案的核心量刑情节,以犯罪行为的社会危害性为考量量子,以此判断犯罪分子应当科处何种刑罚。具体而言,与犯罪行为社会危害性相关联的影响量子主要包括以下几个方面。

(一)案件类型

我国刑法所规定的关于死刑的罪名多种多样,每一项罪名所侵害的法益类型有所差异。有些个案中,犯罪分子所实施的犯罪行为侵犯的是个人法益,而有些个案其侵犯的是国家法益和社会公共法益。在涉及私人法益的案件上,个人拥有一定的处分权。相对应的,在涉及公共法益,包括国家法益和社会法益,个人是绝对没有处分权的,由于其具有比侵犯个人法益更为严重的社会危害性,且这类犯罪往往针对的是不特定多数人,所以国家无法让渡刑罚权给个人。在此类案件中,犯罪行为所侵害的可能包括个人法益,但由于其侵害的法益牵涉到国家和社会公共法益,所以,被害人及其亲属不能据此与犯罪分子进行和解。

经济赔偿并非在每一类型的死刑案件审判过程中都能起作用,存在经济赔偿要素的死刑案件通常是围绕以"被害人-被告人和解"为基础的。这一类型案件的关键是双方通过沟通、交流,进而就被破坏的法益行为进行调和、调解,进而使双方之间的权利义务关系恢复到可以受法律认可的状态,使社会秩序得以修复。其所体现的是个人在侵犯私人法益案件中的处分权,如某些案件中,被害人亲属与被告人亲属自行达成赔偿和解协议,并出具请求法院对被告人从轻处罚的谅解书便是其典型表现。因此,在司法实践中,经济赔偿导致死刑执行类别重新选择的案件,通常必须要有具体的被害人,一般是侵犯个体法益的案件;对于没有明确的被害人的犯罪,侵犯国家法益和社会法益的犯罪(如危害国家安全罪),因其缺乏明确的被害人,缺乏"被害人-被告人和解"的基础;加之国家和社会法益具有"超个人"的属性,其不能简单地由个人代表国家社会行使处分权。如最高人民法院的法官所言:"对于醉酒驾车构成以危险方法危害公共安全罪的犯罪分子,如果罪行极其严重,

即使其赔偿了被害方的经济损失也可以被判处死刑。"①这种侵犯国家和公共法益的行为在司法审判中往往被认为缺乏刑事和解的基础。"在侵犯'超个人法益'的情况下,被害人没有处分权,不能刑事和解,而且由于侵犯社会公共法益的刚性,即使和解也不可能达到修复受损社会关系的目的。"②

因此,在侵犯"超个人法益"案件审判过程中,经济赔偿导致死刑执行类别选择的可能性不大。2007年1月,最高人民法院在《关于为构建社会主义和谐社会提供司法保障的若干意见》中进一步指出:"对于因婚姻家庭、邻里纠纷等民间矛盾激化引发的案件,因被害方的过错行为引发的案件,案发后真诚悔罪并积极赔偿被害人损失的案件,应慎用死刑立即执行。"这类牵涉到婚姻家庭、邻里纠纷等民间矛盾激化引发的死刑案件,因存在特定的被害人,"个人法益"是此类案件侵犯的最核心法益类型。而且,此类案件被告人和被害人之间存在着特殊的关系,因此此类案件和解的可能性和其和解的社会效果较好,慎用死刑立即执行可以带来较好的社会效益。

例如,发生在河北承德的一起婚姻家庭纠纷引发的故意杀人案。被告人孙某某与被害人武某某(女,殁年30岁)是夫妻关系。2012年年初,武某某与闫某某一同到内蒙古自治区乌兰浩特市某砖厂打工,孙某某怀疑武某某与闫某某有不正当男女关系,遂于同年10月1日与亲属一起到归流河镇找到武某某,劝武某某与其一同回家生活,遭到拒绝。同月4日上午,武某某回到河北省平泉县父母家中,给孙某某打电话提出离婚。当日上午11时许,孙某某携尖刀到武某某父母家中劝武某某不要离婚,后二人发生争执,孙某某拿出尖刀捅刺武某某胸、背部数刀,又持尖刀捅刺阻拦其行凶的岳母谷某某胸、肩部数刀,后用斧头击打武某某头部数下,致武某某当场死亡,谷某某经抢救无效死亡。孙某某作案后拨打"110"电话报警,在现场向公安机关投案。此案,一审判处孙某某死刑立即执行,二审维持原判,而在最高人民法院复核此案时认为,被告人孙某某因婚姻家庭纠纷持械行凶,致2人死亡,其行为已构成故意杀人罪。犯罪手段残忍,情节、后果特别严重,应依法惩处。一审判决、二审裁定认定的事实清楚,证据确实、充分,定罪准确。审判程序合法。鉴于孙某某有投案自首情节,归案后认罪、悔罪,其亲属积极代为赔偿,取得被害人亲属谅解,对孙某某判处死刑,可不立即执行。我们可以看出,此案中存在的婚姻家庭矛盾引发案件、投案自首、认罪悔罪态度好、积极赔偿、被害人亲属谅解等影响量子,共同影响了最高人民法院死刑复核时的结果判断。

另外,在存在被害方过错的情况下,犯罪分子的主观恶性不大,加之犯罪分子在案发之后通过自己的行为表现出其具有真诚悔罪的情形,此时的积极赔偿行为

---

① 高贵君,韩维中,王飞.醉酒驾车犯罪的法律适用问题[J].法学杂志,2009,30(12):14-17.

② 陈罗兰.死刑案刑事和解弊端及限制使用[J].东方法学,2009(3):68-73.

具有降低其人身危险性和社会危害性的表征性作用。"普通民众对于此类案件往往表现出一定的心理承受力和容忍度,有时甚至会对被告人产生一定的同情心理。"①因此,在此种类型案件的司法审判中,选择慎用死刑立即执行具有其一定的合理性。

(二)犯罪情节

《最高人民法院关于常见犯罪的量刑指导意见》指出:"量刑应当以事实为根据,以法律为准绳,根据犯罪的事实、性质、情节和对于社会的危害程度,决定判处的刑罚。"赵秉志教授认为:"刑罚裁量的本质根据在于犯罪的社会危害程度,但它又通过犯罪的事实、犯罪的性质和情节表现出来。其中,发生在犯罪实施过程中、表现行为社会危害性及其程度的犯罪事实,亦即罪中情节,是裁量刑罚的基本的和首要的依据,包括犯罪构成事实和犯罪构成事实以外的其他犯罪事实;而不具有犯罪构成的事实意义,却能反映犯罪行为的社会危害程度或者行为人主观恶性的各种罪前、罪后情节,则是衡量刑罚轻重的重要补充。"②

可以说,罪前、罪中和罪后情节反映了犯罪行为的社会危害程度及犯罪分子的主观恶性,是判断具体犯罪案件中犯罪分子的罪行是否符合死刑适用标准及如何选择死刑执行方式的依据。③ 在司法案件裁判过程中,要准确把握死刑适用标准,必须对案件所蕴含的各种罪前、罪中和罪后情节予以正确衡量,综合判定其是否属于"罪行极其严重"、是否属于"不是必须立即执行"。进言之,不同种类的量刑情节在内容和性质上可能属于犯罪的某个方面,但其对犯罪分子的罪行是否符合死刑适用标准的揭示和说明却并不是单一的,因而根据量刑情节来分析罪行是否极其严重,需要对具体案件的所有量刑情节从整体上进行考量,而不能单纯依靠某一个或者某一方面的量刑情节就确定对犯罪分子适用或者不适用死刑。④ 在存在经济赔偿影响量子的死刑适用过程中,具体案件的罪前、罪中与罪后情节不同,其在行为人动机、手段、主观恶性、人身危险性以及遭破坏的社会关系的修复可能性等方面必然存在差异,因此经济赔偿影响量子和其他罪前、罪中与罪后情节影响量子的作用力也不尽相同,而它们的相互组合往往会成为案件量刑的关键性变量,决定了死刑执行类别的选择,具体包括:

1. 犯罪动机

所谓犯罪动机,专指引起犯罪行为的活动动机,它是犯罪分子推动、引发犯罪

---

① 阴建峰. 故意杀人罪死刑司法控制论纲[J]. 政治与法律,2008(11):13-20.
② 赵秉志. 当代刑法学[M]. 北京:中国政法大学出版社,2009:345-347.
③ 赵秉志. 关于中国现阶段慎用死刑的思考[J]. 中国法学,2011(6):5-22.
④ 赵秉志. 中国死刑案件审判的热点问题:以刑事实体法为考察视角[J]. 刑法论丛,2010(2):81-100.

行为的内心起因①。在"需要—动机—行为"的链条中,动机更接近于行为,因此,犯罪动机是产生犯罪行为的直接动力源泉,在犯罪行为的发生中起到决定性的推动作用②。首先,犯罪动机是唤起并加强犯罪行为的决定性量子,只有形成了犯罪动机,再产生犯罪目的,才有可能发生犯罪行为。其次,犯罪动机还控制着犯罪行为的方向。犯罪动机指引、促使犯罪分子选择犯罪手段与方式、寻找或制造犯罪条件与情境。最后,犯罪动机维持着犯罪行为持续进行。正是犯罪分子对犯罪动机的坚持,才使得犯罪分子不断克服实施犯罪行为过程中的困难,适时调整犯罪的手段、方式及时间等条件以达到内心的满足。③可见,犯罪动机作为案件的影响量子,其最主要表明的是推动犯罪分子实施犯罪活动的主观心理活动,是激发与推动犯罪分子实施犯罪行为的决定性的内心力量,其关乎犯罪的社会危害性和犯罪分子的人身危险性,具有影响犯罪分子过去罪责和将来预防的意义。因此,在死刑适用案件的量刑环节,犯罪动机量子不同,经济赔偿在死刑执行类别选择中的地位和作用也不尽相同。具体有以下两个方面:

其一,不同的犯罪动机反映着犯罪分子的主观恶性的差异,进而表明犯罪分子的社会危害性大小的差别。在刑法适用体系和死刑案件量刑过程中,通常犯罪分子的主观恶性越大,社会危害性越大,其改造的难度就越大。例如,出于生活所迫与贪利的犯罪与一般性的图财害命相比,其主观恶性较小;出于情境诱惑、被害人挑衅或激情犯罪与蓄谋已久的犯罪行为相比,犯罪分子的主观恶性也较小;忍无可忍之下产生的犯罪动机与道德感差而产生的犯罪动机相比,主观恶性也较小;还有司法实践中遇到的大义灭亲、为民除害等类型的犯罪行为,其中体现出的动机甚至是对社会有益的。这类犯罪分子进行犯罪,从某种层面上说是其情可悯,法官在一定程度上会酌情从轻或减轻刑罚,如果此时被告人对被害人积极进行经济赔偿,加之其认罪悔罪态度较好,往往会较容易得到被害人及其亲属的谅解,对这类被告人被判处死刑立即执行的可能性则会降低。

其二,犯罪动机之所以影响死刑适用,还因为犯罪动机不仅能反映出犯罪分子的主观恶性,而且也在一定程度上表现了犯罪分子的人身危险性大小。犯罪动机是犯罪心理结构动态的重要组成部分,反映了犯罪分子的人格状况。由于人格是存在于犯罪前的一种相对稳定的犯罪心理结构,这种心理结构实际上就是通常意义所指的犯罪分子的人身危险性。在绝大多数的犯罪中,犯罪分子的人格要素与其人身危险性存在着基本的一致性④。国内外众多学者也在著作、论述中将人格作为评估人身危险性的工具,所以从这个意义上讲,犯罪动机既然反映着犯罪性人

---

① 罗大华,何为民. 犯罪心理学[M]. 北京:中国政法大学出版社,2007:133.
② 罗大华,何为民. 犯罪心理学[M]. 北京:中国政法大学出版社,2007:115.
③ 梅传强. 犯罪心理生成机制研究[M]. 北京:中国检察出版社,2004:100-101.
④ 刘立霞,高树勇. 人身危险性与少年司法制度改革[M]. 北京:中国检察出版社,2011:8-9.

格,那么它就可以成为判定犯罪分子人身危险性和将来预防的考量因素。因此,在死刑案件中考察犯罪分子的犯罪动机除了可以看出犯罪分子主观恶性的大小外,还可以从侧面考察其人身危险性的大小,倘若犯罪分子出于良性犯罪动机(如为挽救亲人而图财犯罪、长期受被害人欺压虐待而反抗或者大义灭亲的,或是出于感情纠纷、民间纠纷、家庭纠纷等原因),且对被害人及其亲属进行经济赔偿的,即表明其人身危险性减弱,那么此时的犯罪动机与经济赔偿两大影响量子相互作用,则可能成为不适用死刑立即执行的原因。湖北的郭某故意伤害案就属于此类型。

2012年10月7日1时许,被告人郭某酒后行至武汉市江夏区乌龙泉矿工人村路,看到被害人陈某家中的灯亮着,想到自己父母曾为陈某(女,殁年46岁)争吵,怀疑其父郭某清与陈某有不正当男女关系,遂起意质问陈某。至陈某家后,郭某与陈某发生口角并殴打陈某。陈某开门逃离,郭某追打至楼道内,并将四楼楼道内一块玻璃镜片撞破。郭某捡起1块玻璃片朝陈某颈部、胸部猛刺10余下致其死亡。经法医鉴定,陈某系被不规则的锐器多次刺划颈部、胸部,致其血液填塞呼吸道窒息及失血性休克而死亡。同日,郭某在自己家中被公安人员抓获归案。事后,郭某认罪悔罪,其父母在家境非常贫困的情况下,借钱赔偿给被害人亲属陈某华、文某珍及张某共计人民币22万元(含丧葬费1.6025万元)。法院审理认为,郭某无端怀疑被害人陈某与其父有不正当关系而故意伤害陈某致死,其行为已构成故意伤害罪。郭某犯罪手段特别残忍,犯罪后果特别严重,依法应判处死刑。郭某臆断被害人破坏其家庭和睦,酒后情绪失控作案,比有准备的预谋犯罪主观恶性要小;郭某归案后供述了其伤害陈某致死的罪行并委托其亲属积极赔偿,有坦白情节和悔罪表现。据此对郭某判处死刑,可不立即执行。

这一案件,从犯罪动机的性质上来考量属于中性,不具有反社会性,社会危害性和人身危险性也不是很大。此外,这种犯罪动机存在的时间很短暂,甚至是瞬间的,犯罪分子并没有强烈的犯罪欲望,主观恶性和人身危险性指数不高,产生犯罪行为主要是因其手段和方法的不当,在这一因素与经济赔偿相结合的情况下,易得到被害人亲属的谅解,并免于死刑立即执行。反之,若犯罪分子的犯罪行为并非一时兴起,而是出于某种不法目的,经过长时间的计算和谋划,是深思熟虑后的决定,其内心强烈渴望犯罪结果的发生,如黑社会性质的有组织犯罪。这种犯罪分子身上就潜伏着相对明显的反社会人格,且经过长时间思想斗争才确立犯罪动机,表明其头脑中有阻却犯罪的意图,此时其主观恶性较大,人身危险性较高,可改造性降低,这种犯罪动机性质比较恶劣,通过考虑全案因素,可能影响最终的死刑量刑。

2. 犯罪手段

犯罪手段是为实现犯罪目的服务的,这是犯罪行为的本质特征。任何一个犯罪目的的实现,都必须借助一定的犯罪手段。犯罪目的是犯罪分子之所以实施犯罪行为的内在原因,是产生犯罪手段的基础,犯罪手段是围绕着犯罪目的的达到而展开的。有一定的犯罪目的,必然要有相应的犯罪手段来实现,而一定的犯罪手段总是表现、实施着犯罪分子的犯罪意图(主要是犯罪目的)。也就是说,犯罪手段是直接受犯罪目的支配的。一般说来,犯罪手段指向的是犯罪分子的犯罪行为方式如何、犯罪行为或侵害次数多少、犯罪手段是否特别残忍、犯罪行为引发的危害后果的性质及其程度等。在经济赔偿影响量子的死刑案件中,如果犯罪分子犯罪手段极其残忍,情节极其恶劣,如存在滥杀无辜、杀人碎尸、雇凶杀人,在被害人失去反抗能力、极力求饶、逃跑后仍执意将其杀死的,经济赔偿对判决的影响力一般不大。因为这些行为彰显其社会危害性程度较高,且往往难以获得被害人亲属的谅解。

例如,2014年引起广泛关注的广西柳州市柳南区政协委员王某环持刀杀害该市柳南区人大代表叶某纯一案。被告人王某环在柳州美联家具城樊某办公室内持刀朝叶某纯的头部、胸腹部、背部连续捅刺数刀。在叶某纯跑出办公室倒地后,王某环追上再次持刀捅割叶某纯颈、背部,造成叶某纯当场死亡。案件审理过程中,王某环表示愿意对被害人亲属进行经济赔偿。但法院审理认为,被告人王某环在被害人已经失去反抗能力时,又朝其身体要害部位补刀,犯罪手段特别残忍,情节特别恶劣,后果极其严重,社会影响极其恶劣,其行为已构成故意杀人罪。法院一审以故意杀人罪判处被告人王某环死刑立即执行,剥夺政治权利终身。

如果犯罪情节不恶劣,犯罪手段不残忍,并且在实施犯罪后积极赔偿被害人及其亲属,认罪、悔罪态度较好,这表明犯罪分子的犯罪行为社会危害性不大,如果犯罪分子积极赔偿被害人及其亲属,往往较易得到被害人及其亲属的谅解,法院会在审判过程中认为存在"不可杀因素",适用死刑立即执行的概率则不大。

但是,在有些故意杀人案中,虽然法院认定"犯罪情节特别恶劣,犯罪手段特别残忍,社会危害后果严重",但如果存在积极赔偿被害人损失和自首坦白等影响量子,也可能对被告人从轻处罚。例如,案例10王某芳犯故意杀人罪、非法持有枪支罪一案。"被告人王某芳持1把匕首,朝王某乙左胸部捅刺1刀,后持1把火药枪朝王某乙、王家某某、王某甲射击,将王家某某、王某甲击伤。在王某乙、王家某某、王某甲三人逃离现场后,被告人王某芳又持另一把火药枪,出门追赶王某乙等人,后同随后赶来的被害人王某乙的亲属王某庚、王某丙互殴,王某芳持刀刺伤王某庚"。法院审理认为:"被告人王某芳持刀故意杀死王某乙,致王某庚轻微伤,又持枪致1人二级轻伤,2人轻微伤,其人身危险性极大,犯罪情节特别恶劣,犯罪后果特别严重。"但鉴于被告人王某芳犯罪后向公安机关自动投案,并如实供述基本犯罪事实,系自首,且王某芳亲属在诉讼中积极赔偿被害人损失,可以对其从轻处罚。据此,法院最终判处被告人王某芳死刑,缓期二年执行。

案例13 符某鹏、雷某良犯抢劫罪一案。法院审理认为被告人符某鹏、雷某良以非法占有为目的,事先经过商量预谋抢劫,并为实施抢劫购买了刀具,采用暴力手段,在公共场所公然持刀劫取公民财物,且在实施抢劫的过程中将被害人砍伤致死,其行为已构成抢劫罪,犯罪情节恶劣,后果严重,依法应予严惩。但鉴于两名被告人归案后认罪态度较好,积极赔偿被害人亲属的部分经济损失(被告人符某鹏的亲属代被告人符某鹏赔偿被害人亲属4万元(其中1万元是庭审后赔偿),被告人雷某良的亲属代被告人雷某良赔偿被害人亲属人民币1万元(庭审后赔偿),被害人亲属请求对被告人在量刑时从轻处罚。被告人确有悔罪表现,并取得了被害人亲属的谅解,可酌情从轻处罚,最终法院判处被告人符某鹏、雷某良死刑,缓期二年执行。可见,由于案件的社会结构和法律结构的不同,在犯罪手段与经济赔偿这两个影响量子共同作用于死刑案件量刑适用时,各地的实践做法仍然存在诸多差异,这有待最高立法机关和审判机关进一步明晰经济赔偿对于死刑案件量刑的作用力大小。

除此之外,法官还经常会考虑以下影响量子:犯罪对象量子,即犯罪对象是否为未成年人、老年人、残疾人、孕妇等弱势人员;自首量子,即被告人案发后有无自首情节以及自首的动机、时间、方式、罪行轻重、如实供述罪行的程度、悔罪表现等情况;立功量子,即有无立功情节以及立功的大小、次数、内容、来源、效果以及罪行轻重等情况;其他从轻、减轻、免除处罚量子,即是否具有未成年人犯罪、老年人犯罪、限制行为能力的精神病人犯罪、又聋又哑的人或者盲人犯罪、防卫过当、避险过当、犯罪预备、犯罪未遂、犯罪中止、从犯、胁从犯和教唆犯等量刑情节。

(三) 被害人过错及过错程度

1999年10月,最高法院在颁布的《全国法院维护农村稳定刑事审判工作座谈会纪要》中首次对被害人过错影响犯罪分子刑事责任予以肯定,但只是相当抽象地对被害人过错存在的范围及性质作了限定,而对于哪些情形可以认定为"明显过错"或"对矛盾激化负有直接责任",未作出明确规定。2000年11月,最高法院在《关于审理交通肇事案件具体应用法律若干问题的解释》中,对交通肇事罪中的被害人过错关系刑事责任追究进行了明确规定。2002年,最高法院编选的《刑事审判案例》上集中刊登了三个涉及被害人过错适用的案例,这种方式无疑"对被害人过错在刑法分则中的具体运用起到了抛砖引玉的作用"①。在这三个案例中,被害人过错都被法院作为对被告人从轻处罚的重要理由,非常明显地体现了最高法院对被害人过错的倾向性意见。2007年,最高法院颁布了《关于为构建社会主义和谐社会提供司法保障的若干意见》,在第18条中进一步强调,因被害方的过错行为引发的案件应慎用死刑立即执行。上述规定清晰体现了虽然在我国刑法中没有对被害人过错进行明文规定,但该概念已经进入各级法院审判死刑案件的量刑情节影响量子体系当中。

---

① 傅朝霞.被害人过错适用制度的检讨和完善:以侵犯人身权利命案为视角[EB/OL].(2013-09-13)[2016-04-09]. http://www.chinacourt.org/article/detail/2013/09/id/1083533.shtml.

在经济赔偿影响死刑执行适用的案件中,被害人过错及过错程度的影响量子同样会与经济赔偿影响量子一道对判决结果产生重要影响。被害人过错一般可以被理解为被害人出于故意或者过失而诱发犯罪分子的犯罪意识产生,引起犯罪分子实施犯罪行为,使自己遭受犯罪行为侵害的错误行为。在死刑案件中,人们的关注点往往聚焦于被害人死亡、财产损失特别巨大等严重的犯罪结果上,这就剥离了在犯罪这一特定条件下被告人与被害人双方的关系,使得被害人的过错常常被忽视。在我国司法实践中,被害人过错已经成为影响死刑适用的一个重要酌定情节。被害人过错之所以能够成为对被告人从轻处罚的量刑情节,主要是考虑到存在被害人过错的案件,被告人的主观恶性、人身危险性、行为的社会危害性和行为人的可谴责性相应得到降低,"被害人过错越大,被告人的刑事责任就越小;反之,则被告人的刑事责任越大。"[①]"被害人的过错阻却死刑判决的原因在于被害人过错可以减弱被告人的人身危险性。"[②]实践中常见的是被告人因不满被害人强迫其参与违法犯罪活动而杀害被害人;被害人先实施殴打伤害行为而被杀害;被害人劣迹难改而被亲人大义灭亲;被害人实施的侵害被告人利益的一般民事违法行为,如恶意欠债不还、恶意拖欠工资等行为;被害人存在包养情人、与他人通奸、姘居等有悖婚姻道德的行为;被害人和被告人存在恋爱、婚姻、非婚同居等其他两性关系,双方发生分歧时被害人处理这种关系时的明显不当行为;被害人对被告人或其近亲属实施的行政违法行为,如长期虐待、非法打伤等行为;被害人实施的严重侮辱、挑衅、威胁被告人一方的行为等。下面,我们可以从一个案例中管窥被害人过错和经济赔偿等其他影响量子对死刑执行类别选择的影响。

1993年1月1日8时许,被害人李某桥(男,殁年29周岁)及其堂兄李某运到武汉市黄陂县城关镇小板桥蔬菜市场买鱼,因怀疑摊主任某保缺斤短两而与其发生争执。与任某保摊位相邻的被告人李某清认为李某桥长时间吵架影响自己做生意而与李某桥发生争执,李某清先动手打了李某桥一耳光,两人遂拉扯起来。被告人李某一见状持方木条上前帮忙,将李某桥头部打伤。被告人陶某华亦赶来帮忙。被他人拉开后,李某清与欲离开的李某桥又发生口角,李某桥从该市场肉铺摊位拿起一把单刃割肉刀追撵李某清并将其左肘刺伤。陶某华上前将李某桥抱住,闻讯赶来的被告人李某生将李某桥所持割肉刀夺下。李某桥挣脱后逃走,李某生、李某一、陶某华等进行追撵。李某生追赶百余米后抓住李某桥,持割肉刀朝李某桥双腿刺了三刀致其倒地。李某生、陶某华见李某桥出血不止,伤势严重,遂将李某桥送往医院救治。李某桥经抢救无效于当日死亡。经鉴定,李某桥系被单刃锐器刺破右股动脉致大出血、失血性休克而死亡。当日9时,李某清在黄陂县人民医院门诊部治疗时被公安人员抓获。李某生、李某一、陶某华潜逃外地。同年12月31日,

---

① 高维俭.试论刑法中的被害者过错制度[J].现代法学,2005(3):123-128.
② 高勇,邹楠.论酌定量刑情节与死刑的限制适用[J].法学杂志,2011,32(11):100-103.

李某一被公安人员抓获。1994年4月,李某清、李某一因本案被武汉市人民政府劳动教养管理委员会分别劳动教养一年零六个月和三年。2012年4月11日,公安人员在河北省唐山市将李某生抓获归案。2012年10月16日,陶某华向公安机关投案。

一审法院认为,被告人李某生、李某清、李某一、陶某华共同故意伤害他人身体,致1人死亡,其行为均已构成故意伤害罪。其中,判决被告人李某生犯故意伤害罪,判处死刑,剥夺政治权利终身。而后,李某生提出上诉,上诉人及其辩护人认为:李某生只刺了被害人大腿1刀,一审法院却认定其刺了3刀;被害人有过错,李某生是在李某桥刺伤其弟后才夺刀伤人;李某生归案后如实供述犯罪事实且愿意赔偿被害人亲属经济损失,原判量刑过重。

二审法院经审理查明认为,上诉人李某生、李某清、李某一、陶某华共同故意伤害李某桥致死,其行为均已构成故意伤害罪。关于李某生及其辩护人提出原判对李某生量刑过重的上诉理由及辩护意见。经查,被害人持刀刺伤李某清,对矛盾升级负有一定责任;被害人伤人后逃跑,中途参与、不知缘由的李某生情绪失控追赶并刺伤被害人腿部,其主观恶性与有准备的预谋犯罪相比较小;李某生只刺了被害人腿部,暴力行为有所节制;在发现被害人大量失血后李某生马上将被害人送医院抢救,有事后救治情节;归案后李某生如实供述主要犯罪事实,委托其亲属积极代为赔偿并取得被害人亲属谅解,有坦白情节和悔罪表现。虽然李某生是被害人死亡的直接凶手,系本案主犯,但基于上述量刑情节,原判对李某生判处死刑量刑过重。故对该上诉理由及辩护意见予以采纳,改判上诉人李某生无期徒刑,剥夺政治权利终身。

本案中,二审法院的死刑执行类别从轻选择的理由包括:① 被害人持刀刺伤李某清,对矛盾升级负有一定责任,此为被害人过错影响量子;② 被害人伤人后逃跑,中途参与、不知缘由的李某生情绪失控追赶并刺伤被害人腿部,其主观恶性与有准备的预谋犯罪相比较小,此为犯罪的主观情节影响量子;③ 李某生只刺被害人腿部,暴力行为有所节制,此为犯罪手段影响量子;④ 在发现被害人大量失血后李某生马上将被害人送往医院抢救,有事后救治情节,此为犯罪悔罪影响量子;⑤ 归案后李某生如实供述主要犯罪事实,此为犯罪后认罪影响量子;⑥ 委托其亲属积极代为赔偿,此为经济赔偿影响量子;⑦ 取得被害人亲属谅解,此为被害方态度影响量子。综合本案,二审法院改判理由的影响量子构造为:经济赔偿+被害人过错+间接故意+犯罪手段轻微+认罪悔罪态度较好+被害人谅解。虽然李某生是导致被害人死亡的直接凶手,系本案主犯,但基于上述影响量子综合考量,并将其放在整个量刑情节体系中分析,法院认为原判对李某生判处死刑量刑过重,故对该上诉理由及辩护意见予以采纳,改判上诉人李某生无期徒刑,剥夺政治权利终身。

存在被害人过错的案件中,由于被害人在犯罪行为发生之前已经先行实施了违反法律法规、道德规范和公序良俗的行为，侵犯了被告人及其配偶、亲友等有密切关系的人的人身、财产、人格等权利和利益，损害被告人及其配偶、亲友等有密切关系的人的正当法益或社会公共利益，被害人对矛盾激化具有一定责任，被告人的犯罪行为情有可悯，进行经济赔偿之后，被害人及其亲属情感修复并达成谅解的可能性较高，法官在审判过程中也会审慎考虑从轻或减轻处罚，慎用死刑立即执行。例如，前文所提到的简某梅故意杀人案中，虽然一、二审法院均判处简某梅死刑。但最高人民法院复核时认为，"被害人代某梅与简某梅的丈夫熊某成通奸，对引发本案负有一定的责任"，依法不核准死刑。在王某艳故意杀人案中，当王某艳提出断绝关系时，遭到被害人的拒绝和不断纠缠，甚至是威胁。因此，最高法院复核时认为被害人王某阳在案件起因方面有一定过错，并综合考虑经济赔偿等其他情节，最终没有核准死刑。

三、经济赔偿与人身危险性相关联的影响量子

人身危险性是指犯罪可能性，其既包括犯罪分子本人再次实施犯罪的可能性，又包括初犯可能性，即犯罪分子以外的其他人（主要是指潜在的犯罪分子）的犯罪可能性。① 人身危险性从根本上说是犯罪分子的一种人格体现，而所谓人格，是"个体内在的在行为上的倾向性，它表现一个人在不断变化中的全体和综合，是具有动力一致性和连续性的持久的自我，是在社会化过程中形成的行为人特定的身心组织"。团藤重光认为，"因为过去犯罪的缘故，所以要责罚，但受刑罚的是现在的行为者。所以在思考刑罚时，对于犯罪的谴责或谴责可能性，不能将其固定在犯罪当时来思考，而是应该就现在的行为者人格来思考其犯罪的谴责可能性大小。所以说犯罪论是静的、固定的，但刑罚论是动的、发展性的……在考量刑罚时必须把事情以动态的立场来思考，其中可以发现犯罪后的行为者人格的形成或对该犯罪的社会、被害者等的反应的变化等因素，这些都是有必要研读出来的。"② 对于死刑中"罪行极其严重"的评价，不应当仅仅局限于对犯罪分子犯罪行为及其罪行所反映出的主观恶性的判定，而且包括对其罪前和罪后情节的考量，因为这些情节往往也能从不同角度影响到犯罪的主观恶性、社会危害性及人身危险性，只有充分考虑、综合衡量各类情节，才能使刑事责任的认定符合犯罪行为的社会危害性和犯罪分子人身危险的相应程度。

一般说来，积极的经济赔偿往往是犯罪分子与受害者在调停者的安排下，进行沟通交流而产生的，在沟通和解的过程中，犯罪分子在充分认识自己的错误后，会真诚地悔罪、道歉，并通过经济手段对被害人进行赔偿补偿，以求得被害人的宽恕，

---

① 陈兴良.刑法哲学[M].北京：中国政法大学出版社，1997：142.
② 团藤重光.死刑废止论[M].台北：商鼎文化出版社，1997：167-169.

在一定程度上能够反映出犯罪分子人身危险性的降低;另一方面,积极地进行经济赔偿意味着犯罪分子已经认识到自身行为的危害性,能够体现出其悔罪的心理状态和亲社会人格;再一方面,从特殊预防的角度,可以看出其再犯的可能性大为降低,使实现刑罚目的的可能大为提高。因此,"犯罪分子为损害赔偿和被害人和解所做的努力,使得犯罪的物质的或非物质的后果减轻,它基于不同的原因降低了处罚的必要性。"[1]

(一) 积极赔偿被害人

积极赔偿被害人是指犯罪分子在犯罪后以主动积极的态度赔付补偿被害人因其所实施的犯罪行为而遭受的各种损失。经济赔偿成为从轻量刑情节的理由在于:赔偿表明犯罪分子有悔罪认识,在认识到自己的罪行给被害人造成深切痛苦的基础上,通过积极赔偿表达自己内心的忏悔,从而表明犯罪分子人身危险性降低了。[2]

法官在死刑案件裁判过程中经常面对的是由犯罪导致的被害方家庭破碎、经济无着、幼无所养、老无所依的悲惨情形。与此相对的是,被告人往往同样经济基础薄弱,法院判处其应负担的经济赔偿基本难以兑现。此外,由于被告人被判处死刑,其亲属就会认为再进行赔偿就是"赔了夫人又折兵",更加不愿意帮助被告人履行赔偿义务。这样就导致被告人被一枪毙命了事,但却没有改变因犯罪导致的被害方的困难生活状态,被害方只能依靠微薄的补助或者救济维持艰难的生活,这无疑在犯罪的基础上又造成了新的不和谐。

如前文所述,经济赔偿在弥补被害人和被告人双方矛盾上是具有一定的积极作用的。在法院的调和和主导下,如果给予被告人积极赔偿被害人的机会,并使其因此获得从轻减轻处罚的结果,这对于双方来说无疑是一种较为稳妥的方式,能保障双方的利益,不致于引发后续可能产生的社会问题,这也是补偿正义在死刑案件中的另外一种体现。此外,就经济赔偿这一罪后情节而言,可在一定程度上表明被告人具有较好的认罪悔罪态度,其在积极赔偿被害人及其亲属的同时,也是在无形中降低自身犯罪行为的社会危害性和其人身危险性。

此外,法院如果在可能判处的死刑案件中考量积极进行经济赔偿的影响量子,有利于我国从司法实践层面抑制死刑,减少死刑,充分保障保留死刑,严格控制、慎重适用死刑、少杀、慎杀、可杀可不杀的不杀的刑事政策。在全社会范围内,会使老百姓逐步淡化社会场域中长期存在"杀人偿命"的观念,这无疑可以为未来刑罚改革提供基础,为逐步减少死刑,并渐进达到废除死刑的结果打下良好的司法实践基

---

[1] 赵秉志,彭新林.论民事赔偿与死刑的限制适用[J].中国法学,2010(5):52-62.
[2] 何显兵.恢复性司法视野下赔偿与量刑关系的重构[J].西南政法大学学报,2012,14(2):50-56.

础。可以说，从经济层面积极赔偿被害人及其亲属这一影响量子对减轻被告人的刑事责任，进而影响死刑执行类别的选择有充分的根据。但在法官具体审理死刑案件过程中，"积极赔偿被害人"是一个相对模糊和宽泛的概念，如何把握其限度，需要进行深入的研究。

（二）被告人的一贯表现

人身危险性还可以从被告人的一贯表现这一影响量子来考量，其也是死刑案件量刑裁判过程中法官重点考量的影响量子之一，对于死刑的司法限制具有重要意义。

被告人的一贯表现是指被告人实施犯罪行为之前在生活中的表现，主要包括前科、初犯、社会贡献、遵纪守法等情况。这些表现可以反映出被告人的品行和道德水平。从司法审判的角度来考量，被告人一贯表现的良好与否可以反映出被告人的人身危险性，其是否具有反社会性的人格，以及所具有的改造可能性。

"人格是用以揭示人内在本质、描述人行为倾向的概念，当人格概念进入刑法视野，它当然与犯罪分子人身危险性联系起来，并被用以反映人身危险情况，甚至被用以代替人身危险性。"[①]通过考察被告人犯罪行为实施前的平时表现，我们可以了解被告人实施犯罪行为的原因是受到外界因素诱发而促成，还是先前已经形成了犯罪人格，具有极高的人身危险性。通过考察和分析这种罪前表现，能够帮助法官分析如何处罚被告人才能得到较好的社会效果，是否可以通过刑罚消除潜在的犯罪，以及降低犯罪行为的社会危害程度，进而衡量是否必须对其适用死刑立即执行的刑罚以保护社会的总体福利。

一般来说，被告人一贯表现良好，如是初犯、偶犯或者没有前科，在其他影响量子的共同作用下，往往是法官对其慎用死刑立即执行的重要原因。反之，如果被告人一贯表现比较差，如平时在社区内存在经常扰乱社会秩序的行为，或系惯犯，有前科等，法院在考量其刑罚时会倾向于从重处罚，难以形成阻却被告人不适用死刑立即执行的结果。而且，这些情况的存在还可能成为被告人被判处死刑立即执行的支撑原因，这在一些司法解释和司法文件中已有所体现。例如，最高人民法院公布的《全国部分法院审理毒品犯罪案件工作座谈会纪要》明确规定，"对有证据证明被告人确属受人指使、雇佣参与运输毒品犯罪，又是初犯、偶犯的，可以从轻处罚，即使毒品数量超过实际掌握的死刑数量标准，也可以不判处死刑立即执行"。这在

---

① 翟中东.刑法中的人格问题研究[M].北京：中国法制出版社，2003：45.

法院司法审判实践中均有所表现①,如最高人民法院没有核准被告人王某燕死刑立即执行的案件,鲜明地体现了被告人一贯表现良好的影响量子与经济赔偿等其他因素一起对阻却死刑立即执行起到了较大的推动作用。虽然将被告人一贯表现良好作为死刑执行类型选择中的重要影响量子具有合理性,但是值得我们注意的是,在死刑案件审理裁判过程中,即使被告人一贯表现良好,且其社会行为也受到社区的认可和肯定,但只要犯罪行为的社会危害性与被告人的人身危险性达到了非杀不可的恶劣程度,那么该影响量子也不能成为阻却死刑立即执行的单一必然量子。

(三) 被告人的认罪和悔罪态度

如前文所述,死刑执行类别的选择与犯罪的情节,再犯可能性,认罪、悔罪态度等影响量子均有所联系。在我国的刑事司法实践中,对被告人进行量刑的一个重要考量因素是被告人的主观恶性的大小,而犯罪后的心理态度包括认罪和悔罪表现是衡量被告人主观恶性大小的重要因素。一般法官在审判死刑案件的过程中会重点关注被告人是否逃避侦查,到案后是否认罪、悔罪,认罪和悔罪态度等表现,以此作为判断被告人主观恶性、人身危险性大小的重要情节。在前面的总结案例中我们可以看到,在死刑改判的理由中,均存在有悔罪表现,认罪态度较好等表述,如能坦白交代,如实供述;积极协助抢救被害人;作案后呼叫救护车救治被害人;劝说他人将被害人送医救治;企图自杀未成等。

例如,一起故意伤害案件中,被告人吴某与被害人李某某未办理结婚登记,同居生活,并生育女儿吴某(案发时5岁)。2010年11月7日20时许,吴某、李某某及朋友黄某某、曾某等人在广州市番禺区一起吃饭时,李某某向吴某提出分手。二人发生争吵后,吴某掏出随身携带的一把水果刀,追赶并刺中李某某腹部一刀,黄某某上前阻拦,吴某向黄某某腹部捅刺一刀。此时,治安队队员杨某某巡逻经过此

---

① 四川省发生的一起运输毒品罪案件。被告人马某、杨某为牟取非法利益,受雇于毛某(另处),到云南运输毒品。为了便于运输毒品,毛某安排马某购买了两辆摩托车,并约定在攀枝花市渔门镇会合。2012年11月23日,毛某安排马某、杨某与沈某(均另处)三人分乘两辆摩托车从攀枝花市渔门镇出发,来到云南省临沧县境内的目的地后,毛某安排沈某、杨某在路边等待,让马某陪其去拿毒品。毛某接到毒品后乘马某骑的摩托车返回并找到沈某、杨某。三人对装在黑色单肩包内的毒品进行了清点,毛某从携带的毒品中取出一小块交给马某,供马某、杨某二人在运输途中吸食。尔后,毛某、沈某二人驾乘一辆摩托车在前面探路,马某、杨某二人携带毒品驾乘另一辆摩托车跟行。同月28日凌晨,马某、杨某二人骑摩托车途经云南省凤庆县至小湾公路9 km+300 m处时,被设卡查缉的公安民警抓获,当场从杨某携带的黑色挎包内查获用黄色塑料纸包装的毒品可疑物11块,从马某的上衣口袋里查获用白色塑料纸包装的毒品可疑物1小包;经当面称量,11块毒品可疑物净重3742.8 g;1小包毒品可疑物净重14.1 g。经鉴定,毒品可疑物中海洛因的含量为43.95 g/100 g。虽然被告人运输海洛因的数量特别巨大,鉴于被告人是初犯、偶犯,认罪、悔罪态度好,判处死刑,缓期二年执行。

处,见状阻止吴某行凶,吴某又向杨某某的腹部猛刺一刀,后被其他治安队员及在场群众制服。杨某某因被单刃锐器作用腹部致肠系膜上动脉破裂,失血性休克,经抢救无效于次日死亡;黄某某的损伤被鉴定为重伤;李某某的损伤程度属轻微伤。广东省广州市中级人民法院于 2011 年 12 月 10 日做出〔2011〕穗中法刑一初字第 179 号刑事附带民事判决,认定被告人吴某犯故意伤害罪,判处死刑立即执行,剥夺政治权利终身;判令被告人吴某赔偿附带民事诉讼原告人黄某某的医疗费 4 万元;作案工具水果刀 1 把,予以没收。宣判后,被告人吴某不服,提出上诉。本院经开庭审理,于 2013 年 6 月 19 日做出〔2012〕粤高法刑三终字第 87 号刑事裁定,驳回上诉,维持原判,并报请最高人民法院核准。

最高人民法院于 2014 年 8 月 22 日以本案因婚姻恋爱纠纷引发,吴某归案后能如实供述,真诚悔罪为由,认为对其判处死刑,可不立即执行,裁定撤销本院〔2012〕粤高法刑三终字第 87 号维持一审对被告人吴某以故意伤害罪判处死刑,剥夺政治权利终身的刑事裁定,发回重新审判。法院在重新审判中认为,吴某归案后认罪态度较好,真诚悔罪,对其判处死刑可不必立即执行。原审判决和本院重审前认定的事实清楚,证据确实、充分,定罪准确,审判程序合法。但量刑欠当,应纠正。上诉人吴某及其辩护人要求从轻的理由可予采纳。出庭检察员坚持判处上诉人吴某死刑的意见,不予采纳,从而改判上诉人吴某犯故意伤害罪,判处死刑,缓期二年执行,剥夺政治权利终身。

再如,2010 年 7 月 15 日晚 11 时许,被告人顾某某酒后行至吉林省梅河口市某某厂门外路边时遇见工友高某某(殁年 39 岁),二人因琐事发生口角,继而厮打。顾某某持尖刀朝高某某胸部及面部捅刺数刀,致高某某因心肺破裂、脾破裂、急性心包填塞死亡。吉林省通化市中级人民法院于 2011 年 8 月 4 日以〔2011〕通中刑初字第 20 号刑事附带民事判决,认定被告人顾某某犯故意杀人罪,判处死刑立即执行,剥夺政治权利终身。宣判后,顾某某提出上诉。吉林省高级人民法院经依法开庭审理,于 2012 年 10 月 26 日以〔2012〕吉刑三终字第 15 号刑事裁定,驳回上诉,维持原判,并依法报请最高人民法院核准。最高人民法院认为,被告人顾某某酒后因口角纠纷持刀行凶,致人死亡,其行为已构成故意杀人罪。犯罪情节恶劣,后果严重,应依法惩处。第一审判决、第二审裁定认定的事实清楚,证据确实、充分,定罪准确。审判程序合法。鉴于本案系工友间因口角纠纷引发,且顾某某归案后认罪态度较好,有悔罪表现,其亲属积极协助赔偿被害人亲属的经济损失并得到谅解,对顾某某判处死刑,可不立即执行。

从这些案件当中,我们可以看出,认罪悔罪态度好往往会成为法官在考量案件量刑的重要因素,虽然案件中被告人的犯罪情节恶劣,引发的后果也比较严重,但认罪悔罪态度同样可以与其他酌定量刑情节一起共同成为死刑案件改判、从轻减轻处罚的影响量子。

具体而言,认罪态度是指被告人归案之后对自己所实施的犯罪行为的认识态度。在实践中,如实供述罪行是法院在认定其认罪态度的核心。认罪态度好的,往往表现为被告人在归案之后能够如实供述犯罪事实,并在这一过程中体现出认识到自己犯罪行为的社会危害性。这一如实供述——认识犯罪性质的外在表现,可以在一定程度上反映其人身危险性降低,具有一定的改造可能性。在死刑裁量中,如果被告人认罪态度较好,加之进行积极的经济赔偿,法院一般会酌情从轻处罚,排斥死刑立即执行的适用。认罪态度一般的,被告人归案后拒不交代自己的犯罪行为,对犯罪行为的性质及其所引发的社会危害性认识不深,相对于认罪态度好的被告人,法官往往会从其外在行为判断其改造可能性较小,在进行死刑执行类别选择时往往倾向于选择死刑立即执行。

悔罪态度是指被告人实施犯罪行为之后的综合表现,直接反映了其对犯罪行为的认识以及反思情况。一般说来,经济赔偿是体现其悔罪态度的一个积极表现,但值得注意的是,有些被告人虽然进行了经济赔偿,甚至赔偿态度很积极,且赔偿的数额还不低,但如果被告人的积极赔偿的行为并不能反映其对于自身犯罪行为的反思与悔悟,其悔罪的态度只是为了花钱买命,悔罪态度不真诚,那么这种经济赔偿的行为并不能说明其人身危险性的降低。

在死刑案件中,经济赔偿必须是伴随着被告人对自己犯罪行为的真心、真诚的悔悟。认定悔罪态度并不是只看被告人的赔偿行为和口头表达,而是应当从其归案后的综合表现,根据主客观相统一的原则进行判断。法官不仅要看其是否有悔罪的意思表示,是否能够深刻认识其犯罪行为的社会危害性,还要从其具体行动中来判断这一影响量子,如自首、积极抢救被害人、积极与被害人及其亲属沟通请求谅解、积极赔偿被害人、主动退赃退赔、协助抓获共犯或其他犯罪分子等。

从实际效果来考量,如果被告人悔罪态度越真诚,并通过其具体行为加以表现,那么他们的犯罪行为获得被害人及其亲属谅解的可能性越大,被告人的可改造性越大,社会秩序得以修复的可能性也越大,那么对他们从轻减刑处理而选择不判处死刑立即执行就易于被接受和理解,此举更趋于实现法律目的,获得较好的社会效果。

此外,被告人悔罪还需考虑悔罪的程度。被告人悔罪的主动性、积极性越高,说明悔罪态度越好,阻却死刑立即执行的作用力就越大。但有些案件的事实证据均十分确凿,但被告人仍然不认罪、悔罪,鉴于其认罪、悔罪态度,被害方也是反响强烈,难以谅解被告人的犯罪行为,因此丧失了进行死刑案件和解的基础。况且,法官往往认为这类被告人的人身危险性仍然未减小,不具有从轻减轻处罚的可改造性基础,不具有从轻处罚的可能性,在自由心证和内心确信方面,往往会认为被告人再次故意犯罪的动机易于再次产生,不对其适用极刑可能仍然会给社会造成新的危险。对于有些被告人及其亲属自认为家庭经济条件富足,利用其所能提供的大笔经济赔偿金与被害方或者法院谈条件、要轻刑,而不是真心悔悟的,从其外在表现来看也未体现出其真心悔悟、积极沟通、赔礼道歉和取得被害方谅解的意思表示,即使被告人及其亲属积极推进大数额的经济赔偿,被害人及其亲属在获得经济赔偿的目的下表示愿意接受赔偿,并出具谅解书要求法院对被告人从轻减轻处罚的,法院也不适宜进行死刑类别的重新选择。例如,有因民间纠纷引发的案件,被告人虽认识到自己行为的性质,但其却认为自己犯罪有其合理性,认为被害人就该被杀,毫无悔悟和愧疚的情感。如果这类案件只因经济赔偿而对被告人判处死刑缓期执行,难以达成政治效果、法律效果和社会效果的有机统一。可见,"真诚悔罪是衡量犯罪嫌疑人、被告人主观恶性的标准之一,只有真诚悔罪,才能降低对被告人主观恶性和人身危险性的评价,才具有从轻处罚的基础。"[①]

综上,积极的经济赔偿并不是一个单一的引发死刑执行类别选择的影响量子,积极赔偿的行为必须是能够体现其真诚认罪、悔罪态度的,因此才可能满足影响死刑执行类别选择中的主客观相统一的评价标准,这种条件下的从轻、减轻处罚才是符合死刑适用目的的。换言之,积极的经济赔偿必须从客观方面表现其愿意通过赔偿以减轻犯罪对被害人造成的损失,降低危害后果,取得被害人谅解。而且,认罪、悔罪还应可以从主观方面表明被告人"认识—悔悟—改进"的主观心理状态。法院在考量这些影响量子时通常会认为,被告人已经存在认罪、悔罪的表现,并积极采取措施以减少损害和弥补损失的,犯罪行为对被害人以及对社会造成的损失将会一定程度减低,主观恶性和人身危险性都会大大降低,在死刑案件量刑中进行宽缓处理具有合法性和合理性。

---

① 阴建峰.故意杀人罪死刑司法控制论纲[J].政治与法律,2008(11):13-20.

第六章 经济赔偿在死刑执行类别选择中影响量子的规范论

第一节 经济赔偿在死刑执行类别选择中影响量子的实体要件规范

一、死刑案件中经济赔偿司法适用的案件类型规范

讨论经济赔偿与死刑司法适用问题，首先应明晰哪种类型的死刑案件可以将经济赔偿这一影响量子纳入量刑评估，这是推进经济赔偿司法适用规范化、法治化、科学化的首要前提。《刑法修正案（九）》颁布后，我国刑法中保留死刑的罪名仍有 46 个。这些保留死刑的罪名所侵害的法益存在差异。在有些涉及死刑刑罚的案件中，被告人的犯罪行为侵害的是被害人的个人法益；而有的案件中，被告人的犯罪行为侵犯的则是国家法益和社会公共法益，在私人法益上，虽然国家代表侦查起诉被告人，但个人仍然具有一定的处分权；相对应的，在涉及公共法益方面，包括国家法益和社会法益，个人是绝对没有处分权的，由于其具有比侵犯个人法益更为严重的社会危害性，且这类犯罪往往针对的是不特定的多数人，所以国家无法把协商刑罚的权力让渡给个人。有些罪名，如生产、销售假药罪，生产、销售有毒、有害食品罪，爆炸罪，投放危险物质罪，以危险方法危害公共安全罪，破坏交通工具罪，破坏交通设施罪，破坏电力设备罪、破坏易燃、易爆设备罪，劫持航空器罪等也会有被害人个人法益遭受侵害的情况，但由于这些罪名所涉及的犯罪行为侵犯的法益涉及到国家和社会法益，所以被害人便不能代表国家、社会与被告人进行协商和解。

从司法实践来看，经济赔偿影响量子在死刑案件审判过程中影响程度的大小，各地法院适用不一，法官仍然拥有较大的司法自由裁量的空间。一些地区除故意杀人、故意伤害、抢劫案件之外，部分涉及国家和社会法益的案件，如爆炸案件等，因存在经济赔偿情节，法院也会选择将死刑立即执行的一审判决在二审改判为死刑缓期执行。这些各地适用经济赔偿影响量子的差异，也反映了各地法院、各地法

官对我国死刑政策的不同的理解与实践做法。当前,因为经济赔偿在死刑案件审判中审查、判断、认定缺乏统一的标准,缺乏有效的主客观要件和程序要件规范,导致司法官员不能对案件类型进行合理区分、甄别,存在一定的适用泛化和司法腐败的风险。

在笔者看来,经济赔偿并非在每一类型的死刑案件审判过程中都能起作用,存在经济赔偿要素的死刑案件通常是围绕"被告人-被害人和解"的模式运行的,其运行的关键是被告人(亲属)与被害人(亲属)通过沟通、交流而达至合意、谅解、和解,进而使被破坏的社会关系和社会秩序得以修复,体现着刑事诉讼中对抗的两类主体在侵犯私人法益案件中的处分权。如某些案件中,被害人亲属与被告人亲属自行达成赔偿和解协议,并出具请求法院对被告人从轻处罚的谅解书便是其典型表现。因此,在司法实践中,经济赔偿导致死刑执行类别重新选择的案件,通常必须要有具体的被害人,一般是侵犯个体法益的案件;对于没有明确的被害人的犯罪,侵犯国家法益和社会法益的犯罪,因其被害人的缺位,缺乏"被告人-被害人和解"的基础;而且,国家利益和社会公共利益都是"超个人法益",属于国家和全体公民,不能由个人代表国家、社会进行。这类案件如果通过经济赔偿而进行刑事和解,将扩大"经济赔偿"的适用范围,违背刑事和解制度设置的最初目的。因此,我国应确定经济赔偿导致死刑执行类别选择应限于侵犯"个人法益"案件类型,对于侵犯"国家法益和社会法益"的案件,应当在审判中予以控制和排除[①]。

相应的,我国最高司法机关出台的规范性文件和司法裁判实践中也确立了该项原则。2007年1月,最高人民法院《关于为构建社会主义和谐社会提供司法保障的若干意见》中指出:"对于因婚姻家庭、邻里纠纷等民间矛盾激化引发的案件,因被害人的过错行为引发的案件,案发后真诚悔罪并积极赔偿被害人损失的案件,应慎用死刑立即执行。"在我国,这类因婚姻家庭、邻里纠纷等民间矛盾激化引发的案件之所以被最高审判机构认为可以适用经济赔偿而慎用死刑立即执行的案件类型,首先,是因为这类犯罪案件往往发生在"熟人之间",这类案件的犯罪后果虽然

---

① 在目前46个保留死刑的罪名中,那些侵犯国家和社会法益的死刑案件应当禁止适用经济赔偿。比如,背叛国家罪,分裂国家罪,武装叛乱、暴乱罪,投敌叛变罪,间谍罪,资敌罪,放火罪,决水罪,爆炸罪,投放危险物质罪,以危险方法危害公共安全罪,破坏交通工具罪,破坏交通设施罪,破坏电力设备罪,破坏易燃、易爆设备罪,劫持航空器罪,非法制造、买卖、运输、储存枪支、弹药、爆炸物罪,非法制造、买卖、运输、储存危险物质罪,盗窃、抢夺枪支、弹药、爆炸物、危险物质罪,抢劫枪支、弹药、爆炸物、危险物质罪,生产、销售假药罪,生产、销售有毒、有害食品罪,暴动越狱罪,聚众持械劫狱罪,走私、贩卖、运输、制造、毒品罪,破坏武器装备、军事设施、军事通信罪,故意提供不合格武器装备、军事设施罪,贪污罪,受贿罪,战时违抗命令罪,隐瞒、谎报军情罪,拒传、假传军令罪,投降罪,战时临阵脱逃罪,军人叛逃罪,为境外窃取、刺探、收买、非法提供军事秘密罪,盗窃、抢夺武器装备、军用物资罪,非法出卖、转让武器装备罪,战时残害居民、掠夺居民财物罪等罪名。

也严重,但是其发生的原因有特殊性,社会危害性和人身危险性均有局限性;而且,此类案件存在特定的被害人,属于侵犯"个人法益"的案件,这类案件发生之后,被告人悔悟和获得被害人及其亲属谅解的可能性也大,双方进行和解的基础也较好。因此,在审判实践中,如果此类型案件中存在被告人积极经济赔偿、真诚认罪悔罪、取得被害人谅解等影响量子,法院一般会选择不判处死刑立即执行或不核准死刑立即执行。

例如,河北省邢台市闫某甲故意杀人罪一案。2010年12月7日12时许,被告人闫某甲及其妻陈某某与闫某甲的母亲吴某某因家庭琐事,在吴某某经营的代销店处发生争执,闫某甲持铁棍将代销店的门窗玻璃砸坏。闫某甲之弟闫某乙(殁年38岁)闻讯赶来,与闫某甲发生厮打,闫某甲持尖刀捅刺闫某乙左胸肋区一刀,致闫某乙失血性休克死亡。河北省邢台市中级人民法院于2011年8月17日做出〔2011〕邢刑初字第71号刑事附带民事判决。宣判后,闫某甲提出上诉。河北省高级人民法院经依法开庭审理,于2012年2月28日做出〔2011〕冀刑一终字第160号刑事附带民事裁定,以部分事实不清为由,撤销原判,发回重审。邢台市中级人民法院依法另行组成合议庭开庭审理,于2012年9月5日以〔2012〕邢刑初字第101号刑事附带民事判决,认定被告人闫某甲犯故意杀人罪,判处死刑立即执行,剥夺政治权利终身。宣判后,闫某甲提出上诉。河北省高级人民法院经依法开庭审理,于2012年12月24日以〔2012〕冀刑一终字第202号刑事裁定,驳回上诉,维持原判,并依法报请最高人民法院核准。最高人民法院认为,被告人闫某甲因家庭矛盾,故意非法剥夺他人生命的行为构成故意杀人罪,犯罪情节、后果严重,应依法惩处。第一审判决、第二审裁定认定的事实清楚,证据确实、充分,定罪准确,审判程序合法。鉴于本案系家庭矛盾引发,并具有突发性,闫某甲归案后认罪态度好,有悔罪表现,积极进行经济赔偿,且本案发生在亲兄弟之间,考虑到家庭的实际情况,对闫某甲判处死刑,可不立即执行。

在司法案件裁判过程中,要把握认定经济赔偿影响量子的作用和阻却死刑是否具有合理性,还必须充分结合案件中的各类罪前、罪中和罪后情节进行判断。案件罪前、罪中和罪后情节的不同,也表明案件的基本构造和社会危害性的不同。对于那些主观恶性极大、手段极其残忍、社会影响极其恶劣的案件,如雇凶杀人,或是存在滥杀无辜,杀人碎尸,在被害人失去反抗能力、极力求饶、逃跑后仍执意将其杀死的情况,因其犯罪行为彰显其社会危害性和人身危险性较高,在量刑中应当排除适用经济赔偿影响量子。

例如,广东省苏某某抢劫案。苏某某为了还债,潜入居民家中实施盗窃,发现屋主宋某某在熟睡,便试图将其砸晕。屋主宋某某被惊醒后,双方发生激烈争斗,苏某某把屋主宋某某一家人一同杀害。屋主宋某某妻子负伤反抗逃出门外后,苏某某将其拉回杀害。此案中,四名成年人被苏某某砍死。宋某某两个孙子因啼哭不止,也被苏某某残忍杀害。案后,苏某某及其亲属赔偿宋某某亲属9万元,但广州中级人民法院仍然认为苏某某"视人命为草芥,手段极其残忍,社会影响极其恶劣",依法判处死刑立即执行。

2014年引起广泛关注的广西柳州市柳南区政协委员王某某涉嫌持刀杀害该市柳南区人大代表叶某某一案中,被告人王某某在柳州美联家具城樊某办公室内,持刀朝叶某某的头部、胸腹部、背部连续捅刺数刀。在叶某某跑出办公室倒地后,王某某追上再次持刀捅割叶某某颈背部,造成叶某某当场死亡。案件审理过程中,王某某愿意对被害人亲属进行经济赔偿,但法院审理认为,被告人王某某在被害人已经失去反抗能力时,又朝其身体要害部位补刀,犯罪手段特别残忍,情节特别恶劣,后果极其严重,社会影响极其恶劣,以故意杀人罪判处死刑立即执行,剥夺政治权利终身。

总而言之,在死刑案件适用"经济赔偿"这一影响量子时,应构建科学的评估机制。笔者认为,主要是重点把握以下两点原则性要素:"第一,经济赔偿与案件的"犯罪事实"有着内在关联性,本来属于当该案件"定罪量刑"时的要素;第二,在与其他众多的量刑要素的相互关系中,经济赔偿被认定确实具有直接影响被告人的过去罪责(刑事责任)及其将来预防(再犯可能性)的意义的情况,并同时存在可以表明降低社会危害性与人身危险性的酌定量刑情节。"通过综合权衡和考量与以上两点原则性要素相关联的犯罪事实、情节、危害后果以及被告人的主观罪过、罪后表现等情节,保证经济赔偿适用的科学性。

二、死刑案件中经济赔偿司法适用的客观要件规范

在考量死刑案件中能否适用经济赔偿时,应当考虑被告人及其亲属是否对被害人及其亲属进行了积极的经济赔偿行为,并以此为客观要件。一般说来,考量经济赔偿的客观要件时,应当强调被告人及其亲属赔偿被害人及其亲属的行为是否是基于认罪、悔罪的动机,是否基于自愿、积极、主动的行为模式。因为,从法理上来说,经济赔偿之所以成为阻却死刑、从轻减轻量刑情节,是因为经济赔偿表明被告人充分认识到了自己犯罪的性质,认识到了自己的犯罪行为给被害人及其亲属和社会造成了严重的伤害,对自己实施的犯罪行为表示悔悟,希望通过经济赔偿的手段来弥补自己犯罪行为带来的损失,以此向被害人和社会表达自己内心的忏悔,并由法院判定其行为是否表明其犯罪行为的社会危害性和被告人的人身危险性是否得以降低,被告人是否具有可改造性,从而决定死刑执行的类别。

实践中,有些死刑案件被告人赔偿被害方的经济损失是以花钱为手段,以较少刑期为目的的,由于害怕"赔了夫人又折兵",被告人及其亲属与被害人协商时约定目的达成才兑现赔偿;有的是被告人及其亲属与被害人商定,由第三方账户暂时代管赔偿款,只有被告人不被判处死刑立即执行时,才将赔偿款支付给被害人;有些案件中,被告人及其亲属以刑罚轻重为标准协商设定赔偿金额,轻则多赔,重则少

赔,甚至不赔。这些情形在司法实践中并不少见,这就使得经济赔偿变成了一种典型的"刑罚交易"行为,赔偿与否和赔偿数额多少成为"讨价还价的砝码",并没有体现出被告人认罪悔罪的良好态度;在被害人及其亲属经济困难的情况下,此举还可能存在要挟、强迫等情形,导致经济赔偿行为严重违背法律设置的目标和原则。

法官在面对可能判处死刑的案件时,经常会碰到一个问题,"积极赔偿被害人"这一情节该怎么认定。作为一个相对模糊和宽泛的概念,如何把握其限度,这需要进行深入的研究。我们重点讨论一下几个问题。

"被害人作为最直接的受害者,通过犯罪分子对自己的赔偿,弥补部分损失,以解决自身最实际的困难成为被害人遭受侵害之后最重要、最强烈的心理需求之一。"[①]最高人民法院《量刑指导意见(试行)》规定,要综合考虑赔偿数额、赔偿能力等情况确定赔偿情节对基准刑影响的幅度。在可能判处死刑的案件中,被告人支付多少赔偿金是合理的?"积极赔偿"的行为能否通过金额来衡量和认定? 在司法实践中,有些故意杀人案件仅仅赔偿数额几万元就可以获得被害人谅解,并出具谅解书请求法院从轻处罚;有的故意杀人案件,被害人及其亲属提出几十万甚至上百万的赔偿数额,同样难以获得被害人及其亲属的谅解,并最终被法院判处死刑立即执行。可见,在可能判处死刑的案件裁判时,赔偿数额多少并不是与最终死刑执行类别的选择直接呈正比的。

值得注意的是,在有些案件当中,也存在被害人及其亲属借机漫天要价的情况,满足数额就谅解,不满足数额就不谅解。这对于一些经济状况比较好的家庭,虽然其并不愿意支付高额的赔偿费用,但是为了获得所谓的谅解,而不得不屈从;对于一些经济状况不好的家庭来说,他们即使四处筹款,也无法满足被害人的要求。在数额得不到满足的情况下,他们还会对主审法官不断施加压力,让法官陷入难以取舍判断的两难境地,最终无法达成和解。而有些案件中,被告人基于自己丰厚的经济实力,常常会以高额赔偿作为诱饵而促使被害人及其亲属的接受和表示谅解;有的法官还会在审判中以量刑轻重作为砝码,要求被告人及其亲属进行巨额赔偿,这些死刑案件中的经济赔偿行为都是违背法律基本价值和此项制度设计初衷的。

总而言之,经济赔偿的最理想状态当然是达到被害人及其亲属期待的数额,但是,这并不意味着在具体实践中,司法机关在认定赔偿数额时应采用绝对化的标准。法官在具体审判过程中,应该重点考察被告人及其亲属的态度和赔偿能力,必须站在双方的角度来考量赔偿的问题,不能只从被害人的视角出发而一味地要求被告人不惜一切代价加以赔偿。如果被告人及其亲属确实存在经济能力有限的情况,他们所能赔偿的数额不高,甚至会为此而债台高举。在综合其他影响量子的前提下,也可以证明其具有真诚悔罪的态度,而将经济赔偿采纳为阻止死刑立即执行

---

① 郑东,杨翠芬.恢性司法视角下的"赔钱减刑"现象[J].河北法学,2011,29(4):198-200.

适用的一个重要裁判因素。例如,孙某某案,被告人的父亲孙某事后多次与被害方沟通协商,确定赔偿金额最低标准为人民币100万元,他变卖房产及向他人借款如期赔偿了被害方111.4万元,被害人亲属签署谅解书,并请求法院在审判时考量此酌定量刑情节。而黎某某案中,基于被告人因醉酒引发的以危险方法危害公共安全行为造成的损失,被告人父亲积极筹集15万元,并如期赔偿给被害方,同样也获得了被害人亲属谅解。这两起案件的赔偿数额差距较大,但法官在裁判时充分考量了赔偿金额、赔偿态度、努力程度和被害人亲属的谅解态度,都未选择死刑立即执行,体现了"非数额论"的经济赔偿适用规则。

相对而言,有的被告人具有较好的赔偿能力,但却把经济赔偿作为讨价还价的筹码与被害方、法院周旋,试图"讲价""压价",甚至为尽可能少地赔偿而虚报经济状况,直到一审判决死刑立即执行后,才为换取从轻、减轻处罚而进行赔偿。这种情形则属于"消极赔偿"的情形,法官在裁判时应慎重考虑是否将赔偿作为从轻、减轻的酌定量刑情节。

还有一种情形下,法官在选择死刑执行类别时,积极的经济赔偿并不是绝对有效的,被告人及其亲属即使积极进行赔偿,也不代表就必然减轻其应当承担的刑事责任。有些案件中,即使被害方接受了赔偿,也表示谅解,也并不必然能阻却死刑立即执行的适用,如苏某胜抢劫案、王某环故意杀人案,药某鑫案等。法官对于罪行极其严重、人身危险性极大、社会危害性极大而应当判处死刑立即执行的犯罪案件,面对被告人亲属积极沟通与协商赔偿,并表示愿意支付巨额的赔偿金额,法官仍然可以对此影响量子不予采纳,仍对被告人适用死刑立即执行。被告人是否积极、尽力赔偿被害方是体现其是否真诚悔罪的重要考量因素,但法官对案件的判断并不是依赖单一标准,而是综合全案情节,将积极经济赔偿放置于犯罪行为的社会危害性和被告人人身危险性的基础上进行考量,以此判断被告人的赔偿、悔罪表现、是否取得被害方谅解等情节,能否构成阻却死刑立即执行适用的情形。例如,被告人及其亲属除了在经济上尽力赔偿被害方,还通过双方当事人的接触、倾听、沟通,积极主动安抚被害方,当面赔礼道歉,取得被害方的谅解,并获得谅解书,最大限度缓解双方矛盾,弥合被害方的心理创伤,寻求良好的社会效果。

因此,为了避免经济赔偿适用不当所带来的不良影响,法官在衡量经济赔偿时,应根据犯罪行为所造成的社会危害的程度,充分考虑被害人对赔偿的态度,以及综合考量调查经济赔偿的自愿性、主动性和及时性,并结合案件情节等要素,全面考察被告方的实际赔偿能力、努力程度、家庭经济状况和赔偿数额,以此判断被告方是否尽力,认定其认罪悔罪态度、社会危害性和人身危险性。同时,为了促使量刑的规范化,我国还有要建立起一套具有可操作性的综合判定指标体系和标准,使各级各类法院有一个较为统一的判定程序和指导标准,以此实现经济赔偿的目的,防止标准尺度的差异造成司法的不平等。

因此,"积极赔偿"的考量不是一个"重结果"的判断,而是综合考量"过程—结果"而做出的判断。经济赔偿必须重点关注"关系修复"的程度和效果,必须关注双方能否通过沟通交流而达成赔偿并进而达成谅解。

三、死刑案件中经济赔偿司法适用的主观要件规范

(一) 被告人认罪悔罪,双方对案件事实无争议

死刑案件中经济赔偿司法适用应以被告人的认罪悔罪与双方对案件事实无争议为基本前提。这一主观条件要求司法机关在案件筛选的具体标准上,应考虑被告人、犯罪嫌疑人对罪责的预先承认。如果被告人做出有罪供述和答辩,意味着他承认检察机关指控的犯罪,认识到自己实施的犯罪行为对被害人和社会造成的危害。如果犯罪嫌疑人、被告人不认罪,极力否认罪责或力图减轻自己的刑事责任,此类案件由于具有较大争议,则可认为此类案件适用经济赔偿缺乏基础。被告人是否承认犯罪事实,这是经济赔偿的前提条件。因为,经济赔偿是认可、悔悟犯罪行为所造成的危害而通过赔偿的形式来修复社会关系的行为。在存在经济赔偿的死刑案件审理过程中,被告人和被害人及其亲属有可能对犯罪事实的某些情节存在分歧,但是必须对犯罪事实和犯罪后果具有一致的、清楚明了的认识,不存在争议。

如果被告人连犯罪事实都不予承认,那就意味着案件背后有着更加多元化的量刑情节,需要在法庭上进行调查和辩论。从实践来看,虽然经济赔偿适用的条件缺乏明确、统一的标准,但在实践操作上一般都是以案件事实基本查清为前提的,这主要指确定犯罪事实已经发生,而且依据证据可以证明犯罪事实为被告人所为,被告人也对他的犯罪事实供认不讳。

在案件基本事实已经查清的前提下,被告人还应当有悔罪的表现,要求被告人承认其犯罪行为的错误,并愿意因此承担刑事责任,并对被害方进行经济赔偿。悔罪,由于是一种主观心态,很难判断被告人是否真诚悔罪或只是为了换取较轻刑期。但是否可以通过被告人的外在行为来判断他的悔罪态度呢?比如,被告人供认犯罪,对自己行为引起的后果表示后悔和道歉,表达永不再犯、痛改前非的决心等。不管这些外在的行为表现出来的是否为被告人内心的真实想法,都可以反映出被告人对犯罪行为的否定态度和愿意接受法律惩罚的心态。这些情节至少可以反映出被告人的人身危险性的降低。

如果被告人实施了犯罪行为,却没有任何悔悟的态度和外在表现,只以"花钱消灾""赔钱买命"为目的进行经济赔偿,说明该被告人并未认识到自己行为的严重性和引发的不良社会后果,未认识到给被害人及其亲属带来的痛苦,未认识到其触犯法律规则的严重性,这就表明了其人身危险性并没有真正降低。此种情形下,便不可适用以经济赔偿为由减缓其刑罚。在考量被告人认罪、悔罪情节时,要尽可能

避免被告人利用信息优势传递虚假信息，致使被害人及其亲属和司法机关在认定被告人"认罪、悔罪"时信息不足，导致误判误断。因此，在考量其认罪悔罪态度情节时，应该设计一套被告人行为与心态的综合考察调查机制，由专门机构综合考察调查被告人从"案发—归案—侦查阶段—起诉阶段—法院审判（一审、二审）—死刑复核"全阶段的完整表现，并将这期间的表现与被告人在和被害人及其亲属协商、赔偿过程中的表现进行综合考量，由此判断这种经济赔偿的动机和结果能否体现刑法的基本精神。

另外，为了更加全面、更加充分地掌握被告人的悔罪真诚度，公安司法机关还可以重点考察调查被告人作为一个公民在日常生活中的一贯表现，通过社区走访的方式调查其是否有前科、是否为初犯或者偶犯、在社区群众中口碑如何等要素，以获取的资料和信息作为主要评判参考材料，综合各种信息，以此判断本案中被告人进行经济赔偿是基于认罪、悔罪的动机，还是基于投机取巧的态度以获取较轻刑罚的动机。对于被告人有主观恶性大的故意犯罪历史的，可以推定他在本案中悔罪的可信度非常低，据此做出适用经济赔偿的裁判应更为谨慎，保障司法机关判断的可靠性，最大限度地避免被告人实施法律投机行为。

（二）双方自愿并合意

经济赔偿体现的是一种新的刑事司法正义观念——合意正义，强调的是被害人和被告人对权力的自主处分权和协商性权利，其实质是在刑事司法过程中，赋予被告人和被害人相互沟通协商的权力，双方就认罪、悔罪、赔偿、谅解、请求法院从轻处罚等内容达成一致意见，并最终影响法院、法官司法裁判结果。

当然，这种协商权的赋予在司法实践中也颇具争议，有的认为国家刑罚决定权是不容协商的，有的认为应该凸显被害人的法律地位，让其根据自身需求进行有限度的协商，有利于直接弥补被害人的现实损失，有利于社会的和谐稳定，也有利于死刑的司法控制。

在笔者看来，在死刑案件中允许双方进行经济赔偿的协商应该被允许，但这一制度的适用应该在不违反我国法律强制性规定的前提下，由被告人及其亲属与被害人及其亲属通过自己真实的意思表示，主动自愿地就经济赔偿问题进行沟通交流而达成的合意。经济赔偿影响量子能否适用于死刑司法裁判过程，其决定权必须由被告人和被害人掌控，必须是基于自身真实意思表示的法律行为。

一般说来，这种合意的达成首先应强调当事人双方自愿原则。关于当事人双方的认定，首先应明确能参与死刑案件经济赔偿协商的被告方和被害方及其代理人应该具备特定主体资格和特别授权。对被告方而言，主体可以设定为只要是能够代表被告人表达意愿，或者愿意为被告人履行义务的人，都可以成为经济赔偿的主体，包括被告人的亲属、律师和朋友，乃至所在单位。被害方则可以设定为与被害人有特定身份关系并间接遭受了犯罪侵害的人，包括被害人的直系亲属、配偶，由被害人抚养、赡养的人,抚养、赡养被害人的人,被害人的监护人、继承人等。

关于自愿原则,这对于保护当事人双方合法的诉讼权利具有基础性的价值,应当作为经济赔偿司法适用的基本原则。这一要件要求被告人的认罪悔罪态度的形成,其对被害人及其亲属积极赔偿是自生自发的真实意愿,而且被害人及其亲属接受赔偿也必须是在自生自发心理状态下做出的决定。自愿原则必须贯穿于当事人沟通、经济赔偿方式的选择、经济赔偿程序的选择、赔偿过程中各自意愿表达、达成协议的全过程,这些过程和内容都必须是当事人双方自愿的、真实的意思表示,没有受到任何外来压力的不利及消极影响,基于此才能体现经济赔偿的公平价值和适用目的。如果是出于强制或胁迫而接受经济赔偿,则表明这种合意并非社会秩序和社会关系弥补的表征,违背了经济赔偿对于死刑司法控制的本意,导致双方矛盾被暂时掩盖,无益于社会关系的恢复、被害人利益的恢复和被告人的改造,有可能导致后期社会矛盾的积聚激化。

其次,应强调尊重各方当事人的意愿,当事人可以自愿参与,也可以自由退出,赋予其较大地不受干涉的自主选择权。这主要体现在,被告人的悔罪和经济赔偿必须出于自愿;被害人及其亲属参与协商、谈判,接受和解,对被告人进行谅解,也必须是真实意思表示下的主动选择;被害人及其亲属不接受协商和解,或在协商中途退出,终止基于经济赔偿的死刑案件和解程序,并对被告人不进行谅解,也必须是其自主真实意愿的选择。只有强调经济赔偿、和解都是自愿参与这一前提,被害人和被告人的独立诉讼地位和各自在协商过程中的诉求才能得到体现和应有重视,才能使得这种和解程序真正体现"合意"的特征。

当然,为了更好地维护被害人的合法权益,并敦促被告人真诚悔过,法院可以派出专职人员充当调停人的角色,建立沟通机制,建议被告人及其亲属可以向被害人及其亲属提出和解的要约,并监督双方协商经济赔偿方案的过程,对其合法性、合理性进行监督和矫正,从而使经济赔偿在一个合法合理的轨道内运行。但是,我们还需重申,法院工作人员对经济赔偿只有建议权,没有决定权,是否采纳建议须由当事人双方合意决定,期间双方的沟通、协商、交流的处分权利范围是由双方自主做出决定,任何一方同意继续抑或是中途退出,不受任何机关或个人的干预和干涉。法院工作人员只对经济赔偿的条件、过程和内容进行阐明、释法、说理、监督,不能直接干预经济赔偿合意的形成,必须始终坚守调停人和协调人的角色,不能出现代为行使权力或过多干预当事人自由意志行使的情况。

(三) 被害方谅解

当前,被害方谅解并不是我国刑法明文规定的司法裁判的酌定量刑情节依据。[①] 但在一些司法文件中,尤其是在相当一部分的死刑案件的裁判中,被害人或

---

① 赵秉志,彭新林. 论民事赔偿与死刑的限制适用[J]. 中国法学,2010(5):52-62.

被害人近亲属的谅解决定着经济赔偿是否被接受,基于经济赔偿的合意协议是否能达成,也关系着对被告方"从宽情节"的认定与适用。

例如,黑龙江省哈尔滨市李某某故意杀人案。2011年9月,被告人李某某与被害人陶某某(女,殁年41岁)在黑龙江省哈尔滨市某区同居生活,后陶某某返回哈尔滨市某某区某某镇某某村与前夫共同生活,李某某心怀不满。2012年1月26日18时许,李某某携带尖刀来到某某村陶某某的家中,破门闯入室内。陶某某从窗户跑出,李某某持刀追至院内,朝陶某某胸、腹及背部等处捅刺数刀,致陶某某心脏、右肺、肝脏等多脏器损伤失血死亡。当日23时许,公安机关在哈尔滨市某某区某某小区将李某某抓获。黑龙江省哈尔滨市中级人民法院于2012年8月2日以(2012)哈刑二初字第119号刑事附带民事判决,认定被告人李某某犯故意杀人罪,判处死刑立即执行,剥夺政治权利终身。宣判后,李某某提出上诉。黑龙江省高级人民法院经依法开庭审理,于2013年10月17日以(2013)黑刑一终字第44号刑事裁定,驳回上诉,维持原判,并依法报请最高人民法院核准。最高人民法院认为,被告人李某某因感情纠葛故意非法剥夺他人生命,致人死亡,其行为已构成故意杀人罪。犯罪情节恶劣,后果严重,应依法惩处。第一审判决、第二审裁定认定的事实清楚,证据确实、充分,定罪准确。审判程序合法。鉴于本案系因感情纠纷引发,李某某归案后认罪态度较好,积极赔偿,有悔罪表现,复核期间双方亲属达成书面调解协议,被害人亲属表示谅解,对李某某判处死刑,可不立即执行。

在社会效果方面,因双方进行沟通,达成经济赔偿合意,并因其悔罪态度和悔罪行为而获得被害人及其亲属的谅解,法官从而选择从轻处罚,不选择死刑立即执行,一般来说会有很好的办案效果,对于双方来说均是一种较好的、可接受的结果,也能在一定程度上降低法官裁判风险,降低引发公众质疑"花钱买刑"的概率。

但需要注意的是,在考虑是否吸纳经济赔偿影响量子而阻却死刑立即执行的适用时,被害人及其亲属是否谅解的态度仅仅是需要重点考虑的影响量子之一,并非具有决定性作用。死刑案件中,经济赔偿的引入是否成为法院对被告人从轻处罚的依据,不能单一地考量被害人及其亲属的复仇情绪,也不能单一地考量被害人及其亲属是否谅解,而应当也是根据具体情况和全案的量刑要素进行综合考虑。有些案件中,如果被害人及其亲属仅仅是因为被告人给付了合乎其预期的赔偿款而做出谅解,缺乏其他可以从轻减轻的法定和酌定情节,那么此时这一影响量子则不宜成为死刑宽缓处罚的依据。另一种情况,如果是因为被告人及其家属给付了经济赔偿,被害人及其亲属是出于生活所迫或其他难言之隐,在经济的压力下而不得不选择接受并谅解,出具要求从轻减轻处罚的谅解书,此时,这一影响量子适用时应更为审慎,防止"赔钱买命"的情况的出现,做到定罪量刑的客观公正。另外,如果被害方谅解态度的产生是因为被害方受到了公众、家属、公权力机关的压力,那么就不应将这种"谅解"之下产生的从轻处罚的请求纳入到死刑适用的影响量子范畴。

然而,有的被害方也不一定总是处于弱势的地位,在司法实践中也存在借经济赔偿的机会"狮子大张口""借机敲一笔"漫天要价的情况,如果被害人及其亲属因不满意经济赔偿的数额而对被告人不谅解或不同意出具从宽处理的谅解书,此时可在一般情形之外规定一个例外情形。对于被告人真心认罪、赔礼道歉、并愿意支付合理赔偿金,但被害方提出的赔偿请求明显超过合理标准,双方无法就此达成协议,被害方并因此不要求或不同意司法机关从宽处理的案件,司法机关也可以综合全案做出相应裁判,并做好被害方的释法说理工作,防止出现不良的社会效果。①

对于被害方谅解态度和经济赔偿司法适用的关系问题,笔者认为还可以从以下几个方面进行规范:

第一,对于被告方赔偿且被害方表示谅解的案件,如果没有从重情节,不是必须判处死刑的,一般应当不适用死刑。

第二,对于被害方接受巨额赔偿但不表示谅解,仍然要求判处被告人死刑,且案件中没有其他从轻情节的,是否适用死刑,应当综合全案情节和情况而定。对于可以不判处死刑的案件,不能因为被害方不谅解、反应激烈就适用死刑。从实践中看,死刑案件中被害方很少能够完全谅解被告方,因此,在对其谅解程度的判断上不应要求过高。② 有相当一部分案件在被告人积极进行赔偿后,被害方仍不谅解的,最高人民法院最终未核准死刑。

第三,对于被害方不接受赔偿、不谅解的案件,如果有法定从轻情节或被害人有明显过错等酌定从轻情节,仍然可以从轻处罚,不能仅因为被害方不接受赔偿、不谅解、反应强烈而判处被告人死刑。

第四,因民间矛盾激化引发的案件,被告方即使赔偿较少或完全没有赔偿,但被告人真诚悔罪且被害方表示谅解的,也可以不适用死刑。

第五,对于罪行极其严重,必须判处被告人死刑的案件,如犯罪手段极其残忍、犯罪动机特别卑劣、犯罪情节特别恶劣、犯罪后果特别严重的,即使被告方积极进行赔偿,被害方也接受赔偿并出具谅解书,法官在综合全案情况的条件下,也可以不受其制约选择判处死刑立即执行。

---

① 甄贞. 建构刑事和解制度的基本思路[J]. 政法论坛,2008(6):43-49.
② 游伟,唐震,余剑,等. 死刑案刑事和解之感性与理性[J]. 东方法学,2009(3):51-67.

第三节　经济赔偿在死刑执行类别选择中影响量子之程序要件规范

一、经济赔偿在死刑执行类别选择中的程序正义

经济赔偿影响量子如果要在死刑执行类别选择中发挥其特定的作用，并减少风险，必须重视其适用程序的设计。美国联邦最高法院大法官道格拉斯曾说："正是程序决定了法治与恣意的人治之间的区别。"①经济赔偿法治化是这一影响量子发展的必走之路，而推进其走向法治化，必须用程序正义理念和制度体系加以规制。美国学者贝勒斯则将程序正义的标准概括为七项原则：① 和平原则，即程序应当是和平的。② 自愿原则，即人们应当自愿地将他们的争执交由法院解决。③ 参与原则，即当事人应能富有影响地参与法院的诉讼活动。④ 公正原则，该原则有三项要求：第一，裁判者应当保持中立，即人们不应当担任审理他们自己案件的法官，法官或者陪审团不应当有偏见；第二，在审理过程中，双方都应当提供信息；第三，各方起码应知道他方提供的信息，并有机会对其发表自己的意见。⑤ 可理解原则，即程序应当能为当事人所理解。⑥ 及时原则，即程序应提供及时的判决。⑦ 止争原则，即法院应做出解决争执的最终决定。②陈瑞华教授则将程序正义的标准概括为六项原则：① 程序参与原则，即受刑事裁判直接影响的人应充分并富有意义地参与裁判制作过程；② 中立原则，即裁判者应当在控辩双方之间保持中立；③ 程序对等原则，即控辩双方应受到同等对待；④ 程序理性原则，即审判程序的运作应当符合理性的要求；⑤ 程序自治原则，即法官的裁判应在法庭审判过程中形成；⑥ 程序及时和终结原则，即程序应当及时地产生裁判结果，并使被告人的刑事责任问题得到最终的确定。③

在死刑案件的裁判中，法律程序同样发挥着重要的功能。建构死刑执行类别选择中经济赔偿适用的程序正义规则，其要求国家以司法的形式决定适用经济赔偿、是否剥夺他人生命，都要严格遵循法定的必要程序，将程序正义理念贯穿于死刑执行类型选择中经济赔偿适用的过程，促使国家司法权力在适用经济赔偿影响量子时必须严格受到程序的限制和控制，通过"作茧自缚"的效应防止经济赔偿的

---

① 季卫东.法治秩序的构建[M].北京：中国政法大学出版社，1999：3.
② 迈克尔·贝勒斯.法律的原则：一个规范的分析[M].文显，译.北京：中国大百科全书出版社，1996：32-37.
③ 陈瑞华.刑事审判原理论[M].北京：北京大学出版社，1997：60-61.

滥用和恣意，防止经济赔偿对死刑执行类别选择产生不良影响。

从最低限度的道德层面出发，如果没有充分而正当的理由，任何机构和个人不可剥夺其他人的生命。同时，也不允许任何机构和个人基于任何理由与原因而错杀与滥杀。生命具有不可逆性，在面对决定生命去留的裁判时，要求立法者、执法者、司法者应竭尽一切可能地避免错杀与滥杀，存在法定和酌定从轻、减轻量刑情节时，应充分考量案件中的各类影响量子，将死刑限制在一个合理的范围之内。同时，作为人的活动的死刑司法裁判，同样难以摆脱人类有限理性的制约。如果不通过有效的程序规制和避免死刑司法的错误和畸重畸轻，则意味着错杀与滥杀无辜，意味着死刑执行权的滥用。如果国家不对死刑程序进行严格规制，而造成了诸多错杀、滥杀或漏杀行为，其所带来的后果必然是公民对国家刑罚执行权产生质疑，对司法公正和司法公信力产生质疑，而最终将致使国家司法权根基不稳固，危及国家司法权力的生存根基。因此，通过建构死刑案件中经济赔偿影响量子的适用程序势在必行。

二、经济赔偿在死刑执行类别选择中的正当程序构建

在死刑案件中引入经济赔偿影响量子，并利用其内在所包含的酌定量刑量子有限度地控制死刑，是国际刑事司法和我国死刑执行制度改革的趋势。值得我们注意的是，这一因素在适用中常常会碰到许多问题及困境。例如，经济赔偿在许多社会群体中并没有得到认同，媒体、公众常常将其视为"花钱买命"的司法游戏，认为这是贫富不平等在死刑执行领域的体现，司法机关适用经济赔偿以阻却被告人适用死刑立即执行是枉顾法治、枉顾公平的行为。特别在一些案件中，被告人及其亲属积极对被害人及其亲属进行赔偿，但是仍然得不到其谅解，被害人及其亲属坚持要求法院从重处罚的情况下，法官一旦适用经济赔偿，往往会引发被害人及其亲属的强烈质疑，经媒体传播后，易引发全社会的质疑和抨击。这种质疑和不理解一方面源于人们对于死刑执行根深蒂固的观念和思维，另一方面，则源于目前我国对经济赔偿在死刑执行类别选择中的适用程序等缺乏明确性和公开性，许多民众面对此类案件时往往会陷入猜疑的思维惯性中，觉得法院是否收了被告人及其亲属什么好处，从而枉法裁判。

例如，在程序启动方面，我国有些经济赔偿的启动是由主审法官主导的。如果主审法官在死刑案件裁判中提议进行经济赔偿，并主导双方进行协商，有可能会让公众对法官的中立性产生怀疑，同时也很难使主审法官摆脱先入为主、事先预断、偏袒被告人的质疑。而对于有些主审法官没有主动要求启动经济赔偿协商程序的案件，被告人可能会觉得其遭受了不公平的处遇，也会对法官的公平性产生猜疑。再而，在提示程序方面，被告方和被害方对于经济赔偿对死刑执行类别选择的影响、其所引发的影响当事人权利义务的一系列程序后果和实体后果了解不深。由

于我国并未规定法院、法官在适用经济赔偿时有提示的义务,法官易忽略这一可能引发实体性权利变更的重大事项加以提示;有些地区法院、法官甚至本身也不知晓这一程序该如何操作,如何才能保证双方利益均不受损,如何才能保障这一影响量子适用的公正性和合法性。这些程序的缺位,使得经济赔偿适用的过程充满了种种不确定因素,法官们有的无所适从,有的滥用自由裁量权,判决结果也往往难以到定纷止争的效果,有些被害方对判决不满甚至引发了涉诉上访问题,因此,公众对此类判决产生怀疑不足为奇。这些问题的存在,反映了法律程序的缺位所引发的种种不良后果。笔者认为,应当建构死刑案件经济赔偿适用的法律程序,运用程序抑制、导向、缓解、分工、感染的功能约束适用法律者的权力,促使其理性选择,对死刑案件中经济赔偿的适用进行系统化规范。

(一) 适用阶段

将经济赔偿引入死刑执行类别选择的裁判程序,其目的是通过被害方与被告方的协商和解,对遭受犯罪行为侵害的被害方进行经济补偿,进而恢复犯罪行为侵害前的状态,从而促使法院考量其从轻减轻情节要素而限制对其适用死刑立即执行的刑罚。"但从目前的司法实践情况来看,死刑案件的和解适用的操作主要是建立在附带民事诉讼调解程序之中的,而我国附带民事诉讼调解程序从其性质和功能来看,尚不能等同于经济赔偿程序。"[①]"附带民事诉讼调解更多的是关注经济赔偿问题。而很少涉及对被害方与被告方之间关系的修复和被害方情感的需求。"[②]因此,应当对死刑案件中的经济赔偿与附带民事诉讼调解加以区分。

笔者认为,死刑案件适用经济赔偿的最佳时机应该是在检察机关将案件递交到法院以后、在法院没有一审审理终结前,一审期间和二审期间。这几个阶段内,一方面是案件侦查、审查起诉已完成,或是一审和二审审理正在进行中,被告人和被害人及其亲属对案件的基本犯罪事实和法律适用方向已有了一个总体上的了解。经过侦查、审查起诉和审判后,公安部门、检察院、法院、被害人及其亲属对被告人是否存在认罪悔罪态度也都有了一个大致的认识,在这种对案件事实和双方态度均有了较为明确判断的基础上,双方才可能形成初步的协商和博弈的方案,形成对被告人犯罪行为和犯罪后态度的基本认知和自己内心的考量,这是经济赔偿的事实和心理基础。另一方面,在这一阶段,被告人意识到自己犯罪行为的性质和引发的社会危害,也开始考量是否通过经济赔偿争取从宽处理,并尽己所能积极与对方进行协商,以求达成和解。此外,当案件准备进入审理或在审理阶段时,当事人双方在案件事实基本清楚并对对方态度相对清楚的情况下进行经济赔偿的协商,社会公众对此也会表示理解,相信这是双方当事人在理性判断基础上做出的和

---

① 马静华.刑事和解的理论基础及其在我国的制度构想[J].法律科学,2003(4):81-88.
② 余剑.死刑案件适用刑事和解的合理限度[J].人民司法,2009(20):28-31.

解行为,从而减少司法机关的工作压力,增强司法机关的公信力。

当然,从一些案例中,我们可以看到,在有些可能判处死刑的案件中,被告方和被害方在侦查阶段、检察机关审查起诉阶段就已经就经济赔偿达成合意,检察机关往往也会选择在向法院起诉时将这一情节纳入起诉书的内容中,并根据此内容出具从轻减轻的量刑建议。但是,法院在考量审前阶段的经济赔偿影响量子时应当注意,由于这个阶段案件的事实尚不清楚,除非案件事实简单明了、证据确实充分,且双方当事人是在侦查机关和检察机关主持下自愿合意达成经济赔偿,否则法院应当审慎对待此阶段达成的经济赔偿合意,仅将其作为一项考量因素,并不当然采纳为判决意见。

同时,笔者还认为,经济赔偿在死刑案件中同样可以适用于死刑复核和死刑立即执行前这两个阶段。死刑复核程序是一个死刑案件司法审判的特殊程序,在这一阶段进行经济赔偿的案例不在少数,且在最高人民法院核准死刑的司法实践中,这一阶段被告人及其亲属积极进行经济赔偿,致使被告人最终不被核准死刑立即执行是一种常态。在终审判决做出之前的法庭一审、二审审理阶段达成经济赔偿合意,并进行死刑和解以限制死刑的适用当然是一种理想的状态。但是笔者认为,经济赔偿和基于经济赔偿进行的死刑和解具有其特殊的价值,而且每一阶段被告人和被害人及其亲属的心理状态和态度都可能发生变化。例如,被害人及其亲属原本秉持着不进行协商、拒绝谅解、拒绝和解的态度,在后期有可能因为某些因素的影响而发生根本性的转变;被告人可能原本认罪悔罪态度不佳,拒绝就经济赔偿进行协商和解,而后由于各种原因产生对犯罪行为的悔悟,请求启动经济赔偿协商和解程序,以取得被害人及其亲属谅解,等等。

为了有效贯彻宽严相济的政策,严格限制死刑立即执行的适用,笔者认为,只要存在基于经济赔偿进行死刑和解并阻却死刑立即执行适用的可能,只要在死刑案件中存在双方当事人自主选择权行使的空间和可能性,就应当尽可能赋予双方当事人在这些阶段启动基于经济赔偿的协商和解程序的权利。例如,死刑复核期间和死刑立即执行之前的阶段,积极引导双方当事人就经济赔偿进行协商和解至少具有以下几点意义和价值:第一,被害人及其亲属在被告人被核准死刑前或执行之前,获得被告人真诚悔悟的信息,并见证其积极道歉、积极赔偿以求谅解的行为,对于被害及其亲属来说无疑是一种"不算太晚"的心理慰藉,有利于消除被害方因已发生的犯罪行为而形成的心理阴影,也有助于双方之间消除仇恨,达成人和。第二,在核准和执行之前被告人所做出的真诚悔悟、积极道歉的行为,对于被告人亲属来说,有助于促使其正确认识刑罚、刑事司法过程的权威和公正,有利于消除被告与被害双方的仇恨、阴影,有利于修复受损的社会秩序和社会关系,这一作用在亲属之间、邻里之间矛盾引发的可能判处死刑案件中尤为明显。第三,对于被告人来说,在核准和执行之前的悔悟,有助于消除或者减少面对死刑立即执行的愧疚、恐惧心理,这也是在死刑案件中贯彻人道主义的题中之意。

(二) 启动方式

关于在可能判处死刑立即执行案件中启动经济赔偿协商和解程序，笔者认为可以采用以下两种方式：

第一，由被害人及其亲属和诉讼代理人、被告人及其亲属和辩护人提出启动。赋予这几类主体启动权，可以充分体现双方当事人，尤其是被害人及其亲属的意愿。而且经济赔偿对死刑量刑的影响结果对当事人双方的影响最大，与其利益关联度最高，所以由双方当事人向司法机关提出进行经济赔偿的协商和解程序较为合理，体现了当事人的自主选择和处分权。而司法机关在其中扮演的角色则为根据具体案件情节、社会危害性、人身危险性等要素对案件是否可以启动予以审查和决定。此外，司法机关还应对双方当事人经济赔偿的基本方案、协议初稿、赔偿金额、谅解内容等进行严格的审查，保证经济赔偿程序的合法性和合理性。

第二，由司法机关向双方当事人提出建议启动。需要注意的是，司法机关对是否启动经济赔偿协商和解程序仅有建议启动权，并无实质启动权。对于案件基本事实清楚、证据确实充分、争议不大的案件，尤其是一些因婚姻、感情、邻里纠纷等民间纠纷引起的，或是被害人存在一定过错的且可能判处死刑立即执行的案件，司法机关可以在审查起诉、审理、复核过程中，依规、适时建议当事人提出并启动经济赔偿的协商和解程序，由当事人双方合意决定。如果这一建议获得了双方当事人的认可同意，司法机关工作人员应当及时告知其所享有的权利、承担的义务、经济赔偿协商和解的程序，以及达成经济赔偿死刑和解协议后可能产生的司法影响等。同时，司法机关应对经济赔偿的过程和结果进行适度的介入和监督，充分保障其合法性。为了让经济赔偿具有可行性和权威性，笔者认为，司法机关应当为被害人及其亲属和被告人的会面提供专门的地点和时间，为双方协商和解提供保障条件，打消双方的顾虑。只有在双方具有充分沟通交流渠道和机制的情况下，经济赔偿协商和解程序才有可能得以推进。同时，应赋予司法机关审查的权力，规定经济赔偿的启动应当经过司法机关的审查，对于符合经济赔偿条件的案件类型应当予以批准，并制订《经济赔偿协商和解程序启动决定书》；审查不予通过的，应当制订相关的法律文书并写明不予通过的理由。

(三) 参与主体

程序参与原则，即受刑事裁判直接影响的人应充分并富有意义地参与裁判制作过程[①]，这是程序正义的题中之意。在死刑案件中启动经济赔偿协商和解程序，应当让与案件的利益相关者充分参与其中，彰显程序参与的基本原则。笔者认为，死刑案件经济赔偿协商和解程序的参与人应该包括被害方、被告人和斡旋人。

---

① 陈瑞华. 刑事审判原理论[M]. 北京：北京大学出版社，1997：60-61.

关于被害方。被害方主要包括受犯罪行为直接侵害、人身和财产权益直接受损之人及其近亲属。在有些可能判处死刑的案件中，如故意杀人案件，被害人往往因犯罪行为的侵害而死亡，或者被害人是未成年人。这种情况下，参与到经济赔偿协商和解程序的被害方就是死亡被害人的近亲属。一些学者认为，"有些被害人死亡的死刑案件中，被害人近亲属不适宜代表被害人与被告人达成经济赔偿。理由在于，在'命案'中死者亲属接受和解，绝大多数是妥协的结果，如果被害人亲属不接受经济赔偿，则面临'人财两空'的境地，这样，死者亲属有可能并非真心原谅了被告人，而只是趋利性的一种妥协，同时经济赔偿中亲属也不可能完全等同于被害人。"①。笔者认为此观点不甚全面。被害人近亲属与被害人之间有着特殊的关系，如血缘、配偶关系等。在被害人已逝去的前提下，社会秩序和社会关系并未因此而得到修复，同样需要进行定纷止争。在被害方人员结构当中，其近亲属是权利受到直接或间接侵害的主体，同样需要承担被告人犯罪引发的恶性后果，如情绪上的痛苦、生活支柱的丧失和物质损失等，所以经济赔偿行为同样是可以达到社会关系修复的效果的，能代表被害人利益的主体非被害人亲属不可。所以，允许他们参与到经济赔偿协商和解程序中，并在其中发表意见，行使是否接受经济赔偿的决定权是较为理性的选择。

关于被告人。被告人是实施犯罪行为、给被害人及其亲属造成直接和间接损害的主体，对案件恶性后果的产生负有直接责任。至于被告人参与经济赔偿协商和解程序的主体条件，笔者认为，应当根据刑法的精神，将其规定为"达到法定刑事责任年龄，具有刑事责任能力"的自然人。如前文所述，被告人参与经济赔偿协商和解程序，不代表仅仅进行经济赔偿就可以得到谅解，其必须在这一程序中全面认识到自己犯罪行为的性质及其后果，认识到自己犯罪行为给被害人及其亲属带来的伤害以及给社会带来的危害，从而充分反省、悔悟自己的罪行，并在此基础上与被害人及其亲属充分沟通协商，通过积极真挚的道歉，通过对被害人及其亲属进行积极的经济赔偿，以求得被害人及其亲属的谅解。在这种条件下进行的经济赔偿协商和解程序才能体现其内在的价值，以此达成的谅解与和解协议，法院才能在死刑案件裁判中充分考虑其影响量子，并进行死刑执行类别的选择。

关于斡旋人。可能判处死刑立即执行的案件，一般都属于恶性犯罪案件，所以法院在承担斡旋方的角色时，应当尽勤勉审慎的义务。由于报复和仇视的心理以及一定的社会压力，被害方一般不会主动要求与被告人及其亲属进行协商；被告人及其亲属出于种种因素的考量，也不一定在死刑案件裁判过程中要求启动经济赔偿协商和解程序。因此，经济赔偿协商和谐程序通常不是一种自发启动与推进的程序，在特定时间段内，需要一个独立的第三方作为引导者来提出启动建议。

笔者认为，建议启动经济赔偿协商和解程序并扮演在其中的建议、调停、斡旋、

---

① 陈罗兰.死刑案刑事和解弊端及限制使用[J].东方法学,2009(3):68-73.

释法、引导角色的主体，应当为司法机关，最理想的应该是参与了案件办理程序的司法机关工作人员，由其在经济赔偿协商和解程序中专司法律解释、法律咨询、建议方案、监督引导的职责。一方面，相对于双方当事人，司法机关工作人员更了解我国现行法律、司法解释和司法政策对经济赔偿影响量子适用的相关规定，也知晓被害方和被告人在其中具有何种权利义务，以及达成经济赔偿协议时面临哪些法律禁区和误区。由司法机关工作人员引导经济赔偿协商和解程序，更能使被害人及其亲属感受到司法机关在其中的作用，以公平公正为主要特定的司法公权力的介入，也能避免一些不合时宜、不合法的行为产生，使双方感受到法律人文主义关怀的一面。另一方面，经济赔偿协商和解程序并非独立于司法程序之外的法律程序，其同样是嵌入到司法程序中的，要有司法机关对其的过程和结果进行审查和认可。由于司法机关的深入参与，双方当事人的合法权益可以得到更好的保障，保证经济赔偿协商和解程序的合法性，最大限度地保障因犯罪引发的纠纷的顺利解决。同时，由于司法机关工作人员经验丰富，可以在程序进行过程中了解到被害人及其亲属对案件处理的期望和被告人罪后的现实表现，对程序的充分参与能让其充分了解在量刑时应当对哪些犯罪的事实、量刑情节予以考虑，这也保障最后死刑执行类别选择的合理性。

但需要注意的是，司法机关工作人员也不能过分介入经济赔偿程序，否则易招致公众的猜疑。所以，司法机关工作人员的作用不可过于积极，应当坚持必要地主持引导原则，如限于意愿的征询、程序的引导等。① 关于司法机关工作人员在经济赔偿协商和解程序中应当行使哪些职能，笔者认为可以将其规定在以下范围：① 全面审查案件，征求各方意见，并决定是否提出启动建议。司法机关工作人员应对可能判处死刑的案件进行全面审查，确认案件中是否具有启动经济赔偿协商和解程序的条件，双方当事人对对方的基本态度如何，有无协商修复的可能性；如果条件允许，应充分征求当事人意见，并选择是否建议启动，为经济赔偿限制死刑立即执行适用创造条件，强化引导功能。② 提供条件，引导协商。司法机关工作人员应当在当事人接受启动条件后，积极安排时间和场所，提供合适的条件，让双方当事人在一个较为平和的环境中进行沟通协商，以便增进共识、修复关系，但在协商过程中，不可威胁、强迫任何一方当事人接受司法机关或其个人预设的目标。③ 履行告知提示义务。司法机关工作人员作为中立的第三方，应当在程序进行中扮演风险调控者的角色，应当充分告知和提示双方当事人及其亲属或其辩护、代理律师相关的权利义务和注意事项，以及可能产生的结果。一方面达到有效引导的效果，另一方面也可以强化当事人程序参与感，消除当事人对经济赔偿的顾虑，让其充分透明地参与到经济赔偿的协商和解程序之中。④ 审核和解协议，确认效

---

① 翁寒屏.初论死刑案件刑事和解制度[J].广西政法管理干部学院学报,2010,25(6):7-10.

力。司法机关工作人员在双方当事人协商和解程序得到结果之后,应当尽审核审查的义务,对死刑案件中经济赔偿和解协议的真实性、自愿性、合法性、可行性等进行充分审查,确认其是否具有法律效力,以此作为提交法庭进行死刑量刑的重要依据。

在实践当中,由于司法机关工作人员有时会过多介入经济赔偿协商和解程序,因此也会产生诸多问题。为了有效制约和抑制这种司法机关过多介入引起的弊端,在程序设置时,有必要引入另一类法律专业人士参与其中,构建律师参与死刑案件经济赔偿协商和解程序的机制。笔者认为,律师参与该程序时,应当履行以下职能:① 及时全面地为当事人分析经济赔偿协商和解的程序和结果。律师作为代理人和辩护人,具有维护当事人合法权益的义务,在启动经济赔偿协商和解程序之初,有义务向当事人解答相关法律、司法解释和司法政策的问题,为当事人的理性选择提供咨询和参考。② 代理当事人发表意见和表达意愿。当事人选择同意接受经济赔偿协商和解程序的,律师应当及时地将该意思传递给对方当事人和法官,并在法定范围内为当事人合法利益发表意见和建议。③ 协商谈判。谈判是律师从业的一项基本业务和基本技能。在该程序中,律师可以协助当事人与对方进行协商谈判,在合法的范围内帮当事人出谋划策,协助当事人确定协商道歉、经济赔偿的方式,协商具体赔偿数额及支付方式,以及赔偿期限等具体事宜。

(四) 审查和确认

审查和确认是对经济赔偿和解协议合法性的审查和确认。法官在审查确认中应当扮演主导角色,由其对被告人与被害方之间达成的经济赔偿和解协议进行认真审查。审查的内容主要包括经济赔偿的程序运行是否合法、自愿、真实,以及和解协议的内容是否合法、自愿、真实,且该项审查应为实质性审查,而非形式性审查。如果经审查后,法官认为该和解协议符合要求,则应当出具予以确认的决定书;如果经审查后认为经济赔偿协议存在合法性、自愿性、真实性方面的瑕疵,则可以要求双方当事人做出说明;如果经说明仍无法弥补该瑕疵,则应出具不予确认的决定书,并载明不予确认的理由。

经审查确认具有合法性、自愿性、真实性的经济赔偿和解协议,应当具有一定的效力。该效力主要体现在以下几个方面:其一是在审判阶段,被审查确认的经济赔偿和解协议可以作为法官进行死刑执行类别选择的依据,法官可以根据全案情节并结合该影响量子,选择从轻或减轻处罚。法院在裁判文书中应当载明如下内容:被告人向被害人及其亲属认罪道歉,并积极进行经济赔偿,以及经济赔偿的具体内容与时间;被害人及其亲属接受被告人悔罪和道歉,并接受其做出的经济赔偿,对被告人进行谅解,建议请求法院对被告人从轻处罚。该项内容可以成为法官审理可能判处死刑案件中从轻处罚的依据。

（五）检察机关法律监督

由于在可能判处死刑案件中启动经济赔偿协商和解程序牵涉到的利益方较多，涉及被告人、被害方、国家和社会等多方利益，所以，该程序运行中应当注意加强法律监督，规避纠纷和非法性等风险。

虽然当前舆论力量逐步兴起，并且在司法实践中成为监督规范司法行为一种很重要的方式，但其本身缺乏稳定性，极易发生变化，很难将其作为一项内嵌于经济赔偿协商和解程序的长效机制，发挥常态化的作用。而我国具有专门的法律监督制度设计，检察机关是我国专门的法律监督机关，监督司法是宪法法律赋予它的法定职责。所以，对于死刑案件经济赔偿的适用，我们除了要善于借助舆论监督外，还必须充分重视制度化监督因素，强化检察机关对此类程序的法律监督。

检察机关监督死刑案件经济赔偿的方式，可以从以下几个方面进行构建：① 提出建议。在协商过程中，检察机关对社会关注、影响较大的案件可以适度介入，派员参与监督；判决做出之前，检察机关认为经济赔偿和解程序和内容符合条件的，可以建议法院引导；如果认为程序和内容不符合条件的，而当事人已经达成经济赔偿和解协议或者法官正在引导经济赔偿和解的，应及时明确地提出改正建议。② 审查协议。判决之前，检察机关有权要求法院移送与经济赔偿和解程序的相关材料，审查经济赔偿程序和协议是否合法、自愿、真实，并提出具体建议。③ 监督裁判。判决做出后，检察机关仍应对该案件是否可以因适用经济赔偿和解而阻却死刑立即执行适用，或法院为何不适用对死刑立即执行加以阻却进行监督，可以审查适用经济赔偿所体现的从轻减轻处罚的幅度是否合法合理，决定是否提起抗诉；如果发现法官、律师有侵犯当事人合法权益的，应依法提出纠正意见，对构成犯罪的，依法予以查处。

（六）公众参与监督机制

充分保证公众的知情权、参与权和监督权，是我国司法活动的一项重要内容。其既是维护公众利益的举措，也是有效防止司法暗箱操作、遏制司法腐败、提高司法公信力，促进司法审判工作法律效果与政治效果、社会效果的统一的重要方法。对于社会关注度高的可能判处死刑立即执行的案件，当中对经济赔偿如何适用，在案情允许的前提下，司法机关应当充分保障公众的知情权和监督权，建立公众参与的监督机制：① 建立与全媒体互动机制。司法机关可以利用网络等媒介介绍死刑案件中经济赔偿的相关法律和政策精神，对社会关注度较高的案件适度披露相关情况，必要时可以适当公开经济赔偿的程序进展情况，听取公众对此协商和解程序的意见，接受公众和社会的广泛监督。② 发挥律师的中介作用。司法机关要充分重视律师的作用，在司法机关和当事人允许的情况下，允许律师在特定范围内以特定的方式发表意见，让公众知晓经济赔偿和解中被害方的态度、被告人的认罪悔罪程度、双方的经济赔偿的基本意愿、经济赔偿的具体内容等信息,借此打消公众的顾虑,争取获得公众的认可和支持。

第四节 经济赔偿在死刑执行类别选择中影响量子的量刑规范

一、量刑规范化与死刑案件中经济赔偿的司法适用

目前,我国死刑案件量刑不均衡、不公平的现象很突出,实践中主要表现在:量刑的非标准化,即大多数法官采用"估堆"方法量刑,由法官根据特定案情,对定罪情节和量刑情节不加以区分,凭自己的价值判断、笼统认识和审判经验,在法定刑限度内对被告人随意适用刑罚;[①]"类案不同判"现象,即同一类型且情节也相似的案件,在各地司法审判中量刑差异较大。造成死刑案件量刑失衡问题的原因多种多样,有社会情势的原因,也有法官个人的原因,如法官的专业素质、个人性格、情感、道德观念等,均可能影响其量刑的过程和结果。[②] 当然,在这当中,制度缺失导致法官量刑缺乏必要的强制性约束是关键因素。

量刑规范化,是为解决司法实践中量刑失衡问题而提出的概念,它是指司法机关在立法机关所立之法的基础上,通过设计司法程序将立法的规定具体化、定量化,将法律的规定细化,以使法官的自由裁量权受到限制,使其滥用权力的余地变小甚至丧失。它包括量刑实体和程序两个方面的内容[③]。我国一向重定罪,轻量刑,刑法和有关量刑的规范性文件还存在许多不足和缺陷。为了满足社会对于司法公正的要求,贯彻罪、责、刑相适应原则,我国进行了一系列关于量刑规范化的探索。江苏省姜堰市法院制订了《规范量刑指导意见》并进一步修订,成为我国司法实践中第一个进行量刑规范化尝试的法院[④]。该意见对我国刑罚进行了部分细化,如根据盗窃数额划定盗窃罪的基本刑期,明确"自首""立功"从轻减轻情节的具体认定,《规范量刑指导意见》使得量刑更加准确、平衡。2004年,山东省淄博市淄川区人民法院制订《量刑规范化实施细则》,并于2004年3月开发《规范量刑软件

---

① 赵廷光.量刑公正实证研究[M].武汉:武汉大学出版社,2005:7.
② 克莱门斯·巴特勒斯.矫正导论[M].孙晓雳,等,译.北京:中国人民大学出版社,1991:75-76.
③ 胡国莉.死刑案件的量刑规范化研究[D].济南:山东大学,2013.
④ 汤建国.量刑均衡方法[M].北京:人民法院出版社,2005:58.

管理系统》,尝试电脑辅助量刑。① 法官在审案时,只要录入被告人的犯罪情节等有关信息,电脑就会自动产生量刑结果。虽然电脑量刑具有局限性,但是其为克服"主观估堆量刑"的弊端所做的努力应该得到肯定,这也代表了我国量刑改革的发展方向。随后,湖南省高院、上海市高院等也相继开展了量刑规范化的探索,进一步细化规范量刑。经过多年的持续探索,最高院出台了《人民法院量刑指导意见(试行)》与"两高三部"《关于规范量刑程序若干问题的意见(试行)》,分别对量刑的实体和程序问题做出了新的系统规定,并在全国范围内大规模推行,标志着量刑规范化取得了阶段性的成果。

如我们所知,在可能判处死刑立即执行的案件中,法庭上争论的焦点往往不是定罪,而是量刑,尤其是存在如经济赔偿、被害人过错、被害方谅解等影响量子的死刑案件,究竟是选择死刑立即执行还是选择死刑缓期执行,哪些法定量刑情节和酌定量刑情节可以成为影响死刑执行类别选择的影响量子,量刑基准如何确定、如何避免量刑标准绝对化②,这些都是司法实践中必须正视的问题,因为其关系到死刑执行类别选择的公平和公正的问题。因此,我们认为,我国不仅仅需要在普通刑事案件中推行量刑规范化改革,对于死刑案件,尤其是存在诸多酌定量刑情节的死刑案件中,更应该正视量刑规范化的开展,以此来防止死刑适用的不公平,通过司法来限制死刑的适用,保证死刑判决的审判质量。

二、经济赔偿在死刑执行类别选择中量刑规范化的具体举措

(一)完善经济赔偿死刑量刑案例指导制度

案例指导制度是正确理解和适用法律、维护国家法制统一和司法公正的重要举措,也是规范司法自由裁量权、总结和推广司法经验和司法智慧的有益机制。我国虽然不是一个拥有判例法的国家,判例在立法层面并不具有法律效力,但是司法判例在司法审判实践中却扮演着很重要的角色。我国有利用判例裁判的实践经验,且最高人民法院对案例指导制度建设也相当重视。为了使经济赔偿影响死刑执行类别选择时具有方向性,我国可以选择建立有中国特色的死刑案例指导制度,并将与经济赔偿等影响量子相关的案例吸收进去,形成死刑裁判案例库,为我国相关案件司法裁判提供指导。

这一主张得到了学界的广泛认同,例如,武树臣教授表示:"法律条文是苍白的,而法律实践之树常青。现在,中央非常重视案例指导制度建设,这将克服以往

---

① 刘春雷,张闻宇."电脑量刑"面世历程[J].法律与生活,2004(18):34-36.
② 周光权.量刑规范化:可行性与难题[M].北京:人民法院出版社,2005:159-161.

单纯成文法的缺陷,必将在我国司法制度史上大书一笔。"①曾粤兴教授认为:"实行判例制度,承认判例的效力,对于明确量刑情节对于死刑适用的限制具有重要的意义。"②赵秉志教授指出:"积极推行死刑案例指导制度对于指导死刑案件的审判工作,统一死刑适用标准,确保死刑适用的公正和提高死刑案件的办案质量,发挥了重要的作用。"③

针对我国死刑案件适用经济赔偿影响量子的随意性较大、量刑失衡和法官的自由裁量权缺乏有效规范的问题,笔者认为,应着重从司法层面进行完善。具体而言,包括以下几个方面:

其一,构建经济赔偿协商和解以改变死刑执行类别选择指导性案例的上下联动生成机制。当前,我国案例指导制度具有强烈的行政化色彩,这使得存在经济赔偿影响量子的死刑指导性案例的生成,基本上是以行政化层层审查的方式而产生的,这种行政化的生成机制割裂了指导性案例生成机制和审判程序之间的联系④。在短时间里,最高人民法院主导的指导性案例生成机制能够发挥其指导各级法院审判工作的现实作用。但是,最高人民法院的人力、物力有限,不可能关切到方方面面,由其独揽指导性案例的生成无疑是效率低下地选择了由其替代各级法院,尤其是上下级法院之间自然存在的判例指导因素,难免会面临覆盖面较窄、速率也较低的状况;由其对存在经济赔偿影响量子的新型案件进行指导,往往难以及时生成指导性案例,供全国法院裁判工作参考。因此,笔者认为应当强化上下级法院指导性案例的联动生成机制,通过加强对存在经济赔偿影响量子的死刑案件具体裁判的解释适用,进而在上下级法院之间形成具有拘束力、指导性的司法判决,形成上下级法院类案参考制度体系。同时,鼓励各级法院结合案件的实际审理情况,在其自身所审理的存在经济赔偿影响量子的死刑案件中发现法理、提炼总结指导性法律意见,使各级法院法官在案例生成中发挥各自的作用,提升基层法官面对新类型案件时的法理提炼能力、法律解释能力。首先在各省法院系统内部形成对经济赔偿影响量子适用死刑案件的裁判共识,保证本省域内量刑的平衡;待这一共识在实践中获得较大认可,可在特定时期报最高人民法院予以审查、确认、推广,逐步扩大影响范围。

其二,当前由于存在经济赔偿影响量子的死刑案件在实践中具有复杂性和多样性的特征,法院对其裁判要素的选择也不甚清晰,简单地加以适用可能引发社会的质疑。针对此问题,我国法院在此类型案件的审理过程中,应重视吸纳其他社会主体,尤其是法学教学、科研机构成员、律师团体等参与其中,担任解释者、咨询者、

---

① 肖源.案例指导制度:法律的另一种存在[N].人民法院报,2010-08-23.
② 曾粤兴.死刑的司法与立法限制:量刑情节的制约[J].时代法学,2005(5):45-49.
③ 赵秉志,彭新林.论酌定量刑情节在限制死刑适用中的作用[J].中国刑事法杂志,2011(12):3-9.
④ 林维.刑事案例指导制度:价值、困境与完善[J].中外法学,2013,25(3):499-516.

建议者的角色,发挥社会力量在经济赔偿死刑指导性案例生成方面的作用和影响。法院在裁判中,对法学的研究中已经反复讨论形成的,甚至已有定论的热点、疑难案件处理方法,也应当适当加以考虑,注意吸收其中具有参考性的意见和结论,逐步认可社会主体发现、提炼此类型指导性案例的能力和正当性,建立起法院系统与其他社会参与主体之间的案例生成沟通、协商、咨询机制。应当鼓励学术界在适当的范围内,组织编辑出版研究经济赔偿死刑指导性案例的著作,从学术的视角对存在经济赔偿影响量子的死刑案件进行归纳总结,提出学术界的指导性案例,并对其进行介绍、解释、评析、归类和索引,在正式指导性案例生成机制之外开辟另一条案例生成渠道和机制。同时,学术界也应重视相关研究工作的开展,逐步通过强化民间指导性案例本身的说理、评析、总结,提升其说服功能,使其归纳总结的存在经济赔偿影响量子的死刑指导性案例得到官方的认可和尊重,进而强化法官自觉参照的意愿,形成良性互动机制。

其三,建立全国司法机关案例数据库。为了进一步推动司法信息化、智慧法院建设和司法公开工作,也为了推动死刑案件裁判的数据共享,建立法院案例数据库势在必行。笔者建议,首先,各地法院系统要建立网上办公、信息联动、信息共享机制,实现经济赔偿死刑指导案例资源共享。法院内部的技术部门可以在审判业务部门的指导下,利用大数据技术遴选出在全国范围内或本省范围内具有典型性和指导性的案例,提取出其中的各类影响量子,由研究室会同审判业务和管理等相关职能部门将遴选出的案例汇总,随着案件的诉讼流程进行全程跟踪并及时反映新情况,提炼新亮点。其次,法院系统内部、各级法院要向社会公开或者在法院内部公开存在经济赔偿影响量子的死刑审判案例。在各级法院主动公开提供的案例基础上,逐步做到最高人民法院所有裁判文书的公开,继而推进省级法院所有裁判文书的公开,最终实现四级法院所有裁判文书的公开。但是,涉及国家秘密、商业秘密和个人隐私的内容可以做技术处理再公开或选择性不公开。案例向社会公开公布,一方面便于办案机关检索参考,另一方面有利于增强公众的认知和理解。再次,在上述工作的基础之上,建立全国性司法机关死刑案例数据库。最高人民法院在开发和维护此数据库的过程中,选取存在经济赔偿影响量子或其他阻却死刑立即执行适用影响量子的典型性案件作为指导性案例,统一发布,畅通查询途径,使各级法院可以通过数据库更好更快地寻找到参考性依据,降低搜寻成本,降低审判参考的技术难度,进一步推进裁判的统一,推进司法公正。

(二)细化死刑案件中经济赔偿影响量子量刑认定步骤

量刑规范化中最常遇到的问题是每一个案件的量刑情节和量刑情节相互叠加所产生的、反映社会危害性和人身危险性的标准不一,且像经济赔偿等酌定量刑情节,由于个案的独特性和复杂性,影响量子判定标准不一,往往呈现抽象性、多样性等特征。正如有的学者所言:"一方面,处理好两者的关系能够使被害人尽可能地获得物质赔偿,促进社会和谐;另一方面,两者的关系处在正义的边缘,把握不好则会造成量刑上的贫富差距,甚至涉及"花钱买刑"的嫌疑,违背法律适用的平等原则。"[1]这种复杂性要求审判人员在量刑时,要充分全面考量各种犯罪情节,进行综合评估。司法审判环节中,量刑本身就是一项复杂的工作,死刑案件的量刑更是难上加难,加之经济赔偿等影响量子的不稳定性,会使得法官在明确量刑标准和得出刑罚结论时面对更为复杂的决择。所以,对存在经济赔偿影响量子的死刑案件,应当通过适当的机制设置,使其透明化、科学化、法治化。

为了方便法官判断经济赔偿影响量子的作用力,笔者认为,可以从经济赔偿的"量"和"质"方面对其进行量刑的把握。评估审查经济赔偿中"量"的因素时,法官可以尝试从不同角度进行量化处理,除了最为直接的经济赔偿数额认定之外,还可以考虑如赔偿合意达成到实际赔付之间的时长、实际赔偿金额、实际赔偿金额与犯罪行为社会危害性之间的对比度。从"质"的层面考量,法官还必须深挖审查赔偿行为体现的赔偿悔罪动机,被告人对于承担赔偿责任的直接观感,被告人进行经济赔偿的主动性、积极性,是否存在隐匿财产、拒不赔偿的情节等。经济赔偿影响量子若要成为阻却死刑立即执行适用的,应当具备以下几个要素:被告人有积极赔偿的意向,或被告人亲属有代被告人积极履行赔偿义务的意向,该意向应当由其本人或通过律师、诉讼代理人向被害人及法官做出;被告人履行赔偿义务的积极性;被告人认罪悔罪态度良好,如积极与被害人及其亲属沟通、协商,通过赔礼、道歉、请求原谅等行为表明其悔罪意图;被害人或被害人亲属对赔偿进行认可,并表示谅解,向法院出示谅解书或和解协议。

同时,为了规范经济赔偿在死刑案件中的适用规范性,笔者认为,在具体认定经济赔偿影响量子的实效时,可以分步骤进行:第一步,寻找量刑起点幅度。"量刑起点是指在不考虑非犯罪构成事实以外的案件情节的情况下,若某行为满足一般既遂状态下的犯罪构成要件,则该行为所应判处的刑罚的量。"[2]量刑起点是一个法定的量刑幅度,法官应首先在此幅度的基础上确认其标准。第二步,提取被告人经济赔偿等可能影响死刑量刑的影响量子。必须明确被告人的经济赔偿只有在不是犯罪构成要件事实的情况下,才能成为法官量刑的依据。第三步,判断被告人经济赔偿影响量子和与之相关的影响死刑量刑的影响量子。本步骤主要是将被告人的经济赔偿情节与其他所有法定量刑情节和酌定量刑情节进行比对,以此判断评估被告人犯罪行为社会危害性和其人身危险性的大小,考量其能否共同成为阻却死刑立即执行适用的依据。如我们所知,刑事审判工作的目的在于使案件在合法的范围内得到解决,被告人获得适当的刑罚,从而修复社会关系和社会秩序。在此

---

[1] 方文军. 民事赔偿与死刑适用的平衡规则探微[J]. 法律适用,2007(02):19-23.

[2] 冯亚东. 罪刑关系的反思与重构:兼谈罚金刑在中国现阶段之适用[J]. 中国社会科学,2006(05):125-134,208.

类案件中,对经济赔偿影响量子的判定必须严格适用法律,但同时也要符合社会公众所普遍认同的价值观念。法官在司法审判中应当既考虑法理,也兼顾情理,既考量法定量刑情节,也要充分顾及酌定量刑情节,从而实现罪责刑的相适应,保证刑法统一、正确实施。

(三)完善死刑量刑调查报告制度

现代意义的量刑调查报告制度最早源于美国,是"现代缓刑之父"约翰·奥古斯都针对未成年人罪犯的缓刑适用而提出的一项调查制度,后逐渐演变成为整个量刑过程提供量刑调查的制度。其理论根据在于刑罚目的论之特殊预防尤其教育刑主义的盛行,特别是 20 世纪 80 年代日本刑法学者大冢仁提出的人格刑法学的兴盛,使量刑调查制度获得了滥觞的理论土壤与正当性根据。由于量刑调查制度自身对刑罚个别化及罪犯再社会化的独特价值,除传统上采用独立量刑程序的美国、英国等国家外,越来越多的大陆法系国家也在逐步引进该制度。[①] 如美国的法律规定,重罪案件必须进行量刑前调查,而轻罪案件、未成年人犯罪案件以及被告人初次犯罪的案件可以进行量刑前调查,其他案件则不需要进行量刑前调查。在大陆法系国家中,被告人人格信息是法官对其进行量刑时必须参考的重要依据。

量刑调查报告制度的主要目的是对被告人的品格进行深度调查,收集被告人在实施犯罪之前,在社区生活中的个性、经历、喜好、家庭情况、社区情况、交友情况、社会评价等信息。这一制度的作用在于能够使法官摆脱庭审中对被告人的简单观感,使被告人以更加丰富多元的面目和形象呈现在法官面前。只有综合被告人罪前的各种元素,法官才能更好地了解认定犯罪行为的社会危害性和被告人潜在的人身危险性,以此对死刑量刑做出的决定才更具说服力,才能充分体现死刑制度设置的目的。

在我国司法实践中,对被告人刑罚的裁量往往存在着重行为人的客观危害、轻主观恶性和人身危险性,甚至根本不考虑人身危险性的导向。[②] 可能判处死刑立即执行的案件,由于其牵涉到人最为宝贵的生命,所以对其量刑时需倍加谨慎和科学,更应该重视对人身危险性的评估。陈兴良教授认为:"我国量刑要以已然之罪的社会危害性(主观恶性与客观危害的统一)为基础,同时考虑未然之罪的可能性(再犯可能性与初犯可能性的统一)。两者是不可分割、不可偏废的,应该在量刑中得到兼顾。"[③]建立量刑调查报告制度,正好契合了此种刑罚理论,也更加符合死刑量刑的本质和趋势。

---

① 张先昌,周明东.量刑调查制度研究[J].法学杂志,2011,32(01):75-79.
② 李萍.宽严相济刑事政策下死刑司法控制的困惑与对策[J].法学论坛,2008,23(4):117.
③ 陈兴良.刑法哲学[M].北京:中国政法大学出版社,2004:647.

2010年10月1日,最高人民法院颁布实施的《人民法院量刑程序指导意见(试行)》确定了量刑调查报告制度的地位及适用程序①,但目前"量刑调查报告制度"存在适用范围狭窄、调查内容不全面、社会调查人员的专业化程度不高等问题,往往形成"看上去很美"的假象,亟待从立法层面对该制度进行规范和完善。故此,笔者认为,构建我国的量刑调查报告制度可以从以下几方面着手:

第一,拓宽适用范围。原则上,量刑调查报告制度应适用于所有可能判处死刑刑罚的被告人。目前我国各地开展的量刑调查报告中,大部分适用对象是未成年人犯罪案件,其主要原因是基于未成年人身心的特殊性,在该领域推行该制度有利于对未成年犯罪分子进行改造,促使其更好更快地回归社会。但是,根据刑罚个别化的精神,刑罚的对象并不限于未成年人,尤其是可能判处死刑立即执行的犯罪案件,由于关乎生命,其被告人更需要法官的审慎量刑。因此,将适用范围扩大至死刑案件是一个较为理性的选择。但是,笔者认为,无需在每一起存在经济赔偿影响量子的死刑量刑程序中使用量刑调查报告制度,只需对那些死刑立即执行适用与否与被告人人身危险性的关系争议较大大的案件才启用,防止无谓增加法院的工作负担。

第二,设立专门的量刑调查机构和量刑调查报告官。为确保量刑调查报告的中立性、真实性和可靠性,必须设立专业性与中立性的量刑调查报告机构和量刑调查报告官。从域外实践来看,一般均由社区刑罚执行机构承担这一职责,其设计的目的在于该机构及其工作人员长期在社区工作,对社区情况比较了解,由其开展调查工作成本更低、效益更高。笔者以为,就当前我国的实际情况来看,选择司法行政机关中的社区矫正机构的模式较为适宜,在基层司法所设置量刑调查报告官岗,由其专职从事被告人信息的调查收集、核实、审查和报告的撰写工作。这一制度的设计理由如下:其一,量刑调查报告制度设计的目的是收集、归纳、整理、分析被告人人格情况,以对其人身危险性做出全面准确的评估。司法行政机关,尤其是基层司法所等社区矫正机构,承担着对大部分矫正对象的后续改造、帮扶帮教工作,具有天然的职能优势,且这仅仅是社区矫正机构职能的延伸,不需要专门设立一个全新的部门。其二,司法行政机关的社区矫正机构具有较为成熟的机构体系,人员配备也比较齐全,且在资金和技术层面均有一定的保障,推行起来难度较小。其三,这一机构是独立于刑事诉讼控辩审三方的主体,与其他几者利害关系不大,其出具的量刑调查报告具有一定的中立性。故此,选择此类模式作为联系调查报告制度的主体制度较为适宜。

第三,明确量刑调查报告内容。量刑调查报告直接或间接影响着死刑量刑的轻重,故该量刑调查报告必须从源头上把握其量刑调查内容的科学性。参照美国的做法,美国量刑前的调查报告主要注重对以下信息进行收集整理:实施犯罪时的

---

① 最高人民法院颁布的《人民法院量刑程序指导意见(试行)》,2011年6月3日。

情形分析,被告人的不良行为或犯罪经历、身体和精神状态、家庭状况和背景、经济与教育状况、职业、个人习惯,以及缓刑监督官认为相关的其他事项或者法庭命令包括的其他事项。此外,兵役史、医疗史,如心理和精神状态评估报告,也是美国人格调查的重要内容。① 参照美国的模式,笔者认为,我国量刑调查报告内容应当包括:生理特点、心理特征、家庭背景、受教育经历、社区环境、社区居民评价、社会贡献大小等方面。同时,量刑调查报告还可以考虑纳入以下内容:一是量刑调查报告官关于如何适用经济赔偿影响量子的建议;二是关于被告人的一些可能对死刑量刑产生影响的补充信息;三是一些不宜公开的排除内容。② 通过量刑调查报告制度,进而逐步推行经济赔偿死刑案件量刑程序独立化,在程序上将定罪程序与量刑程序分别进行,提高量刑程序的地位。

(四)建立死刑量刑指南制度

历史上,我国是一个只注重定罪不注重量刑的国家。量刑程序相对简单,不利于科学的裁量刑罚。在20世纪70年代,随着复归社会理想的破灭,美国掀起了一场批判不定期刑、向定期刑重新回归的刑法改革运动。③ 此即所谓的"刑罚确定化运动",其核心观点就是削减审判和行刑过程中自由度过大的自由裁量权,促使刑罚趋向公正合理。④ 1984年,美国量刑委员会成立,1987年,美国联邦《量刑指南》正式颁布,这一指南的主要内容包括:实际罪行与指控罪行、偏离指南的规定、辩诉协议、缓刑与分离式判刑、数罪问题、量刑幅度、量刑等级表等。其通过规定犯罪行为的等级、犯罪历史档次并将其量化,以此明确犯罪认定及刑罚可处的幅度,推进刑法的犯罪构成要件和法定刑的明确化和具体化,纠正刑罚轻重悬殊的弊端,促进量刑公正。⑤

我国的量刑方法主要采取的是估堆法,即审判人员在掌握案情的情况下,一次性估量出对被告人适用的刑罚。⑥ 而英国则设有专门的量刑指南委员会和量刑咨询专家小组。量刑指南委员会由首席高等法官、七名来自刑事审判量刑一线的法官和四名担任过刑事侦查、刑事起诉、刑事辩护方面工作的成员组成。量刑咨询专家小组是一个独立的机构,负责为量刑指南委员会提供专家咨询意见。英国的量刑指南由量刑指南委员会在咨询专家小组后,公开向全国民众征求意见,再报内政

---

① 都兴乐. 酌定量刑情节问题研究[D]. 重庆:西南政法大学,2012.
② 孙春雨. 中美定罪量刑机制比较研究[M]. 北京:中国人民公安大学出版社,2007:350-355.
③ 周光权. 法定刑研究:罪刑均衡的建构与实现[M]. 北京:中国方正出版社,2000:162-163.
④ 储槐植. 美国刑法(第二版)[M]. 北京:北京大学出版社,1996:324.
⑤ 储槐植. 美国刑法(第二版)[M]. 北京:北京大学出版社,1996:326-328.
⑥ 樊凤林. 刑罚通论[M]. 北京:中国政法大学出版社,1994:481.

大臣、国会和相关机关,最终正式制订并颁布,并且会随着司法实践的变化而不断修改。英国的量刑指南对于全国的法官均具有约束力。量刑指南针对一个罪名的量刑列出了具体的要求和步骤,层次分明,操作简便。[①]

笔者认为,为了规范经济赔偿等影响量子在死刑案件中的适用,我国可以选择借鉴欧美法治先发国家的量刑制度,建立独立的死刑量刑程序,将死刑量刑程序和定罪程序分开进行。同时,我国还可以借鉴域外国家的量刑指南制度,建立专门的死刑量刑指南委员会,由死刑量刑指南委员会结合我国的法律制度和司法实际实践制订符合我国社会主义司法审判特色的死刑量刑指南,然后向各级法院和社会公众进行公布。据此,法院在对存在经济赔偿影响量子的死刑案件进行量刑时,可以有一个明确的死刑量刑指南指引和约束,被告人及其辩护律师也可以基于死刑量刑指南对检察机关的指控进行辩护,从而使死刑适用更加规范化、统一化,使经济赔偿等影响量子通过该指南成为死刑案件裁判的重要法定考量因素。值得注意的是,我国还可以在中级人民法院以上的法院内部设立死刑量刑委员会,在合议庭对罪名进行确认后,由死刑量刑委员会就死刑量刑进行审查和决定。在量刑前,死刑量刑委员会的主审法官必须对案件进行严格审查,必须给被告人或其辩护人做最后答辩和陈述的机会,然后法官可以根据答辩和陈述情况,结合量刑建议和定罪环节的决定进行集体投票决策。再者,我国还可以设立死刑量刑听证会制度,对死刑执行类别选择问题开展听证,促进死刑量刑的科学民主决策。

(五)建立死刑量刑答辩机制

死刑量刑答辩是指在死刑案件的审判阶段,定罪问题争议不大时,由控辩双方针对已经被定罪的被告人死刑量刑进行辩论,对经济赔偿等影响量子在死刑量刑中的地位和作用问题发表自己的意见和量刑建议,同时对各级观点进行释理释法,然后由双方就量刑意见上的不同观点进行辩论,法庭居中听审并据此做出公正裁判的制度。此种制度对于推进经济赔偿影响量子适用以限制死刑十分有利,可以为我国所借鉴。

首先,应当明确答辩的主体和基本原则。死刑量刑答辩程序主要是由控辩双方就存在经济赔偿等影响量子的死刑案件量刑问题进行答辩、说理、论证,确保被告方与被害方充分参与到量刑进程中,保障死刑量刑的公正性和透明度。死刑量刑答辩机制的主要目的在于使量刑程序相对分化出来,使被告人有机会利用经济赔偿等酌定量刑情节为自己争取有利的量刑结果。

其次,应当明确死刑案件的量刑答辩内容。一般说来,在死刑量刑答辩过程中,被害方和公诉方均有发表量刑意见和建议的权利,被告人及其辩护人也可以利用量刑答辩充分说明经济赔偿对死刑量刑影响的基本情况。为了使死刑量刑的关

[①] 杨志斌.中英量刑问题比较研究[M].北京:知识产权出版社,2009.

注点更为集中,提高量刑答辩效率,该答辩的内容应主要包括被害人和被告人的基本情况、是否存在经济赔偿等影响量子的介入,经济赔偿和解程序进行的基本情况、经济赔偿等影响量子在死刑量刑中的地位和作用及阻却死刑立即执行的法理和实践依据等。

总体而言,建立死刑量刑答辩程序,有利于在一个独立的程序框架内充分听取控辩双方的意见,使法官能更加全面地了解案件的量刑要素,从而能够公正地做出量刑结论;有利于保障国家、被告人和被害人三方利益的协调平衡,有利于确立经济赔偿等影响量子在限制死刑中的地位和作用。

第七章 经济赔偿在死刑执行类别选择中影响量子的适用论

第一节 推进经济赔偿影响量子的法定化

当前,由于经济赔偿影响量子适用的法定化程度较低,所以死刑案件中经济赔偿影响量子的适用主要还是依靠法官行使自由裁量权,但由于受到法官的个人偏好和各地审判工作路径的影响,经济赔偿影响量子作用力的大小常常存在巨大差别,也造成死刑执行类别选择的迥异。

经济赔偿等影响量子法定化是我国刑法立法研究的一个重要的课题,在近年来产生了许多研究论著,也是争议较多的研究内容。笔者认为,经济赔偿等影响量子法定化的基本原则和具体路径应该符合我国的司法实践规律和刑事法律体系的立法现状。与经济赔偿相关的影响量子种类和情形繁多,不同的死刑案件中包含着不同的犯罪事实,不同的犯罪事实下经济赔偿等影响量子所起的作用不一样。由于现有立法技术的局限性,所以通常很难全面考虑各方面因素,必然会带来刑法适用的冗杂和混乱。然而,笔者认为这并不意味着经济赔偿等影响量子的法定化不具有刑法立法上的必要性及立法技术上的可操作性。

纵观世界法治先发国家,其对于经济赔偿影响量子的重视程度较高,法定化程度也较高。其法定化的一般模式,大致分为总则式模式和分则式模式两大类。总则式模式主要是在刑法总则中对经济赔偿等影响量子对量刑的影响加以明确。通过立法的方式,将经济赔偿等影响量子从酌定量刑情节上升为法定从轻减轻处罚的量刑情节。总则式的主要特点是,可以为量刑提供明确指引,从法律层面对各类量刑情节的适用予以严格地规范,最大限度地遏制不同裁判者主观偏好的差异给类似的案件带来不公正、不平等的司法裁判结果。经济赔偿影响量子法定化可以使死刑案件刑罚裁量走向规范统一,这体现了立法对死刑案件中司法裁判者自由裁量权的严格限制,有利于防止国家公权力的乱作为。

分则式模式则不同,其对于经济赔偿等影响量子并未在总则中规定司法裁判适用的原则和标准,而是在刑法分则中对可能因存在经济赔偿影响量子而对量刑产生影响的具体罪名中进行规定。分则式模式的优点在于,其相对总则式模式而言更为具体,可以针对不同罪名的特殊性做出规定。这一做法实质上承认了不同的刑法罪名中经济赔偿影响量子在量刑过程中所起的影响力不同,不能简单抽象地加以认定,因此可以充分发挥酌定量刑情节在具体刑法罪名适用中的对量刑的直接影响。其次,采用分则式模式对经济赔偿影响量子进行法定化可以避免在司法制度不尽完善、司法人员职业素养不高、司法人才相对短缺的司法环境中实现最大限度的量刑公正,也有利于防止司法裁判过程中出现法官滥用自由裁量权,徇私舞弊,枉法裁判的情况。所以,总体来说,具体采用何种法定化的模式,取决于每个国家的具体情况。

对于我国经济赔偿影响量子法定化的模式和路径,笔者认为可采取以下几种方式。首先,将经济赔偿影响量子纳入总则中法定量刑情节条款。其原因主要是经济赔偿影响量子可以较好地体现犯罪行为的社会危害性以及犯罪分子的人身危险性,是符合法定量刑要素的影响量子,且司法实践也证明了其对量刑的具有重要作用,并且长期的司法实践证明行之有效,在司法人员和民众中认可度较高,社会效果较好。为了明确死刑量刑过程中各影响量子在我国刑法体系和法律体系中的地位,在总结我国现有的理论研究成果并结合我国实际情况的基础上,笔者建议,可在《刑法》第六十一条增加如下量刑情节:① 犯罪分子的一贯表现;② 犯罪的动机和目的;③ 被害人过错的性质和大小;④ 犯罪的方法和手段;⑤ 犯罪造成的损害和影响;⑥ 犯罪分子与被害人的关系;⑦ 被害人谅解情况;⑧ 犯罪后认罪悔罪的程度;⑨ 经济赔偿的情况。增加这些量刑情节的意义在于,既能够明确与经济赔偿相关的其他阻却死刑立即执行适用的影响量子的刑法地位,以弥补《刑法》第六十一条规定不明确、不具体的弊端,又可以在一定程度上限缩不同影响量子的考量范围,为法官挖掘和适用不同的死刑案件的影响量子提供指引和方向。同时上述列举的 10 种死刑量刑影响量子,在司法实践中屡次被证明是法官司法裁判的重要依据,符合法官提取案件情节的习惯和逻辑。另外,该增加条款还规定,要全面考虑反映犯罪行为社会危害性和犯罪分子人身危险性的酌定量刑情节,综合确定犯罪分子应当承担的刑事责任大小,并对其适用相应轻重的刑罚,这是量刑公正的基本要求,也是推进罪刑法定、刑法精细化的必然趋势。

其次,对于其他的量刑情节,可采用分则式模式予以法定化。因为不同类型的犯罪有着不同的特点,因而经济赔偿影响量子在每一个罪名的适用中所起的作用也尽不相同。针对不同的犯罪类型以分则的形式将经济赔偿影响量子法定化,最大限度地发挥经济赔偿影响量子法定化的积极作用。对于一部分学者对经济赔偿等量刑影响量子法定化后所带来的刑法的冗杂担忧,笔者认为可通过司法解释的强调指导作用或者量刑指导意见的形式予以规定。这种做法虽然不是从刑法层面进行法定化,但是依然可起到相应的预期效果。在条件不成熟的情况下,采用这类做法可以避免刑法的大幅度频繁地修改,也可以起到司法裁量的积极指导规制作用。

第二节　经济赔偿影响量子法治化的配套机制

推进经济赔偿对死刑执行类别选择中影响量子的法治化，还需重视其他配套机制的建立与完善。

一、完善刑事被害人国家救助机制

被害人国家救助制度在《巴比伦法典》中便已有规定，如果未能捕获罪犯，地区政府应当赔偿抢劫犯罪被害人的财产损失。[①] 从20世纪开始，各国的法学家便已经认识到许多被害人会因得不到经济赔偿而进行犯罪这一法律事实。因此，他们在学界开始呼吁国家对这部分被害人进行必要的救助。[②] 第二次世界大战后，英国、美国、加拿大、澳大利亚、德国等国家相继建立了该制度，由国家对无法得到经济赔偿的被害人进行救助。

我国专家学者们认为，建立刑事被害人国家救助制度，对死刑案件中受到侵害但无法获得有效赔偿的被害人，由国家给予适当经济资助，帮助他们摆脱生活困境，是人权保护的最基本要求，是实现国家权责统一、促进依法治国的需要，为有针对性地解决被害人及其亲属上访申诉开辟一条通畅的法治渠道，有利于促进社会的和谐、稳定。[③]

近年来，我国各地也在积极探索开展刑事被害人救助工作，效果良好。党的十八届三中全会通过《中共中央关于全面深化改革若干重大问题的决定》，要求完善人权司法保障制度，健全国家司法救助制度，为进一步加强和改进司法救助工作指明了方向。2014年1月，中央政法委、财政部、最高人民法院、最高人民检察院、公安部、司法部六部委联合印发《关于建立完善国家司法救助制度的意见（试行）》，为

---

① 郭建安.犯罪被害人学[M].北京：北京大学出版社,1997:300.
② 杨正万.刑事被害人问题研究：从诉讼角度的观察[M].北京：中国人民公安大学出版社,2002:333.
③ 周文英,张建升.建立刑事被害人国家补偿制度刻不容缓[N].检察日报,2006-08-03.

各地开展国家司法救助工作提供了政策指导。① 但是,我国司法救助工作总体上仍处于起步阶段,发展不平衡、救助资金保障不到位、对象不明确、标准不统一、工作不规范等问题亟待解决。

笔者认为,建立科学完备的国家救助制度至少可以达到三个效果:其一,避免因被告人经济状况不同,导致案件情节相同或类似的案件处理结果不同;其二,裁判死刑案件时,法官可以将重点放在平息双方当事人的刑事纠纷,修复被犯罪行为破坏的社会关系上,可以使与经济赔偿相关的"被告人是否真正地认罪、悔罪、真诚道歉"等影响量子成为考察重点;其三,如果由国家介入对被害人进行赔偿,可以一定程度缓解被害人的生活困境,以此缓解被告人赔偿能力欠缺的问题,也能很好地避免被害人由于经济生活困难而不得不接受被告人及其亲属赔偿,从而"被迫"表示谅解,即"花钱买命"的情况。

关于如何完善刑事被害人国家救助制度适用的犯罪。纵观各国立法,笔者认为国家给予救助的犯罪类型范围大概可分为三类:一是仅限于对暴力犯罪行为造成损害的对象予以救助,如新西兰;二是仅限于对因故意犯罪造成损害的对象予以救助,受过失犯罪侵害的对象被排除在外,如日本和德国;三是对所有因犯罪行为造成损害的对象予以救助,如加拿大。笔者认为,我们不宜将救助的犯罪类型限定得过窄和过宽,确定救助对象的标准应该是受犯罪行为侵害、遭受损害而生活陷入困顿的对象,对犯罪的主观形态应当不予考量。国家救助制度设置的目的在于,救助那些受犯罪行为侵害的被害人,防止其因陷入经济和生活困顿,而在面对被告人的经济赔偿时不得不违心接受并表示"谅解"。对因遭受犯罪行为侵害而生活陷入困顿的被害人,应将范围设定为遭受侵害的结果是重伤和死亡,而只存在轻伤等损害结果的被害人不宜纳入该范围,否则救助面过大,会增加财政负担,也有违救助制度的设计宗旨。因此,我国应将救助对象限定为因犯罪行为而遭受重伤、死亡结

---

① 该《意见》明确国家司法救助的对象为:① 刑事案件被害人受到犯罪侵害,致使重伤或严重残疾,因案件无法侦破造成生活困难的;或者因加害人死亡或没有赔偿能力,无法经过诉讼获得赔偿,造成生活困难的。② 刑事案件被害人受到犯罪侵害危及生命,急需救治,无力承担医疗救治费用的。③ 刑事案件被害人受到犯罪侵害而死亡,因案件无法侦破造成依靠其收入为主要生活来源的近亲属生活困难的;或者因加害人死亡或没有赔偿能力,依靠被害人收入为主要生活来源的近亲属无法经过诉讼获得赔偿,造成生活困难的。④ 刑事案件被害人受到犯罪侵害,致使财产遭受重大损失,因案件无法侦破造成生活困难的;或者因加害人死亡或没有赔偿能力,无法经过诉讼获得赔偿,造成生活困难的。⑤ 举报人、证人、鉴定人因举报、作证、鉴定受到打击报复,致使人身受到伤害或财产受到重大损失,无法经过诉讼获得赔偿,造成生活困难的。⑥ 追索赡养费、扶养费、抚育费等,因被执行人没有履行能力,造成申请执行人生活困难的。⑦ 对于道路交通事故等民事侵权行为造成人身伤害,无法经过诉讼获得赔偿,造成生活困难的。⑧ 党委政法委和政法各单位根据实际情况,认为需要救助的其他人员。

中央政法委、财政部、最高人民法院、最高人民检察院、公安部、司法部:《关于建立完善国家司法救助制度的意见(试行)》。

果的被害人或其亲属。

关于救助方式。笔者认为,为了保证救助的全面性和科学性,不能仅仅采用"一次性经济救助"的做法,而应当根据具体的损害情况和被害人的具体需求,采用经济救助加心理辅导、就业指导、技能培训等多元化的救助方式。一方面对家庭陷入困顿的被害人及其亲属以现金支付的方式予以救助,另外一方面,辅之以心理辅导,帮助其走出犯罪行为造成的阴影,修复其精神损伤。对一些被害人,应当加强对其就业的指导和技能的培训,使其得以通过就业劳动获得新生,消除其对救助的依赖性。这种救助方式的选择可以充分兼顾那些有特殊需要的刑事被害人的现实需求,将其纳入到救助范围内可以全面增强刑事被害人国家救助制度的实际效果,实现这一制度的人文主义关怀宗旨。

关于救助金额。笔者认为,我国目前刑事被害人救助的金额应根据被害人所在地的经济发展水平来确定。国家也可确定一个不同类型刑事被害人救助金额的最低保障线,同时,各地救助主管机关在此基础上,通过综合审查刑事被害人遭受犯罪侵害所造成的实际损害后果和家庭实际情况等因素,确定相应的救助金额。一般而言,应该包含医疗费救助金、生活费救助金以及死亡救助金三部分。

关于救助机关。从各国的实践经验来看,目前各国对于救助机关的设置各有不同,有的在司法部内部设立犯罪被害人署作为救助的主管机关,有的由社会福利部门来负责,有的将救助职能划归国家检察部门负责,有的设立专门的刑事救助专门机关,有的在法院内部设立专门委员会,有的由地方公安委员会负责。在我国,救助机关的设置也引起了很多争论,大家观点各异,主要包括以下几种:一是认为应该由民政机关来主管实施;二是由公安司法机关主管;三是由司法行政部门来主导;四是由法院主导;五是在国家设立独立性、专门性的救助机构,由其专司被害人救济的启动、审查、决定权。笔者认为,设立专门的刑事被害人救助委员会比较合适。因为构建我国刑事被害人救助制度时应兼顾公平与效率原则,而且由于需救助刑事被害人的数量较大,救助程序也比较冗杂,还需对各类救助人员进行调查审核、确定救助方式和救助金额,这都需要配备专门、专业的工作人员。设立专门的刑事被害人救助委员会,在公、检、法三方的密切配合下尽快调查核实案件事实并尽快做出救助决定,以较为中立公平的立场及时决定是否给予刑事被害人国家救助。

关于救助程序。刑事被害人国家救助制度的救急性决定了在设置救助程序的时候应坚持"便捷""及时""公平"的原则,全面介入和救助刑事被害人及其家庭,使社会关系和社会秩序得以高效修复。关于启动救助程序,笔者认为,在刑事被害人符合国家救助的条件时,可以采用救助主管机关依职权启动,或者依刑事被害人及其亲属申请启动的方式。程序启动后,应由救助主管机关对相关事项进行审查,并做出是否给予救助的决定。需审查的事项包括:刑事被害人及其家庭基本情况、收入来源情况、有无抚养人及生活现状等相关情况;被告人的基本情况、有无偿付能力等;刑事被害人的受害程度,以及其医疗费的数额、身体伤残等情况;刑事被害人获得赔付情况以及是否通过其他途径获得救助的情况等。如果相关信息难以及时查明,且刑事被害人因特殊情况急需救助费用时,还可以规定救助主管机关有权在完成初步审查后先行支付一定数额的救助费,如事后查清不符合条件,可以强制领受人返还。

二、深化裁判文书说理机制

裁判文书是记载刑事司法过程及裁判理由的重要载体,是彰显司法机关运用国家司法权维护公平正义的重要文本,也是公众了解司法、监督司法的重要途径。"一份分析透彻、明理思辨、逻辑严密的裁判文书,不仅能有效化解当事人之间的恩怨纠葛,让当事人心服口服,而且有助于向社会传播法律知识和司法理念,培育公众法律信仰的基因。"[①]

在传统的量刑模式下,我国裁判文书一般只记载量刑的事实和量刑的结果,往往对结论形成的裁判性论证和裁判结果是如何形成缺乏明确的说理过程,这是我国裁判文书说理尚处于初级阶段的重要体现。最高人民法院前院长肖扬曾说:"如果说裁判文书样式是裁判的骨架,语言运用是其血肉,那么说理就是其灵魂。现在的判决书千案一面,缺乏认证、断理过程,看不出裁判结果的形成过程,缺乏说服力,严重影响了公正司法的形象。"[②]当前,有些死刑案件由于说理不透彻,使得当事人和民众对于死刑案件的裁判过程产生很多质疑,当事人和公众无法从裁判文书中获取法官进行死刑案件裁判时的信息,故容易产生对法官裁判思维过程和结果的误解,这也使得裁判结果的可接受性大大降低。在当前,中国裁判文书网的上线对各法院法官裁判文书的写作形成了一个极大的挑战,尤其是涉及到死刑因素的案件,更容易引发公众的集体讨论和热议。因此,强化裁判文书说理,尤其是强化死刑裁判中适用经济赔偿影响量子案件的说理,更应该引起重视。其一方面可以让被害人和被告人对此裁判结果有一个全方位的认识,也可以倒逼法官在量刑过程中更加科学、审慎,防止经济赔偿的滥用,有效防范裁判风险。

为了解决当前我国判决书说理性不强的问题,我国曾出台了《量刑程序意见》,要求"人民法院的刑事裁判文书中应当说明量刑理由",并在一段时间内引起了广泛热议。强化裁判文书说理对死刑案件中适用经济赔偿影响量子的规范适用尤为重要,由于经济赔偿影响量子影响死刑裁判从产生以来一直饱受争议,且缺乏统一规范的标准,法官在选择死刑执行类别时对这一影响量子是如何适用的、适用的事

[①] 傅达林.判决书出错有损法律尊严[J].中国改革,2007(06):67.

[②] 唐文.法官判案如何说理:裁判文书说理研究与应用[M].北京:人民法院出版社,2000:2.

实和理由是什么,这些都是当事人和民众所重点关注的,也是裁判文书说理中值得重视的内容。因此,在适用经济赔偿影响量子对死刑执行类别进行选择的案件中,法官应充分结合全案事实和各类法定、酌定量刑情节,论证其形成这一量刑结果的过程和理由,使每一起适用经济赔偿的死刑案件都经得起推敲,经得起验证。

笔者建议,在适用经济赔偿的死刑案件裁判文书中,应当强化量刑说理的独立性,考虑在判决书中将定罪说理部分与量刑说理部分分离,增加独立的量刑说理内容,将与量刑有关的各类量刑事实、量刑证据、法律规范作为论证的重点。在判决书当中,法官还应把庭审过程当中双方关于量刑问题的建议和辩论情况采纳进去。可以说,量刑是与定罪同样重要的裁判工作,将量刑说理进行独立化专列,一方面可以与独立化的量刑程序改革相对应,另一方面,通过对量刑事实、证据、法律的全面展示,也可以让当事人、其他办案机关、社会公众对裁判有一个最为直观的量刑评估,减少关于判决的争议。

笔者还建议,应对与经济赔偿影响量子相关的反映犯罪社会危害性和犯罪分子人身危险性的其他酌定量刑情节说理予以明确规范,使这一部分的量刑说理具有科学性和可接受性,具体建议如下:① 对可能判处死刑案件中经济赔偿等影响量子的表述应根据具体案情和全案的各类情节加以确定,充分考虑各类情节对阻却死刑适用的作用,做到全面、准确、精炼。② 对可能判处死刑的案件中经济赔偿等影响量子的具体表述,应包括如下因素:经济赔偿启动和协商的时间和方式,经济赔偿参与者,经济赔偿的数额、支付方式和情况,经济赔偿和解程序启动前、进行中和达成协议后双方当事人的态度和具体行为等,依据何种理由认为该死刑案件可以酌情从轻、减轻处罚。比如,被告人某某某与被害人(家属)某某某在法院的建议下于某年某月某日启动经济赔偿和解程序,该程序由某某某引导,检察机关派某某某参与并监督。经协商,双方就经济赔偿达成协议,被告人某某某向被害人(家属)某某某赔偿人民币×元,通过某种方式支付,目前已支付×元。在经济赔偿和解程序启动前,被告人某某某到案后认罪态度较好,有悔罪表现;在协商和解过程中,双方当事人均已充分了解协商的相关注意事项,基于自愿、真实、合法的意思表示参与协商达成合意。和解协议签订之后,被告人某某某及其亲属积极履行协议内容,积极对被害方进行经济赔偿,并真诚道歉,获得被害方谅解。综合全案事实、证据和相关法律法规,可以酌情从轻、减轻处罚。③ 裁判文书说理方式还可以按照"先重后轻"的顺序分开表述,多个同向酌定从轻、减轻的影响量子可以合并表述。例如,被告人某某某故意伤害某某某,可以酌情从重处罚。鉴于被告人某某某一贯表现良好,到案后有认罪、悔罪表现,积极与被害方进行协商和解,积极赔偿被害方,并获得被害方谅解,可以酌情从轻处罚。④ 在存在法定量刑情节与酌定量刑情节并存的情况下,说理时一般先表述法定量刑情节,再表述酌定量刑情节;先表述从重情节,再表述从轻情节。

三、完善判决书对经济赔偿影响量子说明解释的机制

完善判决书对经济赔偿因素说明解释的机制也是推进其量刑法定化的重要机制。关于判决书对经济赔偿影响量子书面解释的机制，应当由检察院与法院共同确立判决书量刑建议说明机制。检察机关的量刑建议与法院的量刑裁判不同，法院的量刑裁判具有终局性，检察机关的量刑建议带有请求性，其是否妥当要接受法庭的审理、质证和评判。第一，判决书应当列明检察机关认定的经济赔偿影响量子对量刑的影响程度，并明确求刑的刑种，以向社会公开检察机关的量刑意见。第二，对案件中除经济赔偿影响量子外的其他与量刑有关的影响量子做出认定，尤其要对控辩双方有争议的影响量子做出裁断，明确表明其对量刑的影响，以及经济赔偿影响量子在整个量刑影响量子中的权重。第三，如对检察机关指控的犯罪事实和罪名明确表示是否认定一样，判决书应当对检察机关的求刑意见明确表示是否采纳。第四，如果判决的刑罚与求刑意见相距甚远，应当说明理由，判决书未说明理由的，检察机关可以书面形式请求答复。因为量刑建议是检察机关向审判机关提出的建议，是公诉环节中一项严肃的诉讼活动，若建议不被采纳，则被建议方应向建议方说明不采纳的理由。

检察机关如果因为存在经济赔偿影响量子建议可不判决死刑立即执行的，而审判机关不采纳该量刑建议的，应当对该判决进行审查。如果量刑建议确实不应被采纳，可以知道量刑建议的错误所在；如果量刑建议不被采纳的理由不成立，符合抗诉条件的，可以依法抗诉。同时，检察机关要加强与审判机关的沟通。在重视死刑案件量刑问题的沟通基础上，注重经济赔偿影响量子这一类问题，定期以检法联席会议等形式，就量刑建议中涉及的经济赔偿问题进行沟通，进一步明确死刑案件量刑的标准、操作规范与要求。

四、规范经济赔偿影响量子的分析评判和风险评估机制

鉴于死刑案件量刑的影响量子在侦查、审查起诉、公诉、审判过程中的多元性和变动性，尤其是经济赔偿的问题在不同的诉讼阶段会不断发生变化，有的被告人会在审判阶段由以前的不愿意赔偿转变为主动进行经济赔偿，并与被害人及其亲属达成了赔偿和解协议等。同时，法官亦有一定的自由裁量权，判断审判机关对检察机关提及的经济赔偿这一影响量子采纳与否，不能采取"一刀切"的方式，应当建立经济赔偿影响量子的分析评判标准和机制。对法官是否采纳检察机关提出的将经济赔偿影响量子做出可不判处死刑立即执行判决的情况分为：采纳、基本采纳、未采纳。第一，采纳。即将经济赔偿影响量子作为可不判处死刑立即执行的主要依据。第二，基本采纳。即审判机关根据案件自身特点和全案情节，包括在审判阶

段被告人认罪态度、主观恶性等情节综合自由裁量后得出可不判处死刑立即执行的情况。第三,不采纳,即审判机关的判决结果未采纳检察机关量刑建议的情况,对被告人判处死刑立即执行的情况。在对经济赔偿影响量子的分析评判机制进一步规范时,不可避免地要对检察机关提出以经济赔偿作为影响死刑案件量刑主要因素的量刑建议的采纳情况进行分析梳理。

同时,为了规避经济赔偿的风险,可以考虑引入风险评估机制。在死刑案件的经济赔偿过程中存在着一系列潜在风险。这些风险因素,有可能会导致"花钱买刑"、漫天要价、公权力逼迫等问题的出现,从而影响当事人、社会一般公众对经济赔偿的认可度和接受度。通过建立事前、事中、事后评估机制,诉讼各阶段的办案机关可以了解多方面的信息,尤其是双方当事人的基本信息、对案件的倾向性态度等影响经济赔偿进程和结果的信息。通过掌握这些重要的信息,可以预测是否会出现"花钱买刑"、权力滥用、司法腐败等问题,以及对该案件适用经济赔偿和解后公众的理解、接受程度,从而保证刑事和解的有效适用。[①] 这就对办案人员提出了更高的业务要求,即需要办案人员细致、全面地调查相关信息,在此基础上进行风险评估。但是也有可能因办案人员的不同,对类似的案件形成差别很大的评估结果,[②]所以在肯定风险评估制度的基础上,司法机关应该提高其工作人员的综合能力。工作人员不仅要熟悉法律规范,而且还要积极学习社会学、心理学、伦理学等多方面的知识。在处理案件过程中,配套使用风险评估手段,有助于提高经济赔偿影响量子适用的可信度。

五、建立经济赔偿影响量子对量刑影响判决书综合评述的公开机制

一方面,判决书应当向社会公开以经济赔偿影响量子作为无需判处死刑立即执行理由的相关内容;另一方面,对是否采纳和解结果和协议内容的理由加以公开。其中,一并对案件中各种影响量子做出认定,尤其要对控辩双方存在争议的影响量子做出裁断,明确表明采用哪方意见并说明理由。判决书中未说明理由的,检察机关可以书面形式请求答复。尤其在存在经济赔偿影响量子的案件中,对法院的判决在考虑到此种影响量子的情况下,仍然做出死刑立即执行判决的案件,判决书应当对影响判决的其他影响量子进行重点说明。

总之,死刑问题作为当下的热点话题,同时也是一个承载历史重任的问题,而在死刑问题中与之相伴而生的是死刑案件中的经济赔偿问题,以及经济赔偿对死刑案件的影响力问题,而这又是一个实践性极强的问题。正确的认识、完善经济赔

---

① 孙春雨. 刑事和解办案机制理论与实务[M]. 北京:中国人民公安大学出版社,2012:85.
② 宋英辉. 刑事和解实证研究[M]. 北京:北京大学出版社,2010:48.

偿在死刑案件中的作用不是一朝一夕就能完成的,但是我们也不能因为其极具艰巨性就止步不前。同时,在当下以审判为中心的司法改革的形势下,借着改革的浪潮通过法院的判决书对经济赔偿影响量子说明解释机制进行规范,通过审判机关对检察机关经济赔偿这一酌定量刑情节采纳与否的分析评判机制进行规范,通过对判决书判决理由的公开进行规范,慎重地适用死刑,有利于尊重和保障人权,有利于死刑政策的贯彻实施。死刑执行类别的选择应当受到正义与人道价值的有效约束,而不能简单地以所谓政治效果、法律效果、社会效果的统一来论证死刑立即执行的适用标准。同时,通过对经济赔偿这一量刑影响量子的规范,可以让社会大众逐步适应死刑立即执行与"罪行"的极端严重程度相分离,将死刑缓期执行与"改造"挂钩,为最终废除死刑提供实践和观念基础。

第八章　经济赔偿在死刑执行类别选择中影响量子适用的展望

"死刑是剥夺犯罪分子生命的刑罚方法,包括死刑立即执行与死刑缓期二年执行两种情况。由于死刑的内容是剥夺犯罪分子的生命,故被称为生命刑。由于生命具有最宝贵的、剥夺后不可能恢复的价值,故死刑成为刑法体系中最为严厉的刑罚方法,被称为极刑。"①当前,进一步减少死刑适用成为了刑法修改的发展趋势。毕竟,"刑罚的严厉程度应该只为实现其目标而绝对必需"。② 而死刑与今后刑罚所倡导的轻刑化趋势相背离。"可以肯定的是,废除死刑是一种必然的趋势,因为社会的发展决定了刑罚的惩罚性由重到轻是一种历史的必然。"③虽然有部分专家急切呼吁要全面废除死刑,但是在当下的中国,全面废除死刑并不现实,全面废除死刑并不符合当前民众的报应观念。"从现实来说,在现阶段,手段极为残忍、方法极为野蛮、后果极为严重的犯罪还大量存在,一些犯罪分子气焰相当嚣张、屡教不改,只有保留死刑,才有利于抑制这些极其严重的犯罪,才能保卫国家安全、维护社会安定、保护公民利益;当前,社会治安状况没有根本好转,保留死刑有利于警戒某些不稳定分子以身试法;我国还处在社会主义初级阶段,根据社会的一般价值观念,保留死刑符合社会心理的需要。国外,确实有一些国家废除了死刑,但脱离中国国情而盲目照搬国外废除死刑的做法,并不可取。对死刑的评价不能离开本国国情。我们既不能立足于中国国情,反对他国废除死刑,也没有必要因为有人立足于他国国情一味谴责我国保留死刑。"④不过,鉴于死刑自身的弊端越来越为人所知晓,死刑所能发挥的威慑性力呈现出减弱的特点,因此死刑在刑法中必然呈现出进一步削减的趋势。在《刑法修正案(八)》、《刑法修正案(九)》中,这种趋势已经明显得以呈现。有鉴于此,在原本应当适用死刑的刑事案件上,死刑亦会呈现进一步削减的趋势。在此背景下,即便某项犯罪属于刑法条文中应当判处死刑立即执行的罪行,但是在被告人对受害人及其亲属做出合理赔偿的情形下,法院在死刑执行

---

① 张明楷.刑法学[M].北京:法律出版社,2011:473.
② 吉米·边沁.立法理论:刑法典原理[M].李贵芳,等译.北京:中国人民公安大学出版社,1993:78.
③ 张明楷.刑法学[M].北京:法律出版社,2011:475.
④ 张明楷.刑法学[M].北京:法律出版社,2011:475-476.

类别的选择上判处死刑缓期执行的可能性也会大大提高。例如,北京师范大学刑事法律科学研究院的赵秉志教授认为,"中国废除死刑的方式恐怕不会像欧盟一些国家那样,采取一次性全部废除的方式,中国肯定要经过逐步废除的过程,这才符合中国国情和实际情况,也才能够实现。中国最终要全部废止死刑,我不赞成以后保留一些死刑罪名。但现阶段首先应争取把所有的非暴力犯罪,如经济性犯罪废止完,同时把非致命的暴力犯罪,如《刑法修订案(九)》中的两种,也要逐步废止。对于致命性的暴力犯罪,恐怕要到最后阶段,经过慎重地衡量,这怎么也要经历几十年的时间。目前,中国废止死刑,是采取一个渐进的道路,即将非暴力犯罪作为主攻方向的废止路径。"①主张替代死刑的学者则普遍认为,终身监禁或者终身监禁不得假释已经成为惩罚最严重的、最为显著的替代方式。②

鉴于当前适用死刑的领域主要集中于暴力致命性犯罪,该种犯罪在给社会秩序造成重大破坏的同时,也给受害人及其亲属造成了重大伤害。虽然传统观点认为,"犯罪是孤立的个人反对统治阶级的斗争",强调犯罪行为对社会安全、秩序的破坏与威胁。但是刑罚的目的不仅仅是为了惩罚,还包括通过教育改造犯罪分子,并试图修复已被破坏的社会关系。值得注意的是,本书之所以说"试图修复",即在于一种业已被破坏的社会关系,很难恢复到原初的状态,因而只能是"试图"。当犯罪分子在违法犯罪后,通过各种手段为试图修复该种业已被破坏的社会关系而努力,能够在一定程度上起到修复和弥补的作用,那么这种试图和努力能够成为衡量其行为社会危害性、人身危险性乃至进一步适用刑罚的重要参考因素。例如,在杀人犯罪案件中,受害人已经被杀死,但是犯罪分子及其亲属通过经济赔偿,使受害人及其亲属能够通过经济赔偿获得物质补偿、精神抚慰。换言之,犯罪分子及其亲属通过经济赔偿,表示其悔罪及尽力修复社会关系的努力和决心。特别是受害人及其亲属通过经济赔偿能够获得物质上的补偿和帮助,在危害事实已经造成并且面临不可挽回的境况之下,通过获得经济赔偿以弥补危害损失,能够从物质以及心理上获得补偿和安慰。犯罪分子及其亲属通过经济赔偿取得受害人及其家属的谅解,能够使业已破坏的社会关系得到部分修复。因此,我们有充足的理由认为,"侵害因和解而消灭"③。依此,"对违法行为(包括犯罪行为)的处罚程度越来越轻,显然是符合人类社会发展规律的。""尽管处罚程度的减轻是一个漫长的过程,但这种方向是不可变更的。"④"刑罚与其严厉不如缓和"的格言表述了刑罚程度的谦抑性思想,⑤尤其是,鉴于死刑立即执行所具有的弊端日益显现,死刑缓期执行便成为

---

① 赵秉志.中国最终要全部废除死刑[EB/OL].(2015-08-16).http://news.ifeng.com/a/20150618/44001498_0.shtml#_www_dt2.

② 高铭暄,王秀梅.死刑替代利弊分析[J].江苏行政管理学院学报,2008(1):98-104.

③ 张明楷.刑法格言的展开[M].北京:北京大学出版社,2013:99.

④ 张明楷.刑法格言的展开[M].北京:北京大学出版社,2013:192.

⑤ 张明楷.刑法格言的展开[M].北京:北京大学出版社,2013:480.

了司法实践中适用死刑的一种重要途径。因而,在犯罪分子实施比较严重的犯罪,应当被判处死刑时,倘若被告人及其亲属能够对受害人及其亲属做出合理抑或充足的经济赔偿,特别是通过经济赔偿能够取得受害人及其亲属的谅解,可得有效减轻犯罪行为所造成的危害后果。另一方面,长期以来刑法与民法被视为两个泾渭分明的法律领域。换言之,在传统的观念中,法律被划分为公法与私法两个领域。所谓公法,是涉及国家公权力、体现国家强制力的法律规范,刑法、行政法等法律规范即属于公法的范畴;与此相对,私法则主要涉及规范公民与公民之间法律关系的规范,合同法、婚姻法等法律规范即属于司法的范畴。传统观点主张,"民法为权利法,以权利为轴线来建构整个规范体系,强调私法自治。而刑法则强调维护社会秩序,以义务为中心来建构整个规范体系。"① 德国学者 Mayer 认为,"刑法与民法在其规范目的上,存在着差异性。刑法在本质上是一种制裁规范,而与民法在调整个人之间权利及义务的任务上有所不同。刑法是使用强制力为手段,给予个人利益适当的保护,并非在衡平利益。"② 但是,法律并"不是一个自给自足的学科,为了满足社会发展的需要,它必须不断地从其他学科中汲取知识来充实法律学科的发展。"③ 正如我国著名刑法学家储槐植先生所指出的,我国刑法学研究应当突破单项、片面、鼓励和静态思维模式,确立由在刑法之中研究刑法、在刑法之外研究刑法和在刑法之上研究刑法组成的多方位立体思维。④ 有鉴于此,在刑法领域诸多问题的研究上,就不能固守传统的思维和立场。应以更开放和更系统的视野来开展研究,以探寻更为科学合理的研究结论。虽然原有公法与私法划分的见解有其自身的合理性,但是把法律划分为两个如此泾渭分明的领域是否合理,并非完全没有疑问。实际上,刑民法律之间泾渭分明的原有立场已经出现了动摇,两者之间沟通与融合的趋势越来越明显。例如,民事责任的承担中出现了惩罚性赔偿这一与刑事责任类似的内容。与此同时,民事赔偿所具有的补偿等特性也逐渐在刑事司法中被承认和接受。换言之,承认通过对犯罪行为所致的损害后果予以赔偿,可以成为判断被告人社会危害性减轻的重要依据和内容。因此,在死刑执行类别抉择的司法适用上,应改变公法强制力的原有立场,充分承认经济赔偿对被告人刑事责任的影响力,以充分死刑的适用效力。

不仅如此,刑罚也随着社会的进步和发展而做出了相应的调整。在传统社会观念中,刑罚主要发挥"报应刑"的作用。对于犯有罪行的被告人,通过适用刑罚以

---

① 朱铁军.刑民实体关系论[M].上海:上海人民出版社,2012:28.
② 张天一.刑法上之财产概念:探索财产犯罪之体系架构[D].新北:台湾天主教辅仁大学,2007.
③ 理查德·A·波斯纳.法理学问题[M].苏力,译.北京:中国政法大学出版社,1994:532-544.
④ 储槐植,李文燕,薛瑞麟,等.刑法学研究的新构思:刑法研究的思路[J].中外法学,1991(1):62-71.

体现"惩罚"的意义。尤其是对于罪行极其严重的被告人，通过适用死刑这种"极刑"以达到惩罚犯罪的目的。但是，随着社会的发展，报应刑所具有的弊端也逐渐显现出来。特别是中国自改革开放后所呈现的高犯罪率，使传统报应刑罚观念不得不正视自身的缺陷和弊端①。因此，刑罚应逐渐摆脱传统刑罚观所主张的绝对报应刑立场，充分吸收教育刑所包含的科学合理内容，以正确适用刑罚。即刑罚不应仅仅以报应为内容，还必须兼顾教育和改造的使命。在裁量和适用刑罚时，不仅要科学评价行为自身所造成的客观危害，还必须考量被告人的人身危险性，并以此为基础来科学适用刑罚。就死刑适用来说，若被告人所实施的行为具有严重社会危害性，并且属于"罪行极其严重"的范畴，则应当判处死刑。对于本来属于"必须立即执行"的情形，如果被告人及其亲属对受害人及其亲属做出了积极的经济赔偿，则在某种程度上可以削减因实施犯罪所造成的"罪"与"过"，故可成为排除出"必须立即执行"范畴的重要原因。不仅如此，在刑事司法领域，"刑事和解""恢复性司法"等重要概念和观念也逐渐被民众所认同和接受，并且部分内容也通过司法实践的检验被及时吸收至法律条文里。例如，我国于2012年修订的新《刑事诉讼法》即在"第五编特别程序"中作为第二章对"当事人和解的公诉案件诉讼程序"做出了明确细致的规定。其中第二百七十七条"和解协议的适用范围"中明确指出，符合特别条件的公诉案件，"犯罪嫌疑人、被告人真诚悔罪，通过向被害人赔偿损失、赔礼道歉等方式获得被害人谅解，被害人自愿和解的，双方当事人可以和解。"该条将通过赔偿损失等方式获得被害人谅解作为适用刑事和解的前提条件。此点正是考虑到了民事赔偿等方式可对修复已被损坏的社会关系发挥重要的积极作用而被提出的。另外，"恢复性司法"也是着眼于司法活动必须重视社会关系修复的重要意义。在犯罪分子对社会关系已造成破坏的情形之下，必须通过多种手段予以修复或弥补，使其尽力恢复到没有被侵害之前的正常状态。在刑事司法中，犯罪分子在犯罪之后通过经济赔偿等手段，对已被破坏的社会关系进行修复，能够作为刑罚适用上可从轻或减轻处罚的重要理由。

当然，出于对司法实践中公平正义等多种因素的考量，有学者在经济赔偿对于刑事责任尤其是死刑执行类别抉择的影响量子问题提出了谨慎甚至是反对的观点。正如在刑事和解问题上所呈现的那样，反对者的主要理由在于：第一，公民与公民之间拥有不同的财产，经济赔偿对于不同的公民来说，难易不同。对于拥有巨额财产的犯罪分子来说，在其实施严重犯罪行为后，令其支付受害人及其亲属足额的经济赔偿并不困难。反之，对于经济状况较差的公民来说，其实施违法犯罪行为之后，难以甚至无法对受害人及其亲属进行足额的经济赔偿。因此，倘若将经济赔偿作为对被告人适用刑罚的重要依据，无疑会违背公平正义原则。尤其是在死刑

---

① 自改革开放后，我国针对犯罪率居高不下的态势，开展了数次"严打"行动，但是效果差强人意。

适用中,倘若因被告人对受害人做出了积极的经济赔偿取得了受害人及其亲属的谅解而认定其不属于"罪行极其严重"的范畴,而适用死刑缓期执行;反之,倘若被告人没有对其受害人及其亲属做出积极的经济赔偿或经济赔偿较少没有取得受害人及其亲属谅解的,恐怕无法将其从"罪行极其严重"的范畴中划出,可能会面临被判处死刑立即执行的处境。因此,过分强调经济赔偿对于死刑类别决择中的重要意义,并不恰当。第二,过分强调经济赔偿对于刑罚裁量的作用,可能会导致"花钱买刑"的弊端出现。倘若在经济赔偿对死刑执行类别选择影响量子的问题上持过于绝对的立场,会导致只要被告人对受害人及其亲属做出了积极的经济赔偿就绝对排斥适用死刑立即执行而选择死刑缓期执行,无疑会导致"花钱买刑"情况的出现。这不仅违背法律运用的平等原则,还会损害公众对刑法无偏私性的认同与忠诚①。我们应该认识到,赔偿数额标准只是建立在态度基础上的一个参考,绝不能唯数额论。② 尤其是,尽管死刑有其自身的缺陷,但死刑立即执行在当下的中国及今后一段时期内,还是具有较强威慑力的。如果在经济赔偿对死刑执行类别选择影响量子的问题上持过于绝对的立场,必定会影响公众对死刑适用的观念。第三,终审裁判后的民事赔偿活动不仅让被告人产生一种视终审裁判结果而决定是否进行调解的投机心理,而且往往在实质上规避了法院的终审裁判结果,既损害了国家的权威,也极大地浪费了司法资源。③

概言之,在经济赔偿对于死刑执行类别抉择中影响量子问题上持反对见解的主要担心点莫过于,防止过分强调经济赔偿的重要性而影响死刑的刑罚适用效果,从而损害司法公平和正义,毕竟"罪刑相适应"是刑法的基本原则。但是,承认罪刑相适应原则的重要性并非排斥刑事司法领域刑罚适用的差异性。"罪刑相适应原则不意味着量刑没有地域性、时间性与条件性的适当差异,相反,应当承认这种差异性"。④ 就经济赔偿在死刑执行类别选择中影响量子来说,承认并强调经济赔偿在死刑执行类别选择中的影响量子,并非主张在所有刑事案件中只要犯罪分子及其亲属对受害人及其亲属做出了积极的经济赔偿就认为必须排斥死刑立即执行而选择适用死刑缓期执行。换言之,不可对经济赔偿在死刑执行类别选择中影响量子做过于绝对的解读,而应根据案件的具体情形对犯罪分子所造成的客观社会危害性和主观恶性进行科学分析和准确评价,以正确选择死刑的执行种类。

之所以得出上述结论,主要理由在于以下几点:

第一,刑罚目的观念的转变。

原有的刑罚目的观注重报应理念,所以在刑罚的设置上偏重于报应刑。报应

---

① 方文军.民事赔偿与死刑适用的平衡规则探微[J].法律适用,2007(2):19-23.
② 田淼.探析民事赔偿与死刑适用[J].理论月刊.2009(3):123-125.
③ 方晓春,孙牡昌,詹荣宗.死刑案件中的民事赔偿与量刑思考[J].人民检察,2010(7):11-14.
④ 张明楷.刑法格言的展开[M].北京:北京大学出版社,2013:101.

刑原为德国著名思想家费尔巴哈等人所倡导,虽然报应刑的提出有其现实的理由,并且在长期的刑事司法实践中也有诸多案例能够证明其具有高度的合理性和科学性,但是报应刑并不能对所有的刑罚适用做出科学合理的解释。报应刑所倡导的报应,主要着眼于通过犯罪当时的客观行为与主观恶性所彰显的社会危害性来进行评判,但是犯罪危害性评价并不能仅仅局限于行为当时。换言之,犯罪是一个极其复杂的过程和系统,犯罪未完成形态与共同犯罪即是该种复杂性的显著体现。犯罪行为所彰显的社会危害性,不仅表现在行为当时,而且体现在行为之前与行为之后。有鉴于此,对犯罪分子的刑罚裁量就不能以行为当时所展现的社会危害性予以简单报应,而应综合考量行为当时以及行为前后的各种情形来评判。虽然犯罪分子实施了极其严重的犯罪行为,应当判处死刑,而且属于"必须立即执行"的范畴,但倘若犯罪过后能对受害人及其亲属做出积极的经济赔偿,则应在刑罚裁量上做出相应的体现和调整,即存在适用死刑缓期执行的可能性。即犯罪过后存在积极经济赔偿的案件应该与没有实施经济赔偿的案件在刑罚裁量和适用上存在差异,否则便会造成刑罚适用的失衡。因此,报应刑应充分吸收教育刑的观念,在刑罚的适用过程中,除了考虑报应刑的基本指向之外,还要充分考虑教育刑的需要。"刑罚的目的在于阻止罪犯重新侵害公民,并规诫其他人不要重蹈覆辙。"①

第二,经济赔偿对刑罚适用的效果已在刑事司法实践中得到较好的运用。

犯罪分子在已造成危害后果的情形之下,通过经济赔偿以显现犯罪分子努力消除危害后果的决心和努力,从而减轻刑罚的适用,已经在司法实践中取得了较好的效果。例如,曾经一度引起强烈争议的"刑事和解",即在2012年新修订的刑事诉讼法中被吸收,并且在司法实践中取得了较好的适用效果。在刑事诉讼法做出该种修改之前,理论界对于是否应当肯定并将其纳入刑事诉讼法的修改范围曾展开过广泛的讨论和争议。传统理念认为,与以意思自由为本质特征的私法不同,刑法属于公法的范畴,具有强烈的强制性。因此,基于公法强烈强制性的特性,应当严格尊重法律,坚决反对商谈抑或和解。诚然,作为公法领域的刑法确实具有国家强制性的属性,并且在长期的社会历史发展进程中,该种强制性已经得到社会的普遍认同并呈现出某种被强化的趋势。但是,随着人类社会文明的发展,原有的绝对强制性的观念已经不能适应社会发展的需要。我们应该转变观念,即被告人及其亲属进行民事赔偿并不等同于在刑事责任上当然应予从宽处罚,其只是法院量刑时应当考虑的一个酌定情节。② 正如有学者所言:"将赔偿被害人损失作为可以考虑的量刑情节正是对被告人赔偿行为的一种积极鼓励和引导。"③退而言之,即便在传统的公法领域,和解等观念也在逐步得以推进。例如,作为传统公法领域的行

---

① 切萨雷·贝卡利亚. 论犯罪与刑罚[M]. 黄风,译. 北京:北京大学出版社,2008:89.
② 赵秉志,彭新林. 论民事赔偿与死刑的限制适用[J]. 中国法学,2010(5):52-62.
③ 李云平. 民事赔偿与刑事责任[J]. 人民检察,2008(13):46-49.

政法律规范,2015年新修订的《行政诉讼法》虽然在第六十条旗帜鲜明地表示"人民法院审理行政案件,不适用调解"。不过,上述表述只是《行政诉讼法》第六十条的原则性立场,紧接其后又表示"但是,行政赔偿、补偿以及行政机关行使法律、法规规定的自由裁量权的案件可以调解。调解应当遵循自愿、合法原则,不得损害国家利益、社会公共利益和他人合法权益"。由此看来,只要属于上诉三个领域的行政诉讼案件,只要不违反自愿、合法等基本原则,不损害国家利益、社会公共利益及他人合法权益,即属于可以任意和解的范畴。有鉴于此,在死刑类别的抉择中,充分考虑犯罪预防和教育改造的需要,在行为人对受害人作出经济赔偿的情形之下,对行为人从轻处罚,具有当然性和合理性。"'为什么'刑罚是正当的根据,也是'何种程度的'刑罚是正当的根据。"①

第三,肯定经济赔偿对死刑执行类别的影响量子并非等同"花钱买刑"。

当然,经济赔偿对死刑类别抉择中积极作用的认同建立在通过经济赔偿所呈现的犯罪分子真诚悔过、积极修复社会关系等的基础之上。其实,我们完全可以在此点上走得更大胆、更放开,可以在此基础上更进一步。只要犯罪分子对受害人及其亲属做出了积极的经济赔偿,即便犯罪分子没有真诚悔罪的表现,也可以在死刑的适用上选择死刑缓期执行,而非死刑立即执行。之所以得出该种解释结论,主要在于以下几点。① 既然犯罪分子能够对受害人及其亲属做出赔偿,客观上已减轻了行为危害后果,此点足以作为刑罚减轻或从轻的理由。② 所谓的"悔罪",其实是犯罪分子内心的一种观念和意识,无法通过外在情形准确探知。固然,从哲学意义而言,主观因素可以通过诸多外在客观因素来感知。但是,上述结论仅仅是从哲学的应然角度而提出的。从现实的主观感知来说,对犯罪分子内心的主观世界只能靠一系列外在的客观要素来推测和感知,无法达到客观要素的客观性和准确性。② 因此,在死刑类别的抉择上,不能过度地依靠行为人的主观悔罪表现来做出决定。③ 是对做出经济赔偿的激励和鞭策效应的现实需要。"解明量刑基准时,首先要从刑法理论特别是刑罚理论中围绕刑罚的'正当化根据'的议论出发,这是不可缺少的前提。"③"量刑对于被告人来说是吸引他极大关注的具有重要意义的事情。因此,量刑的结果最好能够为当事者所预测。"④

---

① [日]平野龙一:《刑法总论Ⅰ》,有斐阁1972年版,第27页。转引自张明楷:《刑法格言的展开》,北京大学出版社2013年版,第95页。

② 即便准确率颇高的测谎仪结论,也并没有被刑事诉讼法吸收为法定的证据种类。司法实践中,因为测谎仪结论不准确而导致办案遭受不良影响的事件也偶尔会见诸新闻媒体。

③ [日]城下裕二:《量刑基准的研究》,成文堂1995年版,第39页。转引自张明楷:《刑法格言的展开》,北京大学出版社2013年版,第95页。

④ [日]曾根威彦:《量刑基准》,西原春夫主编:《日本刑事法的形成与特色》,法律出版社。转引自张明楷:《刑法格言的展开》,法律出版社,第92页。

参 考 文 献

［1］ 托马斯·魏根特.德国刑事诉讼程序[M].岳礼玲,温小洁,译.北京:中国政法大学出版社,2004.

［2］ E. 博登海默.法理学:法律哲学与法律方法[M].邓正来,译.北京:中国政法大学出版社,2004.

［3］ 乔恩·R. 华尔兹.刑事证据大全[M].2版.何家弘,等译.北京:中国人民公安大学出版社,2004.

［4］ 伟恩拉费弗,杰罗德依斯雷尔,南西金.刑事诉讼法[M].卞建林,沙丽金,等译.北京:中国政法大学出版社,2003.

［5］ 大谷实.刑事政策学[M].黎宏,译.北京:法律出版社,2000.

［6］ 徐伟,王洋.重庆高院出台意见加强参考性案例指导工作[N].法制日报,2011-09-30.

［7］ KORNHAUSER A. Public opinion and social class[J]. American Journal of Sociology, 1950, 55(4): 333-345.

［8］ GREER D S. A transatlantic perspective on the compensation of crime victims in the United States[J]. J. Crim. L. & Criminology, 1994, 85: 333.

［9］ PARENT D G, AUERBACH B, CARLSON K E. Compensating crime victims: A summary of policies and practices[M]. US Department of Justice, Office of Justice Programs, National Institute of Justice, 1992.

［10］ TOBOLOWSKY P M. Crime victim rights and remedies[M]. Durham: Carolina Academic Press, 2001.

［11］ 蔡方方.酌定量刑情节限制死刑适用问题研究[J].河南师范大学学报(哲学社会科学版),2013,40(3):30-34.

［12］ 柴建国,王宇辉.刑事附带民事调解中的几个问题[N].人民法院报,2009-07-01.

［13］ 陈光中.刑事和解再探[J].中国刑事法杂志,2010(2):3-9.

［14］ 陈桂明.诉讼公正与程序保障[M].北京:中国法制出版社,1996.

[15] 陈兴良.案例指导制度的法理考察[J].法制与社会发展,2012,18(3):73-80.

[16] 高铭暄,马克昌.刑法学[M].北京:中国法制出版社,1999.

[17] 李义冠,美国刑事审判制度[M].北京:法律出版社,1999.

[18] 梁根林.现代法治语境中的刑事政策[J].国家检察官学院学报,2008(4):152-160.

[19] 林山田.刑法通论[M].北京:北京大学出版社,2005.

[20] 刘霜.论刑罚个别化的定位[J].信阳师范学院学报(哲学社会科学版),2005,25(4):21-24.

[21] 龙宗智.刑事庭审制度研究[M].北京:中国政法大学出版社,2001.

[22] 龙宗智.证据法的理念、制度与方法[M].北京:法律出版社,2008.

[23] 卢建平,朱贺.酌定量刑情节法定化的路径选择及评析:以我国《刑法》第383条第3款为例[J].政治与法律,2016(3):2-9.

[24] 卢建平.刑事政策与刑法关系的应然追求[J].法学论坛,2007(3):59-64.

[25] 马克昌.犯罪通论[M].武汉:武汉大学出版社,1999.

[26] 马克昌.刑法理论探索[M].北京:法律出版社,1995.

[27] 莫洪宪,张昱.酌定量刑情节在死刑案件中的适用及其完善[J].刑法论丛,2014,38(2):196-227.

[28] 聂昭伟.刑事和解对死刑是否适用:浙江高院判决方强威等人故意杀人案[N].人民法院报,2007-10-12.

[29] 旁保国.被害人的刑事程序保护[M].北京:法律出版社,2007.

[30] 彭文华.布克案后美国量刑改革的新变化及其启示[J].法律科学(西北政法大学学报),2015,33(4):130-146.

[31] 彭新林.论犯罪手段与死刑的限制适用[J].政治与法律,2011(6):136-146.

[32] 裘索.日本国检察研究[M].北京:商务印书馆,2003.

[33] 宋英辉,经济赔偿制度研究[M].北京:北京大学出版社,2011.

[34] 王瑞君.刑事被害人谅解不应成为酌定量刑情节[J].法学,2012(7):128-136.

[35] 王申.理念、法的理念:论司法理念的普遍性[J].法学评论,2005(4):10-16.

[36] 熊选国.人民法院指导意见与"两高三部"关于规范量刑程序若问题的意见理解与适用[M].北京:法律出版社,2010.

[37] 尹伊君.建立适合中国国情的被害人补偿制度[J].人民检察,2006(17):13-15.

[38] 于萍,吕卫华.常见酌定量刑情节影响死刑适用的若干思考[J].中国刑事法杂志,2014(5):31-38.

[39] 于阳.量刑情节的适应性调整研究[J].行政与法,2016(1):96-103.

[40] 周滨.关于在刑事审判中合理确定量刑起点量刑情节和量化幅度的调研报告:以故意伤害罪为视角[J].武汉公安干部学院学报,2010,24(4):5-11.

[41] 周道鸾.中国案例制度的历史发展[J].法律适用,2004(5):2-8.

后　　记

　　《经济赔偿在死刑执行类别选择中影响量子的实证分析与理论研究》一书系本人所主持的国家社科基金项目的结项成果。本项目在研究团队成员林必恒、周兆进、关丹丹、张红昌的共同努力下，历经三年多时间的精心研究，得以顺利定稿结项。在本书出版之际，感谢研究团队中每一位成员通力协作、不辞辛劳、勇于创新的精神担当，为此书的顺利出版作出了卓越贡献。

　　总体而言，本书在研究中主要力求在以下方面取得创新和突破：第一，本书力求系统化地从国际视角和国内视角梳理介绍死刑适用与经济赔偿的论争，归纳总结出经济赔偿在死刑执行类别选择中影响量子的肯定论、否定论和限制论的三类观点，并从学界、司法界、民众等视角对各种论点进行分析。同时，对美国、日本、韩国、印度等典型国家的死刑案件中经济赔偿适用的特点、经验、做法、规律进行全面总结归纳，并阐述其经验和启示，为我国开展该问题的研究奠定理论基础。第二，本书力求就经济赔偿对死刑执行类别选择中的影响量子展开大规模的实证调研与问卷调查，对各地区法院在不同类型死刑案件中适用经济赔偿的情况进行分析，对民众关于经济赔偿的主观感受进行研究分析，为本研究提供丰富的实证资料支撑，为我国开展该问题的研究提供第一手素材。第三，本书力求以系统化的方法对经济赔偿在死刑适用中的量刑构造体系进行研究，科学解析经济赔偿对死刑执行类别选择中影响量子的内部构造和各影响量子之间的相互影响，并提出应从实体要件、程序要件等方面建立经济赔偿在死刑执行类别选择中影响量子的科学规范的适用体系。同时，提出并设计一系列诸如完善案例指导制度、建立量刑指南制度、量刑答辩机制、独立量刑程序流程、量刑调查报告制度，推进经济赔偿死刑量刑影响量子的法定化，完善刑事被害方国家救助机制，细化经济赔偿量刑认定步骤，赋予被害人独立的量刑意见权，深化裁判文书说理，完善判决书对经济赔偿因素说明解释机制，规范经济赔偿因素的分析评判和风险评估机制，建立经济赔偿因素对量刑影响判决书综合评述公开机制等具体举措和改革建议，希望能为推进死刑案件中经济赔偿适用的科学化、合理化、法治化提供智力支持。

　　本书在写作过程中始终坚持以下几条主线：第一，注重以规范分析为研究主线。通过对当前学界、司法界和民众对经济赔偿影响量子的态度和观点进行规范分析，充分展现研究的重要性、紧迫性和创新性。同时，通过对经济赔偿在死刑量刑体系中的作用，尤其是对死刑适用的各类量刑因素与经济赔偿影响量子关系的规范分析，归纳总结出经济赔偿对死刑执行类别选择的现实影响，使研究彰显较为深厚的理论基础。第二，注重以案例和学说为研究对象。本书通过对相关案例和学说的深度把握和研究，从中发掘出经济赔偿在死刑执行类别选择中的影响量子所应有的内涵、地位和作用，透视其背后所反映的现实规律和问题所在，为后续改革建议的提出提供基本的问题域。第三，注重以实证调研为研究手段。本书重点运用实证调研、统计分析和问卷调查等方法，就经济赔偿对死刑执行类别的影响量子的现实适用情况进行较为全面细致的实证研究，通过现实素材和问卷调查深入挖掘探究经济赔偿对死刑执行类别选择中影响量子的核心问题。第四，注重以建言献策为研究导向。本书提出应从实体要件、程序要件、量刑要件等方面建立经济赔偿在死刑执行类别选择中影响量子的科学规范的评价体系，并提出应逐步推进经济赔偿死刑量刑影响量子的法定化等系列举措，为司法机关适用经济赔偿影响量子提供科学化依据。

　　本书的出版凝聚着研究团队中每一位成员的心血和智慧。希望本书的出版可以深化对死刑执行类别选择中经济赔偿的基本涵义、国外经验、基本构造、规范适用路径等的理解，深化对死刑司法控制的认识与把握，实现理论与现实需求的有效对接，实现对未来发展趋势的超前把握和预测，建构经济赔偿对死刑执行方式影响的科学评价体系，以丰富、完善和发展我国刑罚基本理论，为创设和完善相关法律制度提供实践指引，为死刑案件适用经济赔偿酌定量刑情节提供全面而系统的智力支持。

冯春萍